Helmut Krohne
Klaus Richter

Unsere Sprache im Beruf

Deutsch in der Grundstufe der Berufsschule und in der Berufsgrundbildung

Stam 5855

Stam-Verlag Köln · München

Verlag H. Stam GmbH
Fuggerstraße 7 · 5000 Köln 90
Fernruf (0 22 03) 30 29-0

ISBN 3-8237-**5855**-1

Titelbild: Beginn des Gedichtes „Erlkönig" von Johann Wolfgang von Goethe in Originalhandschrift.

Inhaltsverzeichnis

I Einstieg in den Beruf durch Sprache und Literatur

1 Einstieg in den Beruf – Wozu Deutsch in der Berufsschule?

»

Sascha: Deutsch zu haben, finde ich schon wichtig; ich bin nämlich schon einmal bei einer Bewerbung wegen eines nichtbestandenen Rechtschreibungs- und Zeichensetzungstests abgelehnt worden.

Carsten: Deutsch langweilt. Nur der Computer bringt's!

Claudia: Ich lese gern. Aber die Lehrer sollten nicht immer dieselben Geschichten im Unterricht behandeln.

Kemal: Ich bin Türke. Ich brauche dringend mehr Deutschkenntnisse.

Gerhard: Ich bin nicht hier, um Deutsch zu lernen, sondern Fachkunde!

Birgit: Ich muß in meinem Beruf täglich Verkaufs- und Beratungsgespräche führen. Das ist gar nicht so einfach. Ich finde Deutsch in der Berufsschule sinnvoll.

Wilfried: Deutsch ist doch gar kein Prüfungsfach. Ich will nur lernen, was geprüft wird.

Petra: Aus Geschichten kann man viel lernen, was nicht direkt etwas mit dem Beruf zu tun hat, aber mit dem Leben selbst. Die Liebe zum Beispiel ist doch viel wichtiger als der Beruf!

Dirk: Mir wäre Sport lieber als Deutsch.

Jürgen: Ich mußte meinen Bericht noch einmal schreiben, weil ich fortwährend das Wort „Katalysator" falsch geschrieben hatte.

Melanie: Ich habe täglich mit Formularen und Schriftverkehr zu tun.

Angela: Ich wünsche mir, daß auch einmal berufliche Fachaufsätze mit ihren vielen Fremdwörtern im Deutschunterricht behandelt werden.

Sandra: Bei meiner Suche nach einem Ausbildungsplatz habe ich gemerkt, wie wichtig gut formulierte Bewerbungsschreiben und ein sicher geführtes Vorstellungsgespräch sind. Man kann ja im Laufe seines Lebens auch noch einmal arbeitslos werden, dann geht das alles wieder von vorn los. Ich bin für Deutsch in der Berufsschule.

«

In der Berufsschule wird auch das Fach Deutsch unterrichtet. Wie die Meinungsäußerungen von Schülern zeigen, ist oft nicht von Anfang an klar, warum dieses Fach in der Berufsschule unterrichtet werden muß. Dabei zeigen bei näherer Betrachtung bereits die ersten Tage und Wochen in der neuen Lebenssituation „Berufsausbildung" deutlich, daß es auch im Beruf ohne die Sprache nicht geht; und viele wissen aus eigener Erfahrung, welche wichtige Bedeutung Bewerbungsschreiben und Vorstellungsgespräche bereits zuvor hatten. Ohne unsere Sprache können wir uns nicht verständigen, ohne unsere Sprache können wir auch im Beruf nicht bestehen.

Erfahrungen mit Sprache und Literatur beim Einstieg in den Beruf

Sprache

schriftliche Sprache	**mündliche Sprache**
Lebenslauf Bewerbungsschreiben Stellenanzeige, Stellengesuch Ausbildungsvertrag Gesetzestext Berichtsheft Lehrbuch Formular Verzeichnis/Katalog Geschäftsbrief Fachliteratur	Telefonat Vorstellungsgespräch Prüfungsgespräch Gespräch mit Ämtern und Behörden Beratungsgespräch Verkaufsgespräch Kurzreferat

Schwierig für den Auszubildenden ist nicht nur die Bewältigung der „Flut" an Informationen zu Beginn der Ausbildung. Hinzu kommen neue Anforderungen an das Auftreten im Berufsleben, an Mimik und Gestik und an sprachliche und situative Geschicklichkeit.

In kaufmännischen und verwaltenden Berufen, in denen ein mündlicher und/oder schriftlicher Kontakt zu Kunden und Lieferanten besteht, werden traditionell hohe Anforderungen an das Sprachvermögen gestellt; aber auch in modernen gewerblichen Berufen nimmt der Anteil des über Sprache vermittelten theoretischen Wissens ständig zu. Die Verbesserung des Sprachvermögens ist deshalb nicht nur eine Aufgabe für den begrenzten Zeitraum der Berufsausbildung, sondern für die gesamte Dauer des Berufslebens. Ein Auszug aus einem Volkshochschulprogramm zeigt, worauf es ankommt:

Deutsch für den Alltag und den Beruf

Wirksam formulieren, richtig schreiben

Für Teilnehmer, die alltäglich mit Sprache im Beruf umgehen müssen und die einerseits trainieren wollen, wirksamer und flüssiger zu formulieren, und andererseits ihre Rechtschreib- und Zeichensetzungskenntnisse auffrischen wollen. Die Gestaltung von Geschäftsbriefen, Protokollen, Lebenslauf, Bewerbung wird erarbeitet, wobei notwendige Rechtschreib- und Zeichensetzungsregeln, der Umgang mit dem Duden und angemessene Verwendung von Fremdwörtern erklärt und geübt werden.

Aus dem Programm einer Volkshochschule

Die Sprache läßt sich aufteilen in die schriftliche Sprache und die mündliche Sprache. Wie wichtig beide auch für den Beruf sind, soll noch einmal an zwei Beispielen verdeutlicht werden.

Beispiel für die Bedeutung der schriftlichen Sprache beim Erlernen eines Berufes: Zeitungsartikel für Berufsanfänger

Was Berufsanfänger vor dem Start beachten sollten

br. **München** (Eigener Bericht) - Die meisten jungen Leute, die im Herbst 1988 eine Stelle als Auszubildende(r) antreten, haben den Vertrag dafür schon in der Tasche. Bei der Freude darüber könnte allerdings eines übersehen werden: Vor dem Start in den Beruf sind mehrere vom Gesetz vorgesehene (Formular-)Hürden zu nehmen. Unsere Tips sollen helfen, sie zu überspringen.

Lohnsteuerkarte: Der Staat interessiert sich für jeden, der Geld verdient - auch für Azubis. Doch gibt es zum Glück ansehnliche Freibeträge, die - auf den Monat bezogen - über 800,— DM ausmachen. Vergütungen bis zu 617,99 DM sind in Steuerklasse I abzugsfrei. Dennoch: Der Arbeitgeber braucht die Lohnsteuerkarte des Azubi; sie wird bei der Gemeindebehörde ausgestellt.

Arztattest: Nur wer für den gewählten Beruf „tauglich" ist, darf als Azubi starten. Dem Arbeitgeber muß deshalb vorher ein ärztliches Attest vorgelegt werden. Der Arzt kann frei gewählt werden. Die Kosten übernimmt der Staat. Das Schulbüro sagt, wo der Gutschein für den Arzt ausgestellt wird.

Versicherungsnachweisheft: Auch in jungen Jahren muß man fürs Alter vorsorgen. Deshalb setzt die Rentenversicherung bereits mit Ausbildungsbeginn ein. Sie leistet unter Umständen auch schon in jungen Jahren, z. B. nach einem schweren Unfall. Das Formularmäßige erledigt der Arbeitgeber. Er füllt die Vordrucke aus dem „Versicherungsnachweisheft" aus, das vom Azubi (ggf. mit Hilfe der Krankenkasse seiner Eltern) bei der Rentenversicherung beantragt werden muß. Bevor das Heft im Personalbüro des Arbeitgebers abgegeben wird: den Ausweis mit der Rentenversicherungsnummer heraustrennen; das ist der „Grundstock" für die Rentenakte.

Schulzeitbescheinigung: Von Bedeutung für die spätere Rente ist auch die Schulzeitbescheinigung. Sie wird vom Schulbüro ausgestellt, wenn über das 16. Lebensjahr hinaus die Schulbank gedrückt wurde. Die Zeit kann später bei der Rentenberechnung als „Ausfallzeit" angerechnet werden, was eine höhere Rente ergibt.

Krankenversicherung: Schüler sind im Regelfall durch ihre Eltern gesetzlich krankenversichert, etwa bei einer AOK, Betriebs-, Innungs- oder Ersatzkrankenkasse. Mit Beginn der Ausbildung ändert sich das: Nun setzt die eigene gesetzliche Krankenversicherung ein. Auszubildende, die einen Angestelltenberuf erlernen, können zwischen verschiedenen Krankenkassen wählen. Der Arbeitgeber weiß darüber Bescheid. Empfehlung: Vor der Entscheidung Beiträge und Leistungen vergleichen! Und: Nicht das Personalbüro „entscheidet", welcher Krankenkasse der Azubi angehört; das ist jedermanns ureigenes Recht.

Arbeitslosenversicherung: Mit Beginn des Ausbildungsverhältnisses setzt die Arbeitslosenversicherung ein, die schon das erstemal Bedeutung haben kann, wenn man nach der Ausbildung vom Arbeitgeber nicht übernommen werden kann.

Unfallversicherung: Jeder Azubi gehört auch der gesetzlichen Unfallversicherung an, die für Unfälle während der Arbeit und auf den Arbeitswegen aufkommt, ferner für Berufskrankheiten.

Beitragszahlung: Die Beiträge zur Sozialversicherung trägt der Arbeitgeber allein, solange die Ausbildungsvergütung 600,— DM pro Monat nicht übersteigt. Für die gesetzliche Unfallversicherung zahlt der Arbeitgeber die Monatsprämien grundsätzlich in voller Höhe, also unabhängig von der Vergütungshöhe.

Gehaltskonto: Ob Ausbildungsvergütung, Lohn oder Gehalt: Fast alle Unternehmer zahlen inzwischen „unbar". Deshalb sollten sich Berufsanfänger ein eigenes Girokonto bei der Bank, Sparkasse oder der Post einrichten. Tip: Kosten vergleichen!

Aus: Süddeutsche Zeitung vom 20. 06. 88

Beispiel für die Bedeutung der mündlichen Sprache beim Erlernen eines Berufes:

Didi Dödels erstes Telefongespräch im neuen Ausbildungsbetrieb

A: Firma Brodmann. Guten Tag.
B: Äh, ja, ich wollte ... Ist Frau Fiebig zu sprechen?
A: Moment, ich verbinde.
C: Koslowski.
B: Ach, ich wollte eigentlich Frau Fiebig ...
C: Einen Augenblick bitte.
D: Fiebig.
B: Ja, hier ist Didi Dödel. Ich wollte ...
D: Von welcher Firma?
B: Wellershoff und Co., Celle.
D: Was kann ich für Sie tun, Herr Dödel?
B: Also, ich soll fragen, ob Sie noch diese Dinger da, diese Teile für den CT 180 ..., und vor allem was sie kosten, bei Abnahme von mindestens fünfhundert Stück oder so.
D: Welche Dinger?

Aufgaben

1. *Was erwarten Sie von dem Fach Deutsch in der Berufsschule? Lesen Sie die Meinungsäußerungen der Schüler am Beginn des Kapitels, und stellen Sie Ihre eigene Meinung zur Diskussion.*

2. *Berichten Sie, mit welchen sprachlichen Mitteln (schriftlich und mündlich) es Ihnen gelungen ist, Ihren Ausbildungsplatz zu erhalten.*

3. *Geben Sie (vor der Klasse) einen zusammenfassenden mündlichen Bericht über den Verlauf Ihres Vorstellungsgespräches. Denken Sie dabei besonders daran, welche Fragen Ihnen gestellt wurden.*

4. *Sie haben sicherlich bereits einige Tage in Ihrem neuen Beruf gearbeitet. Schreiben Sie einen kurzen Bericht über den typischen Tagesablauf bei der Arbeit, und stellen Sie diesen Ihren Mitschülern vor.*

5. *Geben Sie mündlich die wichtigsten Informationen aus dem Zeitungsartikel „Was Berufsanfänger vor dem Start beachten sollen" wieder.*

6. *Lesen Sie Didi Dödels erstes Telefongespräch mit verteilten Rollen. Klären Sie dazu zunächst, welche Personen sich hinter den Bezeichnungen A, B, C und D verbergen.*

Hintergrund: Der Auszubildende Dödel ist von seinem Abteilungsleiter beauftragt worden, bei der Firma Brodmann den Preis für Dichtungsringe (Typenbezeichnung: D 14/88) zu erfragen. Es werden mindestens fünfhundert Stück benötigt, bei einem entsprechenden Mengenrabatt könnte die Bestellung aber auch umfangreicher werden.

a) *Untersuchen Sie, welche sprachlichen und inhaltlichen Fehler der Auszubildende bei diesem „Telefongesprächsversuch" macht.*

b) *Entwerfen Sie in Gruppenarbeit schriftlich ein mustergültiges Telefongespräch. Stellen Sie dieses Gespräch danach der Klasse in Form eines gespielten Telefongespräches mündlich vor, und diskutieren Sie gemeinsam das Ergebnis.*

2 Grundfunktionen der Sprache – Information, Kommunikation, Reflexion

Grundfunktionen der Sprache

Information ⟷ **Kommunikation** ⟷ **Reflexion**

Information

Beispiel:
Auszubildende bis zum vollendeten 25. Lebensjahr können nach dem Betriebsverfassungsgesetz eine betriebliche „Jugend- und Auszubildendenvertretung" wählen.

Kommunikation

Beispiel:
A: Wieviel Auszubildende sind eigentlich bei uns im Betrieb beschäftigt?

B: Neunzehn, glaube ich.

A: Und gibt es so etwas wie eine Jugend- und Auszubildendenvertretung bei uns?

B: Nein, davon habe ich noch nichts gehört.

Reflexion

Beispiel:
Wäre es nicht gut, eine Vertretung zu wählen, die mit dem Betriebsrat bzw. dem Arbeitgeber wichtige berufsbezogene Dinge bespricht, wie zum Beispiel Inhalte, Dauer und Zeitpunkte des innerbetrieblichen Unterrichts?

Die Sprache dient der Information, der Kommunikation und der Reflexion. Dies kann sowohl schriftlich als auch mündlich geschehen. Zu Beginn der Ausbildung muß man sich zunächst über den Beruf und seine Ausbildungsinhalte, über gesetzliche Regelungen und vieles mehr informieren. Dies geschieht häufig mit Hilfe von Texten oder im Gespräch mit anderen Menschen (Kommunikation). Es versteht sich von selbst, daß man über das Gelernte auch nachdenken sollte; man kann es zum Beispiel mit den eigenen Erfahrungen oder wiederum durch Kommunikation mit den Erfahrungen von anderen vergleichen (Reflexion). Information, Kommunikation und Reflexion beeinflussen sich gegenseitig und sind ohne Sprache nicht denkbar. Information, Kommunikation und Reflexion sind die Grundfunktionen der Sprache.

Beispiel 1: Information für Berufsanfänger

Durch das Berufsbildungsgesetz vom 14. 8. 1969 (BGBl I S. 2658), das am 1. 9. 1969 in Kraft trat, wurde das Recht der Berufsausbildung vereinheitlicht. Das Gesetz enthält Bestimmungen über Begründung, Inhalt und Beendigung des Berufsausbildungsverhältnisses. Es befaßt sich mit der Ordnung der Berufsbildung und regelt die berufliche Fortbildung, die berufliche Umschulung sowie die berufliche Bildung Behinderter.
Wenn das Berufsbildungsgesetz von Berufsbildung spricht, dann ist darunter die Berufsausbildung, die berufliche Fortbildung und die berufliche Umschulung zu verstehen.
Die Berufsausbildung hat eine breit angelegte berufliche Grundbildung und die für die Ausübung einer qualifizierten beruflichen Tätigkeit notwendigen fachlichen Fertigkeiten und Kenntnisse in einem geordneten Ausbildungsgang zu vermitteln. Sie hat ferner den Erwerb der erforderlichen Berufserfahrung zu ermöglichen.
Die berufliche Fortbildung soll es ermöglichen, die beruflichen Kenntnisse und Fertigkeiten zu erhalten, zu erweitern, der technischen Entwicklung anzupassen oder beruflich aufzusteigen.
Die berufliche Umschulung soll zu einer anderen beruflichen Tätigkeit befähigen.

Dieser Leitfaden soll sich auf den Bereich der Berufsausbildung beschränken. Das Berufsbildungsgesetz, abgekürzt BBiG, verwendet Begriffe wie Ausbildender, Ausbilder, Auszubildender usw. Wer ist was?

Ausbildender ist, wer einen anderen zur Berufsausbildung einstellt und mit ihm einen Berufsausbildungsvertrag schließt.

Ausbilder ist, wer die Ausbildung durchführt. Das kann der Ausbildende in eigener Person oder ein von ihm bestellter Ausbilder sein.

Auszubildender ist, wer ausgebildet wird.

Ausbildungsstätte ist der Ort, an dem die Ausbildung tatsächlich durchgeführt wird.

Ausbildungsordnung: Enthält die Bezeichnung des Ausbildungsberufes, die Dauer, den Inhalt und das Ziel der Berufsausbildung, das Ausbildungsberufsbild, den Ausbildungsrahmenplan sowie die Prüfungsanforderungen. Jugendliche dürfen nur in anerkannten Ausbildungsberufen ausgebildet werden.

Aus: Service-Informationen der Industrie- und Handelskammer Braunschweig. Wann kann man ausbilden? Informationen zur Berufsausbildung. Braunschweig o. J.

Beispiel 2: Kommunikation unter Berufsanfängern

Rudolf: Hallo, Christian. Wie geht's?

Christian: Ganz gut. Heute hatten wir Berufsschule, da ist wenigstens um drei Uhr Schluß.

Rudolf: Ich arbeite gerade in der Warenannahme. Den ganzen Tag nur Kisten schleppen, und das jetzt im Hochsommer!

Christian: Das geht vorbei. Außerdem gibt's ja bald wieder Geld; und ohne Beruf kommt man nicht weiter. Ich habe bald das Geld für mein Motorrad zusammen.

Rudolf: Ach, ich weiß nicht. Manchmal bin ich neidisch auf die Leute, die sich jetzt in die Sonne legen können. Eine Südseeinsel für mich allein, das wäre das Wahre. Sonne, Sand und Früchte, die einem in den Mund wachsen. Was wäre das für ein Leben!

Christian: Nun komm' mal wieder auf die Erde zurück. Du hast vielleicht Ideen! Lehrjahre sind keine Herrenjahre, und von nichts kommt nichts.

Rudolf: Na, Geld allein macht auch nicht glücklich. Wir sehen uns am Wochenende. Mach's gut!

Christian: Tschüs, alter Träumer!

Beispiel 3: Reflexion eines Südsee-Häuptlings über den „Beruf" des Europäers (Papalagi)

Jeder Papalagi hat einen Beruf. Es ist schwer zu sagen, was dies ist. Es ist etwas, wozu man viel Lust haben sollte, aber zumeist wenig Lust hat. Einen Beruf haben, das ist: immer ein und dasselbe tun. Etwas so oft tun, daß man es mit geschlossenen Augen und ohne alle Anstrengung tun kann. Wenn ich mit meinen Händen nichts tue als Hütten bauen oder Matten flechten - so ist das Hüttenbauen oder Mattenflechten mein Beruf.

Es gibt männliche und weibliche Berufe. Wäsche in der Lagune waschen und Fußhäute blank machen ist Frauenberuf, ein Schiff über das Meer fahren oder Tauben im Busch schießen ist Mannesberuf. Die Frau gibt ihren Beruf zumeist auf, sobald sie heiratet, der Mann beginnt dann erst, ihn tüchtig zu betreiben. Jeder Alii[1] gibt seine Tochter nur, wenn der Freier einen geübten Beruf hat. Ein berufsloser Papalagi kann nicht heiraten. Jeder weiße Mann soll und muß einen Beruf haben.

Aus diesem Grunde muß jeder Papalagi, lange vor der Zeit, da ein Jüngling sich tätowieren läßt, entscheiden, welche Arbeit er sein Leben lang tun will. Man heißt das: seinen Beruf nehmen. Dies ist eine sehr wichtige Sache, und die Aiga[2] spricht ebensoviel davon, als was sie am anderen Tage essen möchte. Nimmt er nun den Beruf des Mattenflechtens, so bringt der alte Alii den jungen Alii zu einem Manne, der auch nichts tut als Matten flechten. Dieser Mann muß dem Jüngling zeigen, wie man eine Matte flicht. Er muß ihn lehren, eine Matte so zu machen, daß er sie macht, ohne hinzuschauen. Dies geht oft eine lange Zeit, sobald er das aber kann, geht er von dem Manne wieder fort, und man sagt nun: er hat einen Beruf. Wenn nun der Papalagi später einsieht, daß er lieber Hütten bauen als Matten flechten würde, sagt man: er hat seinen Beruf

[1] männliches Mitglied der Familie
[2] Familie

verfehlt; das heißt so viel wie: er hat vorbeigeschossen. Dies ist ein großer Schmerz; denn es ist gegen die Sitte, nun einfach einen anderen Beruf zu nehmen. Es ist gegen die Ehre eines rechten Papalagi zu sagen: ich kann dies nicht - ich habe keine Lust dazu; oder: meine Hände wollen mir dazu nicht gehorchen.

Der Papalagi hat so viele Berufe, wie Steine in der Lagune liegen. Aus allem Tun macht er einen Beruf. Wenn jemand die welken Blätter des Brotfruchtbaumes aufsammelt, so pflegt er einen Beruf. Wenn einer Eßgeschirre reinigt, so ist auch dies ein Beruf. Alles ist ein Beruf, wo etwas getan wird. Mit den Händen oder dem Kopfe. Es ist auch ein Beruf, Gedanken zu haben oder nach den Sternen zu schauen. Es gibt eigentlich nichts, das ein Mann tun könnte, aus dem der Papalagi nicht einen Beruf macht.

Wenn also ein Weißer sagt: ich bin ein Tussi-tussi[1] - so ist dies sein Beruf, so tut er eben nichts als einen Brief nach dem anderen schreiben. Er rollt seine Schlafmatte nicht aufs Gebälk, er geht nicht ins Kochhaus, sich eine Frucht zu braten, er säubert sein Eßgeschirr nicht. Er ißt Fische, geht aber nicht zum Fischen, er ißt Früchte, bricht aber nie eine Frucht vom Baume. Er schreibt einen Tussi nach dem anderen; denn Tussi-tussi ist ein Beruf. Gerade so wie dieses alles aus sich schon ein Beruf ist: das Schlafmatten-aufs-Gebälk-Tun, das Früchte-Braten, Eßgeschirre-Säubern, das Fische-Fangen oder das Früchte-Brechen. Erst der Beruf gibt jedem eine rechte Vollmacht zu seinem Tun.

So kommt es denn, daß die meisten Papalagi nur das tun können, was ihr Beruf ist, und der höchste Häuptling, der viel Weisheit im Kopfe hat und viel Kraft im Arm, nicht fähig ist, seine Schlafrolle aufs Gebälk zu legen oder sein Eßgeschirr zu reinigen.

Aus: Der Papalagi. Die Reden des Südsee-Häuptlings Tuiavii aus Tiavea. Zürich 1981 (Textauszug)

Aufgaben

1. *Welche Grundfunktionen erfüllt die Sprache?*

2. *Welcher Funktion würden Sie die folgenden Textauszüge zuordnen?*

a) Berichtsheft

Berichtshefte (Ausbildungsnachweise)

Soweit in der Ausbildungsordnung das Führen von Berichtsheften für die Berufsausbildung vorgesehen ist, muß der Auszubildende sie ordnungsgemäß führen und regelmäßig vorlegen. Der Ausbildende muß dem Führen der Berichtshefte anhalten und sie durchsehen (§ 6 BBiG). Vorgeschriebene Berichtshefte bilden eine Zulassungsvoraussetzung für die Abschlußprüfung (§ 39 BBiG).

Die Pflicht zur Berichtsheftführung muß vom Auszubildenden im Rahmen des Ausbildungsverhältnisses erfüllt werden.
Der Ausbildende muß dem Auszubildenden die Berichtshefte für die Berufsausbildung kostenfrei zur Verfügung stellen (siehe III.3.).

Aus: Ausbildung und Beruf. Rechte und Pflichten während der Berufsausbildung. Hrsg.: Der Bundesminister für Bildung und Wissenschaft. Bonn 1987[22]

---

[1] Briefeschreiber

b) Ausbildungsberufsbild (Auszug)

Kaufmann im Einzelhandel / Kauffrau im Einzelhandel
(allgemein)

Ausbildungsdauer:
Die Ausbildung dauert 3 Jahre.

Gegenstand der Berufsausbildung sind mindestens die folgenden Fertigkeiten und Kenntnisse:

1. Der Ausbildungsbetrieb:
   a) Stellung des Einzelhandels in der Gesamtwirtschaft
   b) Struktur des Einzelhandels
   c) Stellung des Ausbildungsbetriebs am Markt
   d) Organisation des Ausbildungsbetriebs
   e) Berufsbildung
   f) Arbeitsschutz, Arbeitssicherheit, Umweltschutz und rationelle Energieverwendung
   g) Warenwirtschaft
2. Beschaffung:
   a) ...
   b) ...
3. Lagerung:
   a) Warenannahme
   b) Warenlagerung
   c) Bestandsüberwachung
4. Absatz:
   a) Verkaufsvorbereitung
   b) Beratung und Verkauf
   c) Verkaufsabrechnung
   d) Werbung und Verkaufsförderung
   e) Warensortimente
5. Personalwesen
6. Rechnungswesen

c) Textausschnitt aus einer Zeitschrift

Die Chance der neuen Ausbildungsordnung

Die deutsche Wirtschaft wird in Zukunft noch mehr auf qualifizierte Mitarbeiter und Mitarbeiterinnen angewiesen sein. Für die Arbeitnehmer und Arbeitnehmerinnen ist die berufliche Erstausbildung die entscheidende Grundlage für ihr Erwerbsleben, ihre Arbeitsplatzsicherheit, ihren beruflichen Aufstieg und ihre soziale Sicherung. Auch die sogenannten typischen Frauenberufe, wie es die Verkaufsberufe sind, müssen deshalb den Erfordernissen der Zukunft angepaßt werden, damit Frauen ihr Arbeitsvermögen entfalten und die Arbeitswelt mitgestalten können, im eigenen Interesse wie im Interesse der Betriebe, aber auch im Interesse der Familie und im Interesse unserer Wirtschaft. Die neue Ausbildungsordnung für die Einzelhandelskauffrau bzw. den Einzelhandelskaufmann bietet hierzu eine wesentliche Voraussetzung.

Aus: Rita Süßmuth. Verkäuferin oder Einzelhandelskauffrau – frauentypischer Beruf mit Zukunft. In: Gewerkschaftliche Bildungspolitik 11/87, Düsseldorf

3. *Was wird im Berufsbildungsgesetz unter dem Begriff „Berufsbildung" verstanden?*

4. *Welche wichtigen Informationen enthält eine Ausbildungsordnung?*

5. *Im Gespräch zwischen Rudolf und Christian werden unterschiedliche Einstellungen zum Erlernen eines Berufes deutlich. Stellen Sie die gegensätzlichen Ansichten von Rudolf und Christian gegenüber, und diskutieren Sie danach, welchen Sinn das Erlernen eines Berufes Ihrer Meinung nach hat und haben sollte.*

6. *Der Südsee-Häuptling Tuiavii kritisiert in seiner amüsanten Rede den „Beruf" des Europäers. Welche Nachteile hat seiner Meinung nach das Erlernen und Ausüben eines Berufes? Ist die Kritik berechtigt?*

7. *Schreiben Sie auf, wie Sie sich Ihren „Wunschberuf" vorstellen. Dabei sollten Sie auf so wichtige Dinge wie Arbeitszeit, Einkommen, Urlaub, Verhältnis zu Kollegen und Vorgesetzten, die ausgeübten Tätigkeiten und Ihr Mitspracherecht im Ausbildungsbetrieb achten.*

---

3 Sachtexte und literarische Texte

Straßenumfrage: „Was ist Literatur?"

1. *Ernst P., Busfahrer:* Na, alles was so gedruckt wird, würd' ich mal sagen.
2. *Paula F., Rentnerin:* Literatur? Das hat was mit Goethe und Schiller zu tun.
3. *Nina M., Schülerin:* Keine Ahnung.
4. *Rolf K., Mathematiklehrer:* Da müssen Sie meinen Deutsch-Kollegen fragen, aber ob der das weiß?
5. *Kurtchen (7 Jahre):* Mama, was will der Mann?
   Mama (29 Jahre): Unser Kurtchen liest gerade die alten „Superman-Comics" von seinem Vater.
6. *Katy P., Studentin:* Wenn einer was schreibt, und es wird veröffentlicht, das ist Literatur; jedenfalls, wenn es kein Sachtext wie so ein Zeitungsartikel oder so ist.
7. *Eva D., Hausfrau:* Sagen wir mal, es unterhält nicht nur, sondern es bildet auch.
8. *Klaus S., Azubi:* John Sinclair, Lucky Luke. Gehört das auch dazu?

Die Grundfunktionen der Sprache – Information, Kommunikation und Reflexion – werden schriftlich in Form von Texten übermittelt. Texte sind Wortfolgen, die für den Leser einen Sinn haben sollen und ihm deshalb zur Information, Kommunikation und Reflexion dienen können.

Wie bereits der vorangehende Abschnitt gezeigt hat, gibt es mannigfaltige Arten von Texten: Berichte in einem Berichtsheft, die abgedruckte Rede eines Südseehäuptlings, ein Ausbildungsberufsbild, Zeitungsartikel und vieles mehr.

Die **Vielfalt der Texte** läßt sich idealtypisch ordnen; grundsätzlich lassen sich Texte nach Sachtexten (auch: pragmatische Texte, Gebrauchstexte, nonfiktionale Texte, expositorische Texte) und literarischen Texten (auch: fiktionale Texte) unterscheiden:

Texte

Sachtexte[1]	Literarische Texte
Aufgabenstellung: Sachtexte sind expositorisch, das heißt, sie stellen die Wirklichkeit unmittelbar dar. Der Leser soll einen direkten Gebrauchsnutzen aus dem Text ziehen.	**Aufgabenstellung:** Literarische Texte sind fiktional, das heißt, sie stellen die Wirklichkeit nicht unmittelbar dar, sondern zeigen eine vollständig oder teilweise erdachte und erdichtete Wirklichkeit. Der Leser soll einen Denk- und Gefühlsprozeß vollziehen, der seine Persönlichkeit bildet.
Formen: informierende Texte kommentierende Texte appellierende Texte normierende Texte	**Formen:** erzählende Texte = Epik darstellende Texte = Dramatik gefühlsbetonte Texte = Lyrik
Beispiele: Zeitungsartikel Filmkommentar Werbebroschüre Spielregeln	**Beispiele:** Roman Theaterstück Gedicht
Verwendung durch den Leser: Er erhält Informationen über Gegenstände, Lebewesen und Zusammenhänge.	**Verwendung durch den Leser:** Er nimmt Anteil an den Gedanken, Empfindungen und Handlungen anderer, erdichteter Lebewesen.

Während der Berufsausbildung und der späteren Berufstätigkeit hat es der Mensch fast ausschließlich mit Sachtexten zu tun. **Sachtexte** stehen meist in einem unmittelbaren Zusammenhang zur ausgeübten Tätigkeit. Wenn beispielsweise ein Autoverkäufer einen Testbericht über ein bestimmtes Fahrzeug liest, danach einen Reparaturauftrag ausfüllt und wenig später eine Werbebroschüre aushändigt, so ist er bis dahin lediglich mit Sachtexten umgegangen.

Im Unterschied zu den Sachtexten sollen **literarische Texte** unterhalten und bilden; bei ihnen steht nicht der Aspekt des berufsbezogenen Handelns im Vordergrund. In der Regel wird der Mensch mit literarischen Texten nur in seiner Freizeit konfrontiert: er liest einen Roman, geht ins Kino, hört den Text eines Liedes.

Allerdings: Oft steht bei der Beschäftigung mit Literatur nach einem anstrengenden Arbeitstag nicht das Nachdenken, die Reflexion, im Vordergrund, sondern das bloße, auf Spannung gerichtete Fühlen. Dies ist zur Entspannung sicherlich legitim; auch ist es jedermann freigestellt, auf das Denken zu verzichten und sich mit Dutzenden von Videofilmen, Heftromanen oder Comics zu unterhalten. Wird diese Verhaltensweise aber zur Dauergewohnheit, besteht für jedermann die Gefahr, daß

[1] Vgl. Kapitel II, S. 33

sich seine Persönlichkeit nicht so entwickelt, wie sie sich entwickeln könnte. Es ist leider eine Tatsache, daß in unserer Gesellschaft das Denken und Nachdenken mit Hilfe literarischer Texte zu kurz kommt. Dies gilt insbesondere für das Denken und Nachdenken über die Arbeitswelt selbst und über die Zusammenhänge, die es zwischen Arbeitswelt und Privatleben in der Freizeit geben mag. Die im Unterkapitel „Sprache und Arbeitswelt: Literarische Texte" abgedruckten Texte sollen helfen, diesem Mangel entgegenzuarbeiten. Zuvor ist es jedoch notwendig, sich noch einmal mit den beiden grundlegenden Arbeitstechniken beim Umgang mit Texten zu beschäftigen: mit der Inhaltsangabe und mit der Interpretation.

Aufgaben

1. *Diskutieren Sie vor dem Hintergrund der in diesem Abschnitt gegebenen Informationen zum Literaturbegriff die Ansichten der Passanten zur Frage: „Was ist Literatur?"*
2. *Unterscheiden Sie Sachtexte und literarische Texte mit Hilfe der Begriffe „expositorisch" und „fiktional".*
3. *Nennen Sie die drei Formen (auch: Gattungen), in die sich literarische Texte aufteilen lassen.*
4. *Versuchen Sie schon jetzt, die folgenden literarischen Texte gemäß Ihrem Vorverständnis entweder der Epik, der Dramatik oder der Lyrik zuzuordnen:*
   a) Kurzgeschichte
   b) Text zu einem Liebeslied
   c) Spielfilm
   d) Sage
   e) Kabarett
5. *Sie interessieren sich für den U-Boot-Krieg im Zweiten Weltkrieg und kaufen ein Buch mit dem Titel „Kampf unter Wasser – Daten und Fakten zum U-Boot-Krieg 1940–1945". Handelt es sich um einen Sachtext oder um einen literarischen Text? Bitte geben Sie eine begründete Antwort.*
6. *Lothar Günter Buchheim schrieb den Roman „Das Boot", der vom U-Boot-Krieg handelt. Dieser Roman wurde verfilmt; zuvor mußte dafür ein Drehbuch verfaßt werden. Welcher Form literarischer Texte würden Sie das Drehbuch zurechnen?*
7. *Vor wenigen Jahren kaufte eine große Illustrierte für sehr viel Geld die ihr angebotenen Tagebücher Adolf Hitlers an, die angeblich vorher verschollen waren. Kurz darauf stellte sich heraus, daß die Tagebücher gefälscht waren. Überlegen Sie, um was für eine Art von Text es sich bei gefälschten Tagebüchern handeln könnte.*
8. *Beschreiben Sie Situationen aus Ihrem Arbeitsalltag, bei denen Sie mit Texten zu tun haben. Um was für Texte handelt es sich?*
9. *Beschreiben Sie Situationen aus Ihrer Freizeit, bei denen Sie es mit Texten zu tun haben. Um was für Texte handelt es sich?*
10. *Vergleichen Sie die Texte aus dem Arbeitsalltag mit den Texten aus der Freizeit hinsichtlich*
    a) der Form,
    b) des Informationsgehaltes,
    c) des Unterhaltungswertes,
    d) des Beitrages zur Ausbildung einer eigenen Persönlichkeit.

4 Arbeit mit Texten: Inhaltsangabe und Interpretation

Der Autor

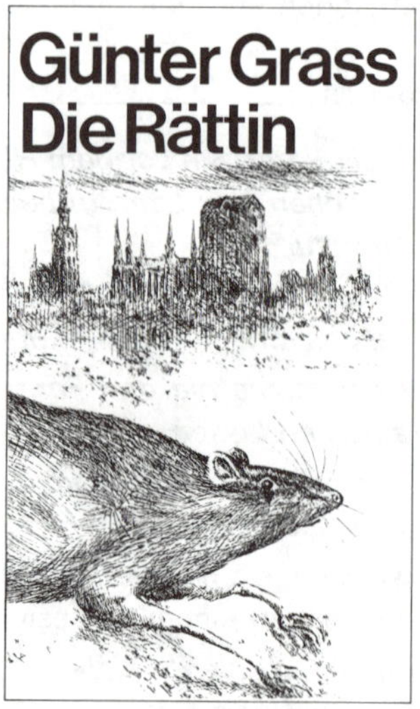

Der Text

Auf Weihnachten wünschte ich eine Ratte mir ... So beginnt der neue Roman von Günter Grass. Und dann beginnt eine wahre Treibjagd durch den Urwald unserer atom- und videoversessenen Zivilisation, human und rättisch, voll Liebenswürdigkeit und bitterem Sarkasmus, unglaublich heiter und verletzend. Ein ehrlicher Aufschrei gegen das beschwichtigende Geschwätz unserer Meinungsbildner. Kein Wunder, daß da die Literatur-Päpste die Nase rümpfen: Kommt doch einer daher und entwirft fernab des modischen literarischen Gestammels einen wahren Erzählwettbewerb – einen ganzen Kosmos noch nie gehörter Ratten- und Menschengeschichten. Während die Kinder des Bundeskanzlers zu den Grünen überlaufen, hat Oskar Matzerath seine Blechtrommel gegen Videos eingetauscht. Denn der Neutronenblitz hat das Gesicht der Welt verändert ...

Aus: Herbst-Katalog der Europäischen Bildungsgemeinschaft, 10/11/12 1987, Kornwestheim

Inhaltsangabe und Interpretation

Sowohl Sachtexte als auch literarische Texte sind dem Leser nicht immer sofort verständlich. Inhalt und Gehalt der Texte müssen oft erst erarbeitet werden, bevor sie beruflich oder privat genutzt werden können.

Die beiden wichtigsten Methoden zur Arbeit mit Texten sind die **Inhaltsangabe** und die **Interpretation.** Inhaltsangabe und Interpretation (interpretatio = Auslegung) gehören im alltäglichen Umgang mit Texten unmittelbar zusammen, denn vereinfacht dargestellt geht es zunächst schlicht um die Beantwortung zweier zentraler Fragen:

Was steht in dem Text? ⟶ Inhaltsangabe
Welche Bedeutung hat der Text? ⟶ Interpretation

Die Inhaltsangabe verdichtet den Inhalt eines Textes auf das Wesentliche und soll deshalb knapp, klar und verständlich sein. Inhaltsangaben erfüllen eine Informationsfunktion, bei ihrer Erstellung sollte die folgende Anleitung beachtet werden.

Anleitung zur Erstellung von Inhaltsangaben

Ziel: Eine Person, die den Text nicht kennt, soll **kurz und sachlich** über den wesentlichen **Inhalt** eines Textes informiert werden.

Aufbau: **Einleitung**

Angaben über den Verfasser; Art der Veröffentlichung; Ort, Zeit und Personen; allgemeine Bemerkung über den Inhalt.

Beispiel:

Bei dem Text „..." handelt es sich um ... von ... über ... Der Text stammt aus dem Jahre ..., er ist in ... (Fachzeitung, Verlag ...) veröffentlicht.

Hauptteil

Nach dem Herausarbeiten der Kernsätze formulieren, **wer was wo wann und wie** getan hat. Die Reihenfolge der einzelnen Inhaltsmerkmale muß nicht unbedingt eingehalten werden.
Warum etwas geschehen ist, darf nur in die Inhaltsangabe aufgenommen werden, wenn das „warum" ausdrücklich im Inhalt beschrieben ist.

Schluß

Gesamtzusammenfassung und angedeutete eigene Meinung zulässig, aber nicht Bedingung.

Form:
- Gebrauch der Zeitstufe Präsens (Gegenwart);
- Vermeidung der direkten Rede (aber: ein gelegentliches Zitat ist zulässig);
- keine „ich-Form";
- eigene Formulierungen, nicht abschreiben!

Eine Interpretation von Texten ist immer dann notwendig, wenn sich die Bedeutung von Texten nicht unmittelbar aus ihrem Inhalt ergibt. Bei einem guten Sachtext, der die Wirklichkeit unmittelbar abbildet und der praktisch genutzt werden soll, sollte sich die Frage nach seiner Bedeutung nicht stellen. Sachtexte sollten nicht interpretiert werden müssen. Allerdings läßt es sich bei mißlungenen Sachtexten häufig nicht vermeiden, daß über ihren Inhalt „gerätselt" werden muß.

Negativbeispiel für einen interpretationsbedürftigen Sachtext:

Arbeitsanleitung einer Behörde zum Umgang mit dem Posteingang

»Eingänge werden unverzüglich bearbeitet. Sofortvorgänge (rote Mappe) werden vor Eilvorgängen (Vermerk), diese vor den übrigen Vorgängen bearbeitet. Fristen sind einzuhalten, Fristverlängerungen rechtzeitig zu beantragen ...
Die Eingänge sollen unter Berücksichtigung der Vorgänge vorgelegt und bearbeitet werden.
Wiedervorlage wird verfügt, wenn der Vorgang erst zu einem späteren Termin weiterbearbeitet werden kann.
Bei Vorgängen, die von amtswegen »vertraulich« gekennzeichnet sind, ist dafür zu sorgen, daß ihr Inhalt Unbefugten nicht bekannt gemacht wird ...«

(Aus der Geschäftsordnung einer Behörde, abgedruckt im entsprechenden Amtsblatt.)

Im Gegensatz zu Sachtexten muß der Bedeutungsgehalt von literarischen Texten fast immer durch eine Interpretation erschlossen werden. Da ein literarischer Text die Wirklichkeit nicht unmittelbar abbilden will, sondern in der Regel aus Reflexionen des Autors über seine Wirklichkeit besteht, muß der Leser durch eigene Reflexion den Bedeutungsgehalt des Textes für sich und seine Wirklichkeit **dechiffrieren** (entschlüsseln). Eine Interpretation kommt deshalb ohne die eigene Meinung des Interpreten nicht aus. Das Erstellen einer Interpretation setzt eine intensive gedankliche Auseinandersetzung mit dem Text voraus; selbstverständlich ist auch, daß der Inhalt des Textes vor der Interpretation bekannt ist. Die folgende allgemeine Anleitung hilft bei der Erstellung von Interpretationen.

Anleitung zum Erstellen einer Interpretation

Ziel: Es soll eine subjektive, aber (an Textstellen belegte) **begründete und ausführliche** Meinung über den **Gehalt** (Bedeutung) eines Textes formuliert werden.
Voraussetzung: Der Inhalt ist bekannt.

Vorgehensweise:

1. Leitfrage: Was wissen wir über den Autor und seine Zeit? Warum hat er für den Leser gerade diesen Text auf diese Art und Weise geschrieben?
2. Art und Weise des Textes:
   Wie verhalten sich die Personen zueinander? (Konfiguration)
   Wie ist das Verhalten der Personen zu erklären? (Charakter, Gesellschaft)
   Wie ist der Text gestaltet? (Form)
   Welche sprachlichen Mittel verwendet der Autor? (Sprache)
3. Welche Wirkung beim Leser will der Autor erzielen?
   - An wen wendet sich der Autor? (Zielgruppe)
   - Wie wendet er sich an den Leser? (z. B. engagiert)
   - Welche Intention (Schreibabsicht) hat der Autor?
4. Wie beurteile ich selbst als Leser den Text? (Begründung!)

Hinweis: Die Interpretation setzt voraus, daß man als Leser bereit ist, eigene Vor-Urteile zu überdenken. Man muß sich auf Autor und Text einlassen. Danach kann man mit anderen Menschen diskutieren und möglicherweise seine eigene Interpretation noch einmal überdenken und ändern!

Aufgaben

1. Der kurze Text zu Beginn dieses Abschnitts zu Günter Grass' Roman „Die Rättin" enthält sowohl Elemente einer Inhaltsangabe als auch einer Interpretation.

a) Welche Aussagen sind der Inhaltsangabe zuzuordnen?

b) Welche Aussagen sind interpretativ?

c) Welchen Zweck verfolgt der Text Ihrer Meinung nach hauptsächlich:

- *er will sachlich informieren;*
- *er will Neugier und Interesse wecken, damit der Roman gekauft wird;*
- *er ist eine reine Interpretation, der sich fundiert mit der menschlichen Existenz im Atomzeitalter beschäftigt.*

2. Unterscheiden Sie Inhaltsangabe und Interpretation hinsichtlich der Zielsetzung.

3. Wie lautet die wortgetreue Übersetzung des lateinischen Wortes „Interpretation"?

4. Erstellen Sie mit Hilfe der abgedruckten Anleitung eine umfassende Interpretation zu dem Text von Jürgen Theobaldy „Schnee im Büro".

Jürgen Theobaldy

Schnee im Büro

Eine gewisse Sehnsucht nach Palmen. Hier
ist es kalt, aber nicht nur. Deine Küsse
am Morgen sind wenig, später sitze ich
acht Stunden hier im Büro. Auch du
bist eingesperrt, und wir dürfen nicht
miteinander telefonieren. Den Hörer abnehmen
und lauschen? Telefon, warum schlägt
dein Puls nur für andere? Jemand fragt:
»Wie gehts?«, wartet die Antwort nicht ab
und ist aus dem Zimmer.
Was kann Liebe bewegen? Ich berechne
Preise und werde berechnet. All die Ersatzteile,
die Kesselglieder, Ölbrenner, sie gehen
durch meinen Kopf als Zahlen, weiter nichts.
Und ich gehe durch jemand hindurch
als Zahl. Aber am Abend komme ich zu dir
mit allem, was ich bin. Lese von
Wissenschaftlern: auch die Liebe ist
ein Produktionsverhältnis. Und wo sind
die Palmen? Die Palmen zeigen sich am Strand
einer Ansichtskarte, wir liegen auf dem Rücken
und betrachten sie. Am Morgen kehren wir
ins Büro zurück, jeder an seinen Platz.
Er hat eine Nummer, wie das Telefon.

Aus: Hans Bender (Hrsg.). In diesem Lande leben wir. Deutsche Gedichte der Gegenwart. München 1978

5 Sprache und Arbeitswelt: Literarische Texte

Heinrich Böll

Es wird etwas geschehen

Eine handlungsstarke Geschichte

Zu den merkwürdigsten Abschnitten meines Lebens gehört wohl der, den ich als Angestellter in Alfred Wunsiedels Fabrik zubrachte. Von Natur bin ich mehr dem Nachdenken und dem Nichtstun zugeneigt als der Arbeit, doch hin und wieder zwingen mich anhaltende finanzielle Schwierigkeiten – denn Nachdenken bringt so wenig ein wie Nichtstun –, eine sogenannte Stelle anzunehmen. Wieder einmal auf einem solchen Tiefpunkt angekommen, vertraute ich mich der Arbeitsvermittlung an und wurde mit sieben anderen Leidensgenossen in Wunsiedels Fabrik geschickt, wo wir einer Eignungsprüfung unterzogen werden sollten.

Schon der Anblick der Fabrik machte mich mißtrauisch: die Fabrik war ganz aus Glasziegeln gebaut, und meine Abneigung gegen helle Gebäude und helle Räume ist so stark wie meine Abneigung gegen die Arbeit. Noch mißtrauischer wurde ich, als uns in der hellen, fröhlich ausgemalten Kantine gleich ein Frühstück serviert wurde: hübsche Kellnerinnen brachten uns Eier, Kaffee und Toaste, in geschmackvollen Karaffen stand Orangensaft; Goldfische drückten ihre blasierten Gesichter gegen die Wände hellgrüner Aquarien. Die Kellnerinnen waren so fröhlich, daß sie vor Fröhlichkeit fast zu platzen schienen. Nur starke Willensanstrengung – so schien mir – hielt sie davon zurück, dauernd zu trällern. Sie waren mit ungesungenen Liedern so angefüllt wie Hühner mit ungelegten Eiern. Ich ahnte gleich, was meine Leidensgenossen nicht zu ahnen schienen: daß auch dieses Frühstück zur Prüfung gehöre; und so kaute ich hingebungsvoll, mit dem vollen Bewußtsein eines Menschen, der genau weiß, daß er seinem Körper wertvolle Stoffe zuführt. Ich tat etwas, wozu mich normalerweise keine Macht dieser Welt bringen würde: ich trank auf den nüchternen Magen Orangensaft, ließ den Kaffee und ein Ei stehen, den größten Teil des Toasts liegen, stand auf und marschierte handlungsschwanger in der Kantine auf und ab.

So wurde ich als erster in den Prüfungsraum geführt, wo auf reizenden Tischen die Fragebogen bereitlagen. Die Wände waren in einem Grün getönt, das Einrichtungsfanatikern das Wort „entzückend" auf die Lippen gezaubert hätte. Niemand war zu sehen, und doch war ich so sicher, beobachtet zu werden, daß ich mich benahm, wie ein Handlungsschwangerer sich benimmt, wenn er sich unbeobachtet glaubt: ungeduldig riß ich meinen Füllfederhalter aus der Tasche, schraubte ihn auf, setzte mich an den nächstbesten Tisch und zog den Fragebogen an mich heran, wie Choleriker Wirtshausrechnungen zu sich hinziehen.

Erste Frage: Halten Sie es für richtig, daß der Mensch nur zwei Arme, zwei Beine, Augen und Ohren hat?

Hier erntete ich zum ersten Male die Früchte meiner Nachdenklichkeit und schrieb ohne Zögern hin: „Selbst vier Arme, Beine, Ohren würden meinem Tatendrang nicht genügen. Die Ausstattung des Menschen ist kümmerlich."

Zweite Frage: Wieviel Telefone können Sie gleichzeitig bedienen?

Auch hier war die Antwort so leicht wie die Lösung einer Gleichung ersten Grades. „Wenn es nur sieben Telefone sind", schrieb ich, „werde ich ungeduldig, erst bei neun fühle ich mich vollkommen ausgelastet."

Dritte Frage: Was machen Sie nach Feierabend?

Meine Antwort: „Ich kenne das Wort Feierabend nicht mehr – an meinem fünfzehnten Geburtstag strich ich es aus meinem Vokabular, denn am Anfang war die Tat."

Ich bekam die Stelle. Tatsächlich fühlte ich mich sogar mit den neun Telefonen nicht ganz ausgelastet. Ich rief in die Muschel der Hörer: „Handeln Sie sofort!" oder: „Tun Sie etwas! – Es muß etwas geschehen – Es wird etwas geschehen – Es ist etwas geschehen – Es soll etwas geschehen." Doch meistens – denn das schien mir der Atmosphäre gemäß – bediente ich mich des Imperativs.

Interessant waren die Mittagspausen, wo wir in der Kantine, von lautloser Fröhlichkeit umgeben, vitaminreiche Speisen aßen. Es wimmelte in Wunsiedels Fabrik von Leuten, die verrückt darauf waren, ihren Lebenslauf zu erzählen, wie eben handlungsstarke Persönlichkeiten es gern tun. Ihr Lebenslauf ist ihnen wichtiger als ihr Leben, man braucht nur auf einen Knopf zu drücken, und schon erbrechen sie ihn in Ehren.

Wunsiedels Stellvertreter war ein Mann mit Namen Broschek, der seinerseits einen gewissen Ruhm erworben hatte, weil er als Student sieben Kinder und eine gelähmte Frau durch Nachtarbeit ernährt, zugleich vier Handelsvertretungen erfolgreich ausgeübt und dennoch innerhalb von zwei Jahren zwei Staatsprüfungen mit Auszeichnung bestanden hatte. Als ihn Reporter gefragt hatten: „Wann schlafen Sie denn, Broschek?", hatte er geantwortet: „Schlafen ist Sünde!"

Wunsiedels Sekretärin hatte einen gelähmten Mann und vier Kinder durch Stricken ernährt, hatte gleichzeitig in Psychologie und Heimatkunde promoviert, Schäferhunde gezüchtet und war als Barsängerin unter dem Namen *Vamp 7* berühmt geworden.

Wunsiedel selbst war einer von den Leuten, die morgens, kaum erwacht, schon entschlossen sind, zu handeln. „Ich muß handeln", denken sie, während sie energisch den Gürtel des Bademantels zuschnüren. „Ich muß handeln", denken sie, während sie sich rasieren, und sie blicken triumphierend auf die Barthaare, die sie mit dem Seifenschaum von ihrem Rasierapparat abspülen: Diese Reste der Behaarung sind die ersten Opfer ihres Tatendranges. Auch die intimeren Verrichtungen lösen Befriedigung bei diesen Leuten aus: Wasser rauscht, Papier wird verbraucht. Es ist etwas geschehen. Brot wird gegessen, dem Ei wird der Kopf abgeschlagen.

Die belangloseste Tätigkeit sah bei Wunsiedel wie eine Handlung aus: wie er den Hut aufsetzte, wie er – bebend vor Energie – den Mantel zuknöpfte, der Kuß, den er seiner Frau gab, alles war Tat.

Wenn er sein Büro betrat, rief er seiner Sekretärin als Gruß zu: „Es muß etwas geschehen!" Und diese rief frohen Mutes: „Es wird etwas geschehen!" Wunsiedel ging dann von Abteilung zu Abteilung, rief sein fröhliches: „Es muß etwas geschehen!" Alle antworteten: „Es wird etwas geschehen!" Und auch ich rief ihm, wenn er mein Zimmer betrat, strahlend zu: „Es wird etwas geschehen!"

Innerhalb der ersten Woche steigerte ich die Zahl der bedienten Telefone auf elf, innerhalb der zweiten Woche auf dreizehn, und es machte mir Spaß, morgens in der Straßenbahn neue Imperative zu erfinden oder das Verbum *geschehen* durch die verschiedenen Tempora, durch die verschiedenen Genera, durch Konjunktiv und Indikativ zu hetzen; zwei Tage lang sagte ich nur den einen Satz, weil ich ihn so schön fand: „Es hätte etwas geschehen müssen", zwei weitere Tage lang einen anderen: „Das hätte nicht geschehen dürfen."

So fing ich an, mich tatsächlich ausgelastet zu fühlen, als wirklich etwas geschah. An einem Dienstagmorgen – ich hatte mich noch gar nicht richtig zurechtgesetzt – stürzte Wunsiedel in mein Zimmer und rief sein „Es muß etwas geschehen!" Doch etwas Unerklärliches auf seinem Gesicht ließ mich zögern, fröhlich und munter, wie es vorgeschrieben war, zu antworten: „Es wird etwas geschehen!" Ich zögerte wohl zu lange, denn Wunsiedel, der sonst selten schrie, brüllte mich an: „Antworten Sie! Antworten Sie, wie es vorgeschrieben ist!" Und ich antwortete leise und widerstrebend wie ein Kind, das man zu sagen zwingt: ich bin ein böses Kind. Nur mit großer Anstrengung brachte ich den Satz heraus: „Es wird etwas geschehen", und kaum hatte ich ihn ausgesprochen, da geschah tatsächlich etwas: Wunsiedel stürzte zu Boden, rollte im Stürzen auf die Seite und lag quer vor der offenen Tür. Ich wußte gleich, was sich mir bestätigte, als ich langsam um meinen Tisch herum auf den Liegenden zuging: daß er tot war.

Kopfschüttelnd stieg ich über Wunsiedel hinweg, ging langsam durch den Flur zu Broscheks Zimmer und trat dort ohne anzuklopfen ein. Broschek saß an seinem Schreibtisch, hatte in jeder Hand einen Telefonhörer, im Mund einen Kugelschreiber, mit dem er Notizen auf einen Block schrieb, während er mit den bloßen Füßen eine Strickmaschine bediente, die unter dem Schreibtisch stand. Auf diese Weise trägt er dazu bei, die Bekleidung seiner Familie zu vervollständigen.

„Es ist etwas geschehen", sagte ich leise. Broschek spuckte den Kugelstift aus, legte die beiden Hörer hin, löste zögernd seine Zehen von der Strickmaschine.

„Was ist denn geschehen?" fragte er.

„Herr Wunsiedel ist tot", sagte ich.

„Nein", sagte Broschek.

„Doch", sagte ich, „kommen Sie!"

„Nein", sagte Broschek, „das ist unmöglich", aber er schlüpfte in seine Pantoffeln und folgte mir über den Flur.

„Nein", sagte er, als wir an Wunsiedels Leiche standen, „nein, nein!" Ich widersprach ihm nicht.

Vorsichtig drehte ich Wunsiedel auf den Rücken, drückte ihm die Augen zu und betrachtete ihn nachdenklich.
Ich empfand fast Zärtlichkeit für ihn, und zum ersten Male wurde mir klar, daß ich ihn nie gehaßt hatte. Auf seinem Gesicht war etwas, wie es auf den Gesichtern der Kinder ist, die sich hartnäckig weigern, ihren Glauben an den Weihnachtsmann aufzugeben, obwohl die Argumente der Spielkameraden so überzeugend klingen.
„Nein", sagte Broschek, „nein."
„Es muß etwas geschehen", sagte ich leise zu Broschek.
„Ja", sagte Broschek, „es muß etwas geschehen."
Es geschah etwas: Wunsiedel wurde beerdigt, und ich wurde ausersehen, einen Kranz künstlicher Rosen hinter seinem Sarg herzutragen, denn ich bin nicht nur mit einem Hang zur Nachdenklichkeit und zum Nichtstun ausgestattet, sondern auch mit einer Gestalt und einem Gesicht, die sich vorzüglich für schwarze Anzüge eignen. Offenbar habe ich – mit dem Kranz künstlicher Rosen in der Hand hinter Wunsiedels Sarg hergehend – großartig ausgesehen. Ich erhielt das Angebot eines eleganten Beerdigungsinstitutes, dort als berufsmäßiger Trauernder einzutreten. „Sie sind der geborene Trauernde", sagte der Leiter des Instituts, „die Garderobe bekommen Sie gestellt. Ihr Gesicht – einfach großartig!"
Ich kündigte Broschek mit der Begründung, daß ich mich dort nicht richtig ausgelastet fühle, daß Teile meiner Fähigkeiten trotz der dreizehn Telefone brachlägen. Gleich nach meinem ersten berufsmäßigen Trauergang wußte ich: Hierhin gehörst du, das ist der Platz, der für dich bestimmt ist.
Nachdenklich stehe ich hinter dem Sarg in der Trauerkapelle, mit einem schlichten Blumenstrauß in der Hand, während Händels *Largo* gespielt wird, ein Musikstück, das viel zu wenig geachtet ist. Das Friedhofscafé ist mein Stammlokal, dort verbringe ich die Zeit zwischen meinen beruflichen Auftritten, doch manchmal gehe ich auch hinter Särgen her, zu denen ich nicht beordert bin, kaufe aus meiner Tasche einen Blumenstrauß und geselle mich zu dem Wohlfahrtsbeamten, der hinter dem Sarg eines Heimatlosen hergeht. Hin und wieder besuche ich Wunsiedels Grab, denn schließlich verdanke ich es ihm, daß ich meinen eigentlichen Beruf entdeckte, einen Beruf, bei dem Nachdenklichkeit geradezu erwünscht und Nichtstun meine Pflicht ist.
Spät erst fiel mir ein, daß ich mich nie für den Artikel interessiert habe, der in Wunsiedels Fabrik hergestellt wurde. Es wird wohl Seife gewesen sein.

Aus: Doktor Murkes gesammeltes Schweigen und andere Satiren. Köln/Berlin 1960

Aufgaben

1. *Welchen Eindruck haben Sie von der Persönlichkeit des Erzählers hinsichtlich seiner Einstellung zur Arbeit?*
2. *Welche Strategie schlägt der Erzähler ein, um den Einstellungstest zu bestehen? Vergleichen Sie sein Vorgehen mit Ihren eigenen Erfahrungen.*
3. *Charakterisieren Sie die folgenden Personen, und überlegen Sie, welche Eigenschaften diese Personen gemeinsam haben:*
   a) den Chef Wunsiedel;
   b) seinen Stellvertreter Broschek;
   c) die Sekretärin.
4. *Verfassen Sie eine Inhaltsangabe zu dieser Kurzgeschichte.*
5. *Welcher Form literarischer Texte sind Kurzgeschichten zuzuordnen?*
   a) dramatischen Formen?
   b) lyrischen Formen?
   c) epischen Formen?

6. Heinrich Böll benutzt hier bewußt das Stilmittel der Übertreibung, wenn er bestimmte Personen oder Zustände beschreibt.

a) Nennen Sie Textpassagen, an denen das Stilmittel der Übertreibung deutlich wird.

b) Welchen Sinn hat es Ihres Erachtens, einen Sachzusammenhang übertrieben darzustellen?

7. Mit der ständig gebrauchten Floskel „Es wird etwas geschehen" will der Autor auf ein bestimmtes Verhalten während des Arbeitsprozesses hinweisen. Kennzeichnen Sie dieses Verhalten.
*(*Hilfe: *Gleichgültigkeit, Optimismus, Faulheit, Tatkraft, Verträumtheit, Ehrgeiz, Fleiß, Mißmut ...)*

8. Der Chef Wunsiedel stirbt plötzlich, offensichtlich an Herzversagen. Wie erklären Sie sich dieses plötzliche Herzversagen?

Der Kumpel
oder
Wenn ich tauschen sollte, tät' ich es nicht

Bemerkungen von Willi Wittke[1]

Immer, wenn Not am Mann war, wenn Krieg war, dann war der Arbeiter der treueste Sohn des Volkes. War der Krieg zu Ende, war er auch noch der treueste Sohn des Volkes. Überall war große Kohlennot, der Kumpel mußte das wieder schaffen, damit Deutschland auf die Beine kam. Aber sobald eine Krise eintrat, irgendwie Absatzmangel - ob das jetzt von oben runterkam, ob das wirklich so gestimmt hat, ob das gemacht war, weiß ich nicht - aber dann wurde der Kumpel wieder an die Seite geschoben. Und heute, wo se 'n wieder brauchen, Ölkrise und so weiter, da wird der Kumpel wieder treuester Sohn.

Es ging immer bergauf und bergab. Nach dem Krieg, da kam das schöne Lied „Überall herrscht große Kohlennot, selbst im Himmel leidet man noch Not". Da war der Kumpel obenauf. Dann kam der Einmarsch von dem Franzosen, und da hat der Kumpel gesagt: „Alle Räder stehen still, wenn dein starker Arm es will." Damit der Franzose keine Kohlen bekam, haben wir passiven Widerstand gemacht und haben keine Kohlen geschickt; und der Franzose ist nachher wieder abgezogen. Danach kam die Aussperrung, um den Sieben-Stunden-Tag wieder abzuschaffen. Haben den Kumpel an die Seite gedrückt und die Folge war, der Kumpel mußte wieder unter Tage acht Stunden, achteinhalbe arbeiten und über Tage zwölf Stunden. Das wurde dann so um '27 abgeschafft, da hat man den Kumpel gebraucht. Da haben wir feste Kohlen geschickt - in England war der große Bergarbeiterstreik. Meiner Ansicht nach haben wir das verkehrt gemacht, wir sind praktisch da dem Kumpel in England in den Rücken gefallen.

Ja, und dann kam in der ganzen Welt wieder die Arbeitslosigkeit, Absatzkrise und so weiter, der Kumpel wurde auf die Straße geschmissen. Als der Hitler rankam, wurde der Kumpel wieder gebraucht. Ab '39 mußte man Panzerschichten machen, Neun-Stunden-Schicht wurde eingeführt, um Deutschland groß zu machen. War doch damals so: Adolf Hitler wollte Deutschland groß machen. Und da haben die den Kumpel doch gebraucht. Das Ruhrgebiet war Waffenschmiede, die Kohlen waren da, der Stahl war da, die Werke waren da. Wie alles in Trümmer lag, brauchten se den Kumpel wieder. War ja nur der Kumpel, der arbeiten konnte - was war denn noch da? Der einzige Rohstoff, den wir hatten, war doch die Kohle. Da haben die den Kumpel wieder gebraucht. Der hat alles aufgebaut. Da war er wieder der brave Mann.

---

[1] Willi Wittke, 76 Jahre alt, Bergmann auf Zeche „Osterfeld" von 1921-1931, auf Zeche „Concordia" von 1931-1937, auf Zeche „Osterfeld" von 1937-1965. Bewohner der Arbeitersiedlung Eisenheim. Tonbandprotokoll.

Ich glaub '64, da war wieder eine Krise, Absatzkrise. Da sind wir dann nach Bonn marschiert, mit schwarzen Fahnen, unter Führung der Gewerkschaft. Von Köln aus mit den Schiffen hingefahrn. Durch die Sperrzone kamen wir nicht. Mußten wir Trab zurücklaufen, damit wir überhaupt die Schiffe wieder mitkriegten. Naja, wie das dann mit dem Öl florierte, brauchten se den Kumpel auch nicht. Da ging es wieder mit dem Kumpel bergab. Jetzt geht es wieder bergauf, ist der Kumpel wieder da. Kumpel hat wieder Arbeit, feste Arbeit.

Hat sich doch sehr viel verändert gegen früher. Darf ich gar nicht erzählen, wie es uns gegangen ist; wir haben's dreckige Zeug mit nach Hause geschleppt, die Frau sah aus wie'n Kohlenhaufen, wenn se's gewaschen hat, schwatt wie so'n Neger, ja, so war's. Heute kriegen sie alle 's Zeug gewaschen, kriegen auch Arbeitszeug gestellt, kriegen Seife, Schuhe und so weiter, und haben auch 'n anständigen Lohn. Wir früher, wir haben praktisch auf 'n Lohntag gewartet, da gab es jede zehn Tage Geld. Mal gab es für sieben Schichten Abschlag oder für acht Schichten Abschlag – wenn's mal neun gab, war'n se König. So ist das bergauf und bergab mit dem Kumpel gegangen.

Ungerecht war das damals immer. Ob das jetzt der Bergmann war oder 'n Hüttenarbeiter oder irgendeiner, der mit der Schüppe auf der Straße gearbeitet hat – war immer ungerecht, daß der so wenig Geld verdient hat, daß er gerade Essen, Trinken und Kleidung hatte. Alles andere konnt' der sich gar nicht leisten damals. War für meine Begriffe nicht richtig, die Verteilung des erarbeiteten Vermögens. Das war ungerecht. Der Kumpel hat zuwenig verdient, sagen wir mal, weil die Arbeit körperlich schwer war und weil – wenn der ja nicht gewesen wäre, wie wär' das denn bergauf gegangen, nach dem Weltkrieg, wie alles in Trümmer lag? Da war doch das einzige noch die Kohle. War doch das einzige – was hatten se denn noch?

Heute hat sich das verändert, aber die Arbeit ist immer noch schwer. Also, wie ich anfing, ich bin '19 aus der Schule gekommen und hab '21 die erste Schicht unter Tage gemacht – da haben wir noch mit der Hacke gearbeitet, und dann kamen die kleinen Abbauhämmer, die Lufthämmer, weiß ich ganz genau, die kleinen. Dann kamen die größeren, und die ersten Streben und die ersten Rutschen wurden eingeführt. Erst mal die kleinen, drei Meter lang, dann wurden sie vier Meter. Und die Brocken wurden immer schwerer – der Kumpel hatte durch die Technik eigentlich keine Erleichterung. Im Gegenteil: mußte immer schwer arbeiten. Und heute? Muß er auch noch schwer arbeiten.

Aber wenn man mal 'n paar Jahre unter Tage war, fällt es einem verdammt schwer, über Tage zu arbeiten. Ich mein: Unter Tage ist schwer arbeiten, aber es steht keiner hinter einem. Man muß schuften wie'n Affe, aber es ist keiner da, der einem auf'n Pelz guckt. Und das könnt' ich nie vertragen. Ich hätt' nicht auf der Straße arbeiten können, wenn da ein Vorarbeiter ständ' und mir auf die Schüppe gucken würde. Ich glaub, dann dreh' ich durch. Ich weiß nicht, ob das jedem so geht, aber mir persönlich geht das so.

Aus: Klein/Karmon-Klein (Hrsg.): Reportagen aus dem Ruhrgebiet. Frankfurt 1981 (Textauszug)

Aufgaben

1. *Ordnen Sie den von Willi Wittke genannten Jahreszahlen die jeweils wichtigsten Ereignisse zu.*
2. *Beschreiben Sie die im Laufe der Zeit wechselnden Arbeitsbedingungen (Arbeitszeit, Lohnzahlung) des Arbeiters Wittke, und stellen Sie einen Zusammenhang dieser Arbeitsbedingungen zu politischen Ereignissen her.*
3. *Welche Meinung hat Herr Wittke zum technischen Fortschritt in der Arbeitswelt? Hat er die Arbeit leichter gemacht?*
4. *Offensichtlich ging es mit der Sicherheit der Arbeitsplätze in Herrn Wittkes Beruf „bergauf und bergab".*
   a) *Welche Umstände haben die Sicherheit des Arbeitsplatzes im vorliegenden Fall beeinflußt?*
   b) *Welche Umstände könnten Ihrer Meinung nach die Sicherheit der Arbeitsplätze in Ihrem Beruf beeinflussen?*

5. *Herr Wittke ist der Ansicht, daß sich in sozialer Hinsicht während seiner Lebenszeit in seinem Beruf manches gebessert hat. Versuchen Sie festzustellen, ob es auch in Ihrem Beruf gegenüber früher soziale Verbesserungen gegeben hat.*

6. *Verfassen Sie eine Inhaltsangabe mit der Überschrift: „Deutsche Geschichte aus der Sicht eines Arbeitnehmers".*

7. *Wie stellen Sie sich den Rentner Willi Wittke vor? Verfassen Sie eine Personenbeschreibung (*Hilfe: *Größe, Statur, Kleidung, Alter, Gesicht, Besonderheiten); zum Beispiel mit folgendem Anfang:*
Ein alter Mann sitzt auf einer Bank und erzählt einem Reporter aus seinem Leben. Der Mann ist ungefähr einsfünfundsiebzig oder einsachtzig groß, auffällig ist seine gebückte Haltung beim Sitzen. Die Hände hat er über einem Spazierstock gefalten, damit er den anscheinend muskulösen Oberkörper abstützen kann. Er trägt ein rot-weiß kariertes Hemd und ...

Thomas Bernhard

Ereignis

Eine Maschine, die wie eine Guillotine ist, schneidet von einer sich langsam fortbewegenden Gummimasse große Stücke ab und läßt sie auf ein Fließband fallen, das sich einen Stock tiefer fortbewegt und an welchem Hilfsarbeiterinnen sitzen, die die abgeschnittenen Stücke zu kontrollieren und schließlich in große Kartons zu verpacken haben. Die Maschine ist erst neun Wochen in Betrieb, und den Tag, an welchem sie der Fabrikleitung übergeben wurde, wird niemand, der bei dieser Feierlichkeit anwesend war, vergessen. Sie war auf einem eigens für sie konstruierten Eisenbahnwaggon in die Fabrik geschafft worden, und die Festredner betonten, daß diese Maschine eine der größten Errungenschaften der Technik darstelle. Sie wurde bei ihrem Eintreffen in der Fabrik von einer Musikkapelle begrüßt, und die Arbeiter und die Ingenieure empfingen sie mit abgenommenen Hüten. Ihre Montage dauerte vierzehn Tage, und die Besitzer konnten sich von ihrer Arbeitsleistung und Zuverlässigkeit überzeugen. Sie muß nur regelmäßig, und zwar alle vierzehn Tage, mit besonderen Ölen geschmiert werden. Zu diesem Zweck muß eine Arbeiterin eine Stahlwendeltreppe erklettern und das Öl durch ein Ventil langsam einfließen lassen. Der Arbeiterin wird alles bis ins kleinste erklärt. Trotzdem rutscht das Mädchen so unglücklich aus, daß es geköpft wird. Sein Kopf platzt wie die Gummistücke hinunter. Die Arbeiterinnen, die am Fließband sitzen, sind so entsetzt, daß keine von ihnen schreien kann. Sie behandeln den Mädchenkopf gewohnheitsmäßig wie die Gummistücke. Die letzte nimmt den Kopf und verpackt ihn in einen Karton.

Aus: Ereignisse. Berlin (West) 1969

Aufgaben

Die Episode, über die Thomas Bernhard hier berichtet, ist nicht ohne weiteres verständlich. Offensichtlich will uns der Text auf etwas dem Autor Wichtiges hinweisen, was aber erst gedeutet (interpretiert) werden muß. Erstellen Sie eine Interpretation, und beantworten Sie dazu vorher folgende Fragen:

1. *Halten Sie das geschilderte Ereignis für eine Erfindung des Autors, oder könnte es sich in irgendeiner Fabrik so abgespielt haben wie geschildert?*

2. *Stellen Sie sich eine große Werkhalle vor, und überlegen Sie, in welchem Verhältnis Mensch und Maschine im Arbeitsprozeß stehen. Wer beherrscht wen?*

3. *Wie erklären Sie sich die Tatsache, daß die Arbeiterinnen den Kopf der Verunglückten in einen Karton verpacken und mit der Arbeit fortfahren?*

Hans Fallada

Aus dem Leben eines Verkäufers

An einem neunundzwanzigsten September steht Pinneberg hinter seinem Verkaufstisch im Warenhaus Mandel. Heute ist der neunundzwanzigste September und morgen ist der dreißigste September und einen einunddreißigsten September gibt es nicht. Pinneberg rechnet, er steht da mit einem sehr trüben, etwas grauen Gesicht. Von Zeit zu Zeit nimmt er einen Notizzettel aus der Tasche, auf dem er seine Tageslosungen aufgezeichnet hat, und sieht ihn an und rechnet. Aber eigentlich ist nicht viel zu rechnen. Das Ergebnis bleibt unverrückt das gleiche: für fünfhundertdreiundzwanzig eine halbe Mark muß Pinneberg heute und morgen verkaufen, um seine Quote zu erfüllen.

Es ist ausgeschlossen, aber natürlich muß er sie erfüllen, denn wo bleibt er sonst mit Lämmchen und dem Kind? Es ist ausgeschlossen, aber wo die Tatsachen unverrückbar feststehen, hofft man auf Wunder. Wieder ist es wie damals zu urgrauen Zeiten in der Schule: Heinemann, der Schuft, gibt die französischen Arbeiten zurück, und der Schüler Johannes Pinneberg betet unter seinem Pult: „Lieber Gott, mach, daß ich nur drei Fehler habe!“ (Und sieben Fehler weiß er schon sicher.)

Der Verkäufer Johannes Pinneberg betet: „Ach, lieber Gott, laß jemanden kommen, der einen Frackanzug braucht. Und einen Abendmantel. Und einen ... und ...“

Kollege Keßler schiebt sich heran: „Na, Pinneberg, wie stehen Ihre Aktien?“

Pinneberg sieht nicht hoch: „Danke. Ich bin zufrieden.“

„So“, sagt Keßler und zieht das Wort sehr breit. „Sooo. Das freut mich. Weil der Jänecke nämlich erzählt hat, als Sie gestern die Pleite geschoben haben, Sie sind mächtig zurück mit Ihrer Losung und er erledigt Sie.“

Pinneberg sagt: „Danke! Danke! Ich bin zufrieden. Jänecke hat Sie wohl nur ein bißchen aufputschen wollen. Wie weit sind Sie denn?“

„Oh, ich bin fertig für diesen Monat. Deswegen frage ich Sie ja gerade. Ich wollte Ihnen was anbieten.“

Pinneberg steht still. Er haßt diesen Mann Keßler, diesen kriecherischen, angeberischen Mann. Er haßt ihn so sehr, daß er selbst jetzt kein Wort an ihn richten kann, keine Bitte aussprechen mag. Er sagt, nach langer Pause: „Na, da sind Sie ja fein raus.“

„Ja, ich brauche mich nicht mehr abzustrampeln. Ich brauch gar nichts zu verkaufen, diese zwei Tage“, sagt Keßler stolz und sieht Pinneberg überlegen an.

Und vielleicht, vielleicht hätte Pinneberg nun doch noch den Mund aufgetan und eine Bitte ausgesprochen, aber da geschieht es, daß ein Herr auf die beiden zugegangen kommt.

„Würden Sie mir vielleicht ein Hausjackett zeigen? Etwas recht Warmes, Praktisches. Der Preis ist nicht so wichtig. Aber vor allem diskrete Farben.“

Der ältere Herr hat die beiden Verkäufer angesehen, und Pinneberg meint sogar, ihn ganz besonders. Darum sagt er: „Bitte schön, wenn Sie ...“

Aber Kollege Keßler fährt dazwischen: „Ich bitte sehr, mein Herr, wenn Sie sich dorthin bemühen wollen ... Wir haben ausgezeichnete Hausjacketts in Flauschstoffen, ganz gedeckte, diskrete Muster. Bitte sehr ...“ Pinneberg sieht den beiden nach, er denkt: „Also Keßler ist fertig und nimmt mir den Kunden weg. Dreißig Mark wären es doch gewesen, Keßler ...“

Herr Jänecke kommt an Pinneberg vorbei: „Nun, sind Sie wieder einmal unbeschäftigt? Alle Herren verkaufen, Sie nicht. Es scheint mir, Sie sehnen sich geradezu nach dem Stempeln.“

Pinneberg sieht Herrn Jänecke an – eigentlich müßte er ihn wohl wütend ansehen. Aber er ist so hilflos, so zerschlagen, er fühlt, wie die Tränen in ihm hochsteigen, er flüstert: „Herr Jänecke ... Ach, Herr Jänecke ...“

Und siehe, Herr Jänecke, der böse, häßliche Herr Jänecke spürt die hilflose Traurigkeit der Kreatur. Er sagt aufmunternd: „Na, Pinneberg, werfen Sie bloß nicht die Flinte ins Korn. Es wird ja alles werden. Und schließlich, solche Unmenschen sind wir ja nun auch nicht, wir lassen auch mal mit uns reden. Jeder kann mal eine Pechsträhne haben.“

Und eilig geht Jänecke an die Seite, denn nun kommt ein Herr, der wie ein Käufer aussieht, ein Herr mit einem ausdrucksvollen Gesicht, mit einem direkt markanten Gesicht. Nein, dieser Herr kann doch kein Käufer sein, das ist ein Maßschneideranzug, den er trägt. Der kauft keine Konfektion.

Aber der Herr geht stracks auf Pinneberg zu – und Pinneberg grübelt, woher er den Herrn kennt, denn er kennt ihn, nur hat der Herr damals ganz anders ausgesehen –, und der Herr sagt zu

Pinneberg und faßt die Krempe seines Hutes an: „Ich grüße Sie, mein Herr! Ich grüße Sie! Darf ich fragen, sind Sie im Besitz einiger Phantasie?“
Eine eindrucksvolle Sprache hat der Herr, er rollt das R, auch dämpft er nicht sein Organ, er scheint unempfindlich dagegen, daß auch andere zuhören können.
„Phantasiestoffe“, sagt Pinneberg beklommen. „Im zweiten Stock.“ Der Herr lacht, er lacht ein scharf akzentuiertes Ha-ha-ha, sein ganzes Gesicht, der ganze Mensch lacht, und dann schweigt er wieder, mit einem Ruck ist er nur noch ausdrucksvoll und sonor.
„Dies nun nicht“, spricht der Herr. „Ich frage Sie, ob Sie im Besitz von Phantasie seien? Wenn Sie beispielsweise diesen Schrank mit den Hosen betrachten, können Sie sich darauf sitzend und singend einen Stieglitz vorstellen?“
„Schlecht“, sagt Pinneberg kümmerlich lächelnd, und grübelt: woher kennst du diesen verrückten Hund? Der gibt doch nur an!
„Schlecht“, sagt der Herr. „Das ist übel. Nun, mit Vögeln haben Sie in Ihrer Branche wohl auch weniger zu tun?“ Er lacht wieder sein scharfes Ha-ha-ha.
Und Pinneberg lächelt mit, trotzdem er jetzt ängstlich wird. Verkäufer dürfen sich nicht veräppeln lassen, sanft, aber sicher müssen sie solch betrunkenen Menschen loswerden. Hinter dem Mantelaufbau steht noch immer Herr Jänecke.
„Womit kann ich Ihnen dienen?“ fragt Pinneberg.
„Dienen!“ deklamiert der andere verächtlich. „Dienen! Niemand ist niemandes Diener! Aber –, ein anderes. Stellen Sie sich vor, zu Ihnen kommt ein Jüngling, aus der Ackerstraße sagen wir, mit haushoher Marie und wünscht sich einzupuppen bei Ihnen, vom Kopf bis zum Scheitel auf neu –, können Sie mir wohl sagen, können Sie sich wohl denken, welche Sachen dieser Jüngling wählen würde?“
„Das kann ich mir gut denken“, sagt Pinneberg. „So was kommt bei uns manchmal vor.“
„Sehen Sie“, sagt der Herr. „Man muß den Mut nicht gleich unter den Scheffel stellen! Sie haben also doch Phantasie! Welche Stoffe etwa würde ein solcher Jüngling aus der Ackerstraße wählen?“
„Möglichst helle, auffallende“, sagt Pinneberg bestimmt. „Großkariert. Sehr weite Hosen. Die Jacketts möglichst auf Taille. Ich müßte Ihnen das mal zeigen ...“
„Ausgezeichnet“, lobt der andere. „Ganz ausgezeichnet. Und zeigen sollen Sie mir das jetzt. Dieser junge Mann aus der Ackerstraße hat wirklich sehr viel Geld und will sich völlig neu einpuppen.“
„Bitte ...“, sagt Pinneberg.
„Einen Augenblick“, sagt der andere und hebt die Hand. „Damit Sie sich ein Bild machen. Sehen Sie, so kommt der Jüngling aus der Ackerstraße zu Ihnen ...“
Der Herr sieht ganz verändert aus. Es ist ein freches, lasterhaftes Gesicht, das er zur Schau trägt. Aber es ist ein feiges, angstvolles Gesicht dabei, die Schultern sind eingezogen, der Hals zu kurz geworden –: ist irgendwo in der Nähe der Gummiknüppel eines Polizisten?
„Und nun so, wenn er den guten Anzug am Leib hat ...“
Urplötzlich hat sich das Gesicht verändert. Ja, noch ist es frech und schamlos, aber die Blume wendet sich zum Licht, die Sonne ist aufgegangen, eine strahlende Sonne. Man kann auch nett sein, man kann es sich leisten, es kommt nicht darauf an.
„Sie sind“, ruft Pinneberg atemlos, „Sie sind Herr Schlüter! Ich habe Sie im Film gesehen! Oh, Gott, daß ich das nicht gleich gemerkt habe!“ Der Schauspieler ist sehr befriedigt! „Na also! In welchem Film haben Sie mich denn gesehen?“
„Wie hieß er doch? Wissen Sie, Sie haben einen Bankkassierer gemacht, und Ihre Frau denkt, Sie unterschlagen Geld für sie, und in Wirklichkeit gibt es Ihnen der Volontär, der ist Ihr Freund ...“
„Die Handlung kenne ich schon“, sagt der Schauspieler. „Also hat es Ihnen gefallen? Schön. Und was von mir hat Ihnen am besten gefallen?“
„Wissen Sie, so viel ... Aber vielleicht war doch am schönsten, wissen Sie, wie Sie da an den Tisch zurückkommen, Sie sind auf der Toilette gewesen ...“
Der Schauspieler nickt.
„Und unterdessen hat der Volontär Ihrer Frau erzählt, Sie haben gar kein Geld unterschlagen, und die lachen Sie aus. Und plötzlich werden Sie ganz klein und fallen zusammen, schrecklich ist das.“
„So, das war das Schönste. Und warum war es das Schönste?“ fragt der Schauspieler unersättlich weiter.
„Weil –, ach, wissen Sie, es war mir so, bitte lachen Sie nicht, es war so wie wir. Verstehen Sie,

uns kleinen Leuten geht es nicht sehr gut jetzt, und manchmal ist es so, als grinste uns alles an, das ganze Leben, verstehen Sie, und man wird so klein ..."

„Die Stimme des Volkes", sagt der Mime. „Aber jedenfalls ehrt es mich ungemein, Herr - wie ist doch Ihr Name?"

„Pinneberg."

„Die Stimme des Volkes, Pinneberg. Also schön, Mann, und nun gehen wir zum Ernst des Lebens über und suchen den Anzug aus. Was die mir im Fundus[1] gezeigt haben, ist alles Quatsch. Nun werden wir sehen ..."

Und sie sehen. Eine halbe Stunde, eine Stunde wühlen sie in den Sachen. Berge häufen sich, Pinneberg ist nie so glücklich gewesen, Verkäufer zu sein.

„Sehr gut der Mann", brummt der Schauspieler Schlüter von Zeit zu Zeit. Er ist ein geduldiger Anprobierer, die fünfzehnte Hose, in die er fährt, ist ihm noch nicht zuviel, er sehnt sich schon nach der sechzehnten.

„Sehr gut der Mann Pinneberg", brummt er.

Schließlich sind sie durch, schließlich haben sie alles angesehen und probiert, was nur irgend für den Jüngling aus der Ackerstraße in Frage kommen kann. Pinneberg ist selig, Pinneberg hofft, daß Herr Schlüter vielleicht noch mehr nehmen wird als den einen guten Anzug, vielleicht noch den rotbraunen Mantel mit den lila Karos. Pinneberg fragt atemlos: „Und was darf ich nun aufschreiben, Herr Schlüter?"

Der Schauspieler Schlüter zieht die Brauen hoch. „Aufschreiben? Ja, wissen Sie, ich wollte eigentlich nur mal sehen. Kaufen tu ich es natürlich nicht. Machen Sie nicht so ein Gesicht. Sie haben ein bißchen Arbeit gehabt davon. Ich schicke Ihnen Karten für die nächste Premiere. Haben Sie eine Braut? Ich schicke Ihnen zwei Karten."

Pinneberg sagt eilig und leise: „Herr Schlüter, ich bitte Sie, bitte, kaufen Sie die Sachen! Sehen Sie, Sie haben so viel Geld, Sie verdienen so viel, bitte kaufen Sie! Wenn Sie jetzt weggehen und haben nichts gekauft, dann heißt es, ich habe die Schuld, und dann werde ich entlassen."

„Sie sind ja komisch", sagt der Schauspieler. „Wie komme ich denn dazu, die Sachen zu kaufen? Ihretwegen? Wer schenkt denn mir was?" „Herr Schlüter!" sagt Pinneberg, und seine Stimme wird lauter. „Ich hab Sie im Film gesehen, Sie haben das gespielt, den armen kleinen Mann. Sie wissen, wie unsereinem zumute ist. Sehen Sie, ich habe auch Frau und Kind. Das Kind ist noch ganz klein, es ist jetzt noch so fröhlich; wenn ich entlassen werde ...!"

„Ja, mein lieber Gott", sagt Herr Schlüter, „das sind ja eigentlich Ihre Privatsachen. Ich kann doch nicht Anzüge, die ich nicht brauchen kann, darum kaufen, damit Ihr Kind fidel ist."

„Herr Schlüter!" fleht Pinneberg. „Tun Sie es mir zuliebe. Ich habe eine Stunde mit Ihnen verhandelt. Kaufen Sie wenigstens den einen Anzug. Es ist reiner Cheviot[2], der trägt sich, Sie werden zufrieden sein ..."

„Nun hören Sie aber allmählich auf", sagt Herr Schlüter, „das wird langweilig, dies Affentheater."

„Herr Schlüter", bittet Pinneberg und legt die Hand auf den Arm des Schauspielers, der gehen will, „wir haben von der Firma eine Quote, wir müssen für soundsoviel verkaufen, sonst werden wir entlassen. Mir fehlen noch fünfhundert Mark. Bitte, bitte, kaufen Sie was. Sie wissen doch, wie uns zumute ist! Sie haben es doch gespielt!"

Der Schauspieler nimmt die Hand des Verkäufers von seinem Arm. Er sagt sehr laut: „Hören Sie mal, Jüngling, das verbitte ich mir, daß Sie mich hier anfassen. Das geht mich einen Dreck an, was Sie mir da erzählen."

Plötzlich ist Herr Jänecke da, jawohl, nun kommt er. „Bitte sehr! Ich bin der Abteilungsleiter."

„Ich bin der Schauspieler Franz Schlüter ..."

Herr Jänecke verbeugt sich.

„Komische Verkäufer haben Sie hier. Die notzüchtigen einen ja, damit man Ihnen Ihr Zeugs abkauft. Der Mann behauptet, Sie zwingen ihn dazu. Man müßte darüber schreiben, in den Zeitungen, das sind ja Epressermethoden ..."

„Der Mann ist ein ganz schlechter Verkäufer", sagt Herr Jänecke. „Er ist schon mehrfach verwarnt. Ich bedaure außerordentlich, daß Sie gerade an ihn geraten sind. Wir werden den Mann nun entlassen, er ist unbrauchbar."

---

[1] Raum mit Ausstattungsmitteln im Theater

[2] spezielles Kammgarngewebe

„Das ist ja nun nicht gerade nötig, mein lieber Herr, das verlange ich gar nicht. Allerdings hat er mich angefaßt ...“

„Er hat Sie angefaßt? Herr Pinneberg, gehen Sie sofort auf das Personalbüro und lassen Sie sich Ihre Papiere geben. – Und was das Geschwätz mit der Quote anlangt, Herr Schlüter, alles gelogen! Gerade vor zwei Stunden habe ich diesem Herrn erst gesagt, wenn er's nicht schafft, schafft er's eben nicht, das ist nicht so schlimm. Ein unfähiger Mann, ich bitte tausendmal um Entschuldigung, Herr Schlüter.“

Pinneberg steht da und sieht den beiden nach.

Er steht da und sieht ihnen nach.

Alles, alles ist zu Ende.

Aus: Kleiner Mann was nun? Reinbek o. J. (Textauszug)

Aufgaben

1. *Charakterisieren Sie den Verkäufer Pinneberg. Beachten Sie besonders seine Qualifikation als Verkäufer.*
2. *Charakterisieren Sie Herrn Schlüter, den Schauspieler. Beschreiben Sie auch den Unterschied zwischen seinem Auftreten als Kunde und seiner Rolle im Film als „Freund der kleinen Leute“.*
3. *Warum hat Pinneberg so große Angst vor einer Entlassung? Nennen Sie berufliche und private Gründe.*
4. *Der Textauszug stammt aus den dreißiger Jahren. Sie haben sicherlich – als Verkäufer oder als Kunde – Erfahrungen im Umgang mit Warenhäusern bzw. Textilkaufhäusern. Schildern Sie Ihre Erfahrungen beim Kauf einer Hose, und arbeiten Sie heraus, welche Unterschiede zu der von Hans Fallada beschriebenen Zeit bestehen.*
   (Hilfe: Präsentation der Ware, Ablauf des Einkaufprozesses; Anzahl, Erscheinung und Fachwissen der Verkäufer)
5. *Fassen Sie den Inhalt des Textes schriftlich zusammen.*

Elfriede Jelinek

Brigitte

brigitte muß schauen, daß sie einen mann bekommt, der nicht ins wirtshaus geht. sie muß schauen, daß sie eine schöne wohnung bekommt. sie muß schauen, daß sie kinder bekommt. sie muß schauen, daß sie schöne möbel bekommt. dann muß sie schauen, daß sie nicht mehr arbeiten gehen muß. dann muß sie vorher noch schauen, daß das auto ausbezahlt ist. dann muß sie schauen, daß sie sich jedes jahr einen schönen urlaub leisten können. dann muß sie allerdings schauen, daß sie nicht durch die finger schauen muß.

man lebt nur einmal, sagt brigittes mutter, der dieses eine mal schon zuviel ist und zu oft, weil sie keinen mann hat.

brigittes eines leben ist jedoch ausgefüllt, weil es voll von heinz ist. ihr haar glänzt wie polierte kastanien in der sonne. brigitte ist geradezu überwältigt von diesem leben, das, dank heinz, fast eine nummer zu groß für sie ist. von ihrer arbeit ist brigitte nicht überwältigt, weil sie einförmig ist. heinz ist, im gegensatz zu ihrer arbeit, überwältigend.

heinz muß noch etwas im leben erreichen, bevor er an eine familie auch nur denken darf. brigitte will heinz erreichen, der dann etwas für sie erreichen soll, weil er eine zukunft hat. die zukunft

von heinz liegt in der elektrobranche, in der er tätig ist. die zukunft von brigitte liegt in heinz. gute fachleute sind mangelware.
mein gott, wie ich dich liebe, sagt brigitte zu heinz.
auch ich spüre dieses gefühl, entgegnet heinz. sein vater spürt seine bandscheiben, weil er fernfahrer ist, was er bald gewesen sein wird, wenn die bandscheiben sich nicht beherrschen. der fernfahrer glaubt, daß brigitte nichts ist und nichts hat. er glaubt, daß heinz etwas wird und jetzt schon etwas hat: nämlich begabung, ausdauer und fleiß. enttäusche deinen vater nicht, heinz! er glaubt, daß du ansprüche stellen kannst und darfst.
am besten, heinz sucht sich eine frau mit geld, damit er sich bald selbständig machen kann und ein eigenes geschäft kriegt. hübsche gesichter wie das von brigitte täuschen oft, beruflicher niedergang liegt in ihnen. die eltern wollen das beste für heinz. das ist brigitte sicher nicht: das BESTE.
ich liebe dich so sehr, sagt brigitte, mein glänzendes haar unterstützt meine liebe. was meine liebe noch unterstützt: dein beruf, der eine zukunft hat. was meine liebe außerdem unterstützt: ich selber, die ich überhaupt nichts habe.
die heinzeltern wollen, daß heinz auf das echte schaut, was brigittes haare nicht sind. sie sind gefärbt. heinz ist noch viel zu jung, um das echte zu erkennen, wenn er es sieht. für das echte sind die eltern zuständig, die ihr leben lang damit zu tun gehabt haben. der vater spürt, daß seine bandscheiben sehr sehr echt sein müssen, heinz kann ansprüche stellen, wofür er seinen beruf schließlich erlernt ...

Aus: Die Liebhaberinnen. Reinbek o. J. (Textauszug)

Aufgaben

1. *Der Textauszug aus Elfriede Jelineks Werk „Die Liebhaberinnen" setzt sich kritisch mit der Rolle der Frau in Arbeit und Privatleben auseinander. Stellen Sie zusammen, welche Ansprüche an Brigitte gestellt werden*
   a) von der Mutter;
   b) von den „heinzeltern".
2. *Warum liebt Brigitte ihren Heinz?*
3. *Mit welchen Ansprüchen hat man Heinz konfrontiert?*
4. *Welche Ansprüche würden Sie selbst in einer Beziehung an den Partner stellen?*
5. *Es ist immer noch üblich, daß junge Frauen nach der Heirat und der Geburt des ersten Kindes zu Hause bleiben und der Mann allein weiterarbeitet. Diskutieren Sie, wie Privat- und Arbeitsleben organisiert sein müßten, damit beide Partner gleichberechtigt daran teilnehmen können.*

II Sachbezogene Darstellungen

1 Sachtexte im Überblick

Text 1

US-Dollar erholte sich auf 1,7918 DM

FRANKFURT (dpa/vwd) Auf weiterhin sehr hektischen internationalen Devisenmärkten konnte sich der US-Dollar am Dienstag deutlich erholen. Nach einem Tief von 1,7690 DM am Montag zogen die Notierungen am Dienstag in Frankfurt bis 1,8200 DM an. An der Frankfurter Devisenbörse wurde der Mittelkurs des US-Dollar ohne Eingreifen der Deutschen Bundesbank am Dienstag mit 1,7918 DM nach 1,7740 DM am Montag festgestellt.

An den Goldmärkten gab es eine Gegenbewegung: Am Dienstag nachmittag wurde die Feinunze Gold nur noch mit 464,30 Dollar fixiert, verglichen mit 481,60 Dollar am Vormittag und 481,00 Dollar am Montag nachmittag.

Aus: Braunschweiger Zeitung vom 21. 10. 87

Text 2

THEMA DES TAGES

Vom Umgang mit Krisen

(SZ) Vieles ist heute anders als vor 58 Jahren, als beinahe auf den Tag genau die Aktienkurse in der Wall Street abstürzten. Wiewohl der Verlust am vergangenen Montag nahezu doppelt so groß war wie an dem berüchtigten „Schwarzen Freitag", kam in keiner Phase jene Krisenstimmung hoch, an die sich Zeitgenossen der damaligen Ereignisse mit Schaudern erinnern. Von verstörten Aktienbesitzern und um ihre Existenz ringenden Brokern abgesehen, ist die vergleichsweise geringe Aufgeregtheit bemerkenswert, mit der dieser Jahrhundert-Kurssturz hingenommen wurde.

Anders als damals, gibt es heute Mechanismen zur Krisenbekämpfung, die das Abgleiten in eine Weltwirtschaftskrise verhindern können. Die Mittel der Finanzpolitik eröffnen Möglichkeiten, von denen die Kameralisten der zwanziger Jahre mit ihrem streng ausgerichteten Blick auf den ausgeglichenen Staatshaushalt nichts wußten. Vor allem aber gibt es über alle Differenzen im Detail hinweg eine funktionierende Zusammenarbeit der Länder der westlichen Welt. Gremien, wie der Internationale Währungsfonds, können im Fall des Falles mit Beistandskrediten einspringen, ganz abgesehen davon, daß die zwischenstaatliche Kooperation so gut funktioniert, daß im Ernstfall innerhalb von Minuten Milliarden von Mark von einer Notenbank zu einer anderen transferiert werden könnten. So weit ist es nicht gekommen und wird es in diesen Tagen auch gar nicht kommen.

Deutliches Zeichen einer solchen Zusammenarbeit über die Grenzen hinweg war der Blitz-Besuch des US-Finanzministers bei seinem deutschen Amtskollegen Stoltenberg und bei Bundesbank-Präsident Pöhl. Was von diesem Treffen verlautet, ist eher dünn, doch diskutiert man solche sensiblen Dinge auch nicht auf dem Marktplatz. Bekräftigt wurde jedoch erneut die Strategie zur Stabilisierung des Dollar. Auch wenn die US-Devise am Dienstag wieder etwas Boden gewann, so ist es doch äußerst fraglich, ob dies wieder im Rahmen des Louvre-Abkommens, nämlich in der Bandbreite zwischen 1,80 und 1,90 DM, gelingen wird. Zweckmäßiger wäre es sicherlich, man suchte sich eine neue, niedrigere Widerstandslinie, die man nicht Tag für Tag gegen die Marktkräfte verteidigen muß. Die Bemerkung Bakers, man werde den Dollar weiter fallen lassen, wird nämlich noch lange nachhallen. *H. M.*

Aus: Süddeutsche Zeitung vom 21. 10. 87

Text 3

Geld kennt keine 40-Stunden-Woche

CONTAINER-LEASINGFONDS

Die Sachwertanlage mit überdurchschnittlichen Renditen und Zuwachsraten.

• 16 ½% Mietertrag pro Jahr, 6 Jahre fest, vertraglich garantiert • Kein Agio oder sonstige Gebühren • Umfassend versichert (Marine All Risks Insurance) • Garantierter Rückkaufswert • Durchgehende Mittelverwendungskontrolle über Treuhänder und Wirtschaftsprüfer.

Profitieren Sie von unserer 12jährigen Erfahrung, fordern Sie den Treuhand-Prüfbericht und ein unverbindliches Angebot an.

✂ -

12 JAHRE P&R Containerleasing

Pfeifer & Roth GmbH
Nördliche Münchner Straße 8
D-8022 Grünwald bei München
Tel. (089) 6416060, Tx. 524901.

Name

Straße

PLZ/Ort

Telefon SZ

Aus: Süddeutsche Zeitung vom 21. 10. 87

Text 4

Erstes Buch. Aktiengesellschaft
Erster Teil. Allgemeine Vorschriften

§ 1. Wesen der Aktiengesellschaft. (1) Die Aktiengesellschaft ist eine Gesellschaft mit eigener Rechtspersönlichkeit. Für die Verbindlichkeiten der Gesellschaft haftet den Gläubigern nur das Gesellschaftsvermögen.
(2) Die Aktiengesellschaft hat ein in Aktien zerlegtes Grundkapital.

§ 2. Gründerzahl. An der Feststellung des Gesellschaftsvertrags (der Satzung) müssen sich mindestens fünf Personen beteiligen, welche die Aktien gegen Einlagen übernehmen.

Aus: Aktiengesetz, GmbH-Gesetz. 19., neubearb. Aufl. 1983

Text 1 stellt eine Zeitungsnachricht oder -meldung dar; hierbei steht die objektive Information des Zeitungslesers durch den Redakteur oder Journalisten im Vordergrund.

Bei **Text 2** handelt es sich um einen Wirtschaftskommentar, bei dem dem Zeitungsleser die subjektive Sichtweise des fachlich versierten Kommentators nahegebracht wird. Eindeutig wertende Ausdrücke sind das Kennzeichen dieser Textart, häufig wird der Kommentator namentlich genannt.

Im **Text 3** fordert ein Unternehmen den Leser auf, das angebotene Produkt zu kaufen, das Unternehmen „appelliert" in Form einer Werbeanzeige an einen möglichen Interessenten. Dieser appellierende Charakter des Textes wird sowohl durch die äußere Aufmachung als auch durch die benutzten Reizworte deutlich, mit denen eine vorher genau bestimmte Kundenzielgruppe erreicht werden soll.

Text 4 gibt einen Auszug aus dem Aktiengesetz wieder, das nach dem Willen des Gesetzgebers die Bestimmungen zur Betreibung einer Aktiengesellschaft als genau einzuhaltende Rechtsnorm enthält. Diesem normierenden Charakter des Inhalts entspricht die sachlich nüchterne Sprache des Textes.

Unterscheidet man Sachtexte (auch Gebrauchstexte oder pragmatische Texte genannt) nach ihrer sprachlichen Funktion, sprich danach, ob sie überwiegend informieren (Text 1), kommentieren (Text 2), appellieren (Text 3) oder normieren (Text 4), so erhält man vier verschiedene Arten von Sachtexten:

Informierende Texte

Information

↓

Information [lat. eigtl. ‚Gestaltung', ‚Bildung']. Auskunft. Nachricht, Mitteilung, Belehrung: die formulierte Unterrichtung nicht nur von Menschen, sondern auch von Organismen und technischen Einrichtungen.[1]

Beispiel: Zeitungsmeldung

Kommentierende Texte

Kommentar

↓

Kommentar [aus lat.], Erläuterung(sschrift): ∪ Stellungnahme. In der Literatur- und Bibelwissenschaft sind K. sprachl. und sachl. Erläuterungen zu einem Text: a) fortlaufend zu einzelnen Textstellen, meist in einer kommentierten Ausgabe; b) systematisch nach entsprechenden Themen.

In der Publizistik ist der K. **(Meinungsaussage)** als subjektiv wertende Beurteilung von Sachverhalten, Ereignissen und Entwicklungen eine Form der Kritik und wird von den Pressegesetzen der Länder der Bundesrep. Dtl. geschützt.

Im Recht wird das fortlaufende Erläutern (Kommentieren) der einzelnen Sätze eines Gesetzes in der Form einer die Tatbestandsmerkmale und Rechtsfolgen zergliedernd behandelnden Interpretation K. genannt.[2]

Beispiel: Wirtschaftskommentar

Sachtexte
(Pragmatische Texte)

Appellierende Texte

Appell

↓

Appell [frz. appel ‚Anruf'] *der, -s/-e.* **1)** *allg.:* Aufforderung, Aufruf, Mahnruf, z. B. an das Gewissen.

2) *Jägersprache:* Gehorsam des Jagdhundes.

3) *Militär:* das Antreten einer Einheit zu Verrichtungen des inneren Dienstes (Befehlsausgabe, Prüfung von Material, Anzugsordnung und Haarschnitt).[3]

Beispiel: Werbeanzeige

Normierende Texte

Norm/Normung

↓

Norm [lat. norma ‚Winkelmaß', ‚Richtschnur', ‚Regel'].[4]

Normung, planmäßige, durch interessierte Kreise gemeinschaftlich durchgeführte Vereinheitlichung von materiellen und immateriellen Gegenständen zum Nutzen der Allgemeinheit. N. fördert die Rationalisierung und Qualitätssicherung in Wirtschaft, Technik, Wissenschaft und Verwaltung, dient einer sinnvollen Ordnung und der Information auf dem jeweiligen Normungsgebiet, schafft Klarheit zw. Lieferanten und Kunden, erleichtert Konstruktion, Fertigung und Instandhaltung, dient zur Verständigung in Wissenschaft und Technik und setzt Maßstäbe für Qualität und Sicherheit.[4]

Beispiel: Gesetzestext

1,2,4 Der Große Brockhaus in zwölf Bänden. Wiesbaden 1979[18]

3 Brockhaus Enzyklopädie in vierundzwanzig Bänden. Mannheim 1986[19]

Viele Sachtexte lassen sich allerdings nicht nur einer einzigen sprachlichen Funktion zuordnen, bei ihnen sind mehrere Funktionen miteinander verknüpft.

Beispiele:

Ein schriftliches Angebot eines Lieferanten kann vom Empfänger sowohl informierend als auch appellierend aufgefaßt werden.
Ein Gesetzestext ist nicht nur normierend, er ist durch seinen Aussagegehalt in der Regel auch informierend.

Als Regel gilt aber: Nahezu bei jedem Sachtext steht eine der vier genannten sprachlichen Funktionen im Vordergrund.

Aufgaben

1. *Nach welchen Funktionen lassen sich Sachtexte unterscheiden?*
2. *Um welche Art von Sachtext handelt es sich bei den folgenden Texten?*
   a) Amtlicher Vordruck zur Steuererklärung
   b) Flugblatt mit einem Aufruf zu einer Demonstration
   c) Theaterkritik in einer Zeitung
   d) Inhaltsangabe eines Buches in einer Fachzeitung
   e) Lebenslauf als Anlage einer Bewerbung
   f) Leserbrief in einer Zeitung
3. *Erklären Sie, warum man bei einer Werbeanzeige von einem appellierenden Sachtext spricht.*
4. *Nennen Sie Beispiele für Sachtexte, bei denen mehrere sprachliche Funktionen miteinander verbunden sind.*
5. *Finden Sie mindestens je zwei Beispiele für*
   a) informierende Texte;
   b) kommentierende Texte;
   c) appellierende Texte;
   d) normierende Texte.

2 Informierende Texte

2.1 Bericht

Im folgenden Schreiben (gekürzt) fordert die Polizei einen Unfallzeugen auf, einen **Unfallbericht** abzufassen:

______________________ (Polizeibehörde) ______________________, den ____________

Az.: ______________________

Herrn/Frau

Anschreiben an Zeugen

Sehr geehrte(r) Herr/Frau

Zur Aufklärung des Verkehrsdeliktes am ____________, ________ Uhr, in ______________________

____________, ______________________, bitte ich Sie, die auf der Rückseite aufgeführten Fragen möglichst eingehend zu beantworten und diesen Bogen in dem beigefügten Freiumschlag **innerhalb einer Woche** ab Zugang dieses Schreibens an mich zurückzusenden.

Zeugen-Fragebogen

I. Zur Person

______________________ (Familienname) ______________________ (Vornamen)

______________________ (Geburtsdatum) ______________________ (Beruf)

______________________ (Anschrift, Telefon)

Ich bin mit dem Beschuldigten/Betroffenen nicht/wie folgt verwandt oder verschwägert: ____________

Ich will – nicht – aussagen.
(Nichtzutreffendes streichen)

II. Zur Sache

1. Waren Sie Augenzeuge des Vorfalls? ja ☐ nein ☐
2. Wurden Sie verletzt? ja ☐ nein ☐

   Falls ja:

   a) Stellen Sie Strafantrag wegen Körperverletzung? ja ☐ nein ☐

   b) Haben Sie einen Arzt in Anspruch genommen? ja ☐ nein ☐

   c) Welche Verletzungen haben Sie erlitten?
   (Falls vorhanden, bitte ärztliches Attest beifügen.)

   ____

3. Haben Sie einen materiellen Schaden erlitten? ja ☐ nein ☐

   Falls ja, welchen? ______________________

4. Wie hat sich der Vorfall zugetragen?
   (Schildern Sie bitte – erforderlichenfalls auf einem besonderen Blatt – alle für die Beurteilung des Vorfalls bedeutsamen Tatsachen, insbesondere das Verhalten der Beteiligten vor dem Vorfall, Bewegungsrichtungen, Fahrweise, Geschwindigkeit, Beleuchtungs- und Witterungsverhältnisse, Straßenbeschaffenheit usw. Geben Sie dabei auch Ihren Standort im Augenblick des Vorfalls möglichst genau an.)

______________________, den ____________ ______________________ (Unterschrift)

018 *Quelle: Polizeirevier Braunschweig*

Aus dem Aufforderungsschreiben der Polizei lassen sich die wesentlichen Merkmale eines Unfallberichtes ablesen:

Merkmale des Unfallberichtes

1. Genaue Zeitangabe des Geschehens
2. Eindeutige Ortsangabe des Unfalls
3. Genaue Standortangabe des Unfallzeugen
4. Objektive Darstellungsweise des Unfallhergangs, Verzicht auf eigene Meinung
5. Präzise Vorgangsbeschreibung des Geschehens, einschließlich der Unfallbeteiligten
   Angabe wichtiger Detailinformationen (zum Beispiel äußere Bedingungen)
6. Orts- und Zeitangabe der Erstellung des Berichtes
7. Unterschrift des Unfallzeugen

Berichte zählen in der Regel zu den **informierenden Sachtexten,** die objektive Darstellung eines Vorganges ist das zentrale Merkmal dieser Textart.
Berichte werden zu unterschiedlichen Anlässen abgefaßt, ihre Form und ihre sprachliche Gestaltung richten sich nach dem Zweck und den Adressaten des Textes.

Beispiele für verschiedene Berichtsarten:

Art des Berichtes	Verfasser	Inhalt	Adressat
Unfallbericht	Unfallzeuge	Beschreibung des Unfallhergangs	Polizeibehörde/ Richter/Versicherungssachbearbeiter
Tätigkeitsbericht im Berichtsheft	Auszubildender	Betriebliche und schulische Tätigkeit	Ausbildender/ Prüfungsausschußmitglieder
Praktikumsbericht	Praktikant/ Schüler	Erlernte Fähigkeiten und Erfahrungen im Praktikum	Lehrer/Eltern
Forschungsbericht	Wissenschaftler	Verlauf und Ergebnisse der Forschungen, weitere Vorhaben	Forschungs- oder Firmenleitung/ Auftraggeber
Reisebericht	Reisender (Außendienstmitarbeiter)	Geschäftsverlauf im Reisebezirk	Geschäftsleitung/ Leiter der Marketingabteilung
Geschäftsbericht	Unternehmensleitung	Verlauf und Ergebnisse des abgelaufenen Geschäftsjahres	Öffentlichkeit/ Kapitalgeber/ Mitarbeiter
Parlamentarischer Untersuchungsbericht	Mitglieder eines Untersuchungsausschusses	Überprüfung eines umstrittenen Sachverhalts	Abgeordnete eines Parlamentes/ Öffentlichkeit
Wirtschaftsbericht einer Zeitung	Journalist/ Redakteur	Wirtschaftliche Vorgänge	Zeitungsleser

Trotz einiger Besonderheiten der einzelnen Berichtsarten gibt es folgende gemeinsame Merkmale:

Merkmale des Berichts

Inhalt: Vorgänge unterschiedlichster Art werden ohne persönliche Wertung sachlich beschrieben.

Aufbau: Der Text ist übersichtlich gegliedert; in der Regel werden die wichtigsten Vorgänge in der zeitlich richtigen Reihenfolge wiedergegeben.

Sprachliche Gestaltung:

- Die Sätze sind in der Regel nicht zu lang, da sie sonst zu unübersichtlich werden könnten.
- Wortwiederholungen (zum Beispiel von Verben) werden durch Einsetzen von Synonymen (bedeutungsähnlichen Wörtern) bewußt vermieden.
- Mittels passender Konjunktionen (Bindewörter) wird der zeitlich und sachlich richtige Zusammenhang vermittelt (Beispiele: dann, danach, kurz darauf, daraufhin, wenig später, am folgenden Tag, weil, da, deshalb).
- Da etwas Vergangenes beschrieben wird, benutzt man als Tempus (Zeitform) das Präteritum (die Vergangenheit).
- Aussagen von Personen, über die berichtet wird, werden in indirekter Rede wiedergegeben. Dabei ist auf die richtige Benutzung des Konjunktivs zu achten (vgl. dazu S. 124).

Beispiel:

Direkte Rede	*Indirekte Rede*
Der Autofahrer erwiderte: „Ich **bin** nicht bei Rot losgefahren."	Der Autofahrer erwiderte, daß er nicht bei Rot losgefahren **sei**.

Aufgaben

1. Nennen Sie die wesentlichen Merkmale eines Unfallberichtes.

2. Verfassen Sie einen Unfallbericht unter Beachtung seiner wesentlichen Merkmale.

3. Nennen und charakterisieren Sie unterschiedliche Berichte aus dem Berufsleben.

4. Stellen Sie dar, worin sich die folgenden Berichtsarten in der sprachlichen Gestaltung unterscheiden:
   a) Unfallbericht,
   b) Geschäftsbericht einer Aktiengesellschaft,
   c) Forschungsbericht eines Wissenschaftlers.

5. Welches Tempus wird bei der Abfassung von Berichten benutzt?

6. Verfassen Sie einen Bericht über
   a) die Fahrtroute Ihres letzten Urlaubs,
   b) den Ablauf Ihres Vorstellungsgespräches bei einem Unternehmen,
   c) Ihre gesammelten Erfahrungen in einem Betriebspraktikum.

2.2 Protokoll

<u>Protokoll der Abteilungsleiterkonferenz</u>

am 12.01... um 8.30 Uhr
im Konferenzraum der Walz AG, Braunschweig

Anwesende:

Frau Dr. Brass, Herr Michaelis, Herr Niemann, Frau Ritterbusch, Herr Dr. Stottmeister, Frau Zwirner

Abwesend:

Frau Hähnel (auf Geschäftsreise in Mailand)

Tagesordnung:

1. Geschäftsbericht 19..
2. Rationalisierung in der Abteilung Einkauf
3. Neue EDV-Anlage in der Abteilung Rechnungswesen
4. Neue Stabsstelle für Controlling
5. Verschiedenes

Zu 1: Frau Dr. Brass gibt einen Überblick über die Daten des Geschäftsberichtes 19... Sie weist vor allem, auf die positive Gewinnentwicklung hin, merkt allerdings kritisch an, daß die Kostenentwicklung in der Marketing-Abteilung vergleichsweise ungünstig verlaufen sei.

.
.
.
.
.

Ende der Konferenz: 12.00 Uhr

Michaelis — Dr. Brass

Der Protokollant — Vorsitzende

Merkmale eines Protokolles

Inhalt/Form:

- Ein **Verlaufsprotokoll** gibt den Verlauf des Gesprächs wieder. In der Regel werden nur die wichtigsten Abläufe festgehalten, nur bei einem **wörtlichen Protokoll** wird das gesamte Gespräch in wörtlicher Rede festgehalten. Diese Form wird zum Beispiel bei Bundestagsdebatten benutzt; die Redebeiträge der Abgeordneten gelten als zeitgenössische Dokumente mit historischem Wert.
- Bei einem **Ergebnisprotokoll** werden nur die Gesprächsergebnisse, zum Beispiel Anträge und Beschlüsse, festgehalten; das erspart Zeit und damit Kosten.

Aufbau:

- Vor dem eigentlichen Protokolltext werden die wichtigsten Angaben übersichtlich festgehalten. Dieser sogenannte **Protokollkopf** enthält folgende Informationen:
  1. Protokollanlaß (Überschrift)
  2. Zeitangabe (Tag und Uhrzeit)
  3. Ort der Besprechung
  4. Namen der An- und Abwesenden (eventuell auch Angaben des Fehlgrundes)
  5. Tagesordnung
- Der eigentliche Protokolltext enthält in der Regel in der zeitlich richtigen Reihenfolge die dem Protokollanten wichtig erscheinenden Aussagen.
- Am Ende des Protokolls, im sogenannten **Protokollfuß,** finden sich weitere formale Angaben:
  - das zeitliche Ende der Protokollaufnahme,
  - die Unterschrift des Protokollanten,
  - die Unterschrift des Vorsitzenden als Bestätigung der sachlichen Richtigkeit der Protokollaufnahme.

Sprachliche Gestaltung:

- Der Gesprächsinhalt oder das Gesprächsergebnis werden sachlich und neutral wiedergegeben. Als informierender Sachtext darf das Protokoll nicht die persönliche Meinung des Protokollanten aufweisen.
- Als Tempus wird prinzipiell das Präsens benutzt.
- Die direkte Rede wird mit Hilfe des Konjunktivs in die indirekte Rede übertragen.

Aufgaben

1. Nennen Sie die wesentlichen Bestandteile des Protokollkopfes und des Protokollfußes.

2. Worauf ist bei der sprachlichen Gestaltung eines Protokolles zu achten?

3. *Erklären Sie den Unterschied zwischen Ergebnis- und Verlaufsprotokoll.*

4. *Warum wird statt eines Verlaufsprotokolles häufig nur ein Ergebnisprotokoll geführt?*

5. *Begründen Sie, warum bei Bundestagsdebatten ein wörtliches Protokoll geführt wird.*

6. *Erstellen Sie aufgrund der folgenden Angaben*

   a) ein Ergebnisprotokoll, *b) ein Verlaufsprotokoll.*

   Angaben für den Protokollkopf:

Am 05. 03. . . tagt von 20 Uhr bis 22 Uhr der Gemeinderat von Rosdorf, um über die Errichtung eines Jugendzentrums zu beraten und zu beschließen. Die Sitzung findet im Gemeindesaal des Dorfgemeinschaftshauses statt.
Anwesende Gemeinderatsmitglieder sind: Herr Tiedtke, Frau Kossowski, Herr Michaelis (Partei A); Frau Dr. Westphal, Herr Knoke (Partei B); Herr Stottmeister (Partei C); Herr Großekettler (Partei D) fehlt aus Krankheitsgründen.
Der Bürgermeister Herr Tiedtke leitet die Sitzung, die Gemeindesekretärin Frau Weinitschke führt das Protokoll.

Aus dem Gesprächsverlauf:

Herr Tiedtke:	Wie Sie wissen, meine Damen und Herren, haben mehrere Jugendverbände uns gebeten, ein Jugendzentrum zu errichten. Sie begründen dies vor allem mit dem schlechten Freizeitangebot in unserer Gemeinde. Wir hatten diesbezüglich ja schon telefonisch miteinander Kontakt aufgenommen und uns alle schon prinzipiell für dieses Vorhaben entschieden. Wir sind heute zusammengekommen, um dies offiziell zu beschließen und die weiteren Planungen für dieses Jugendzentrum zu beraten.
Frau Dr. Westphal:	Unsere Partei ist der Auffassung, daß vor allem die vielen arbeitslosen Jugendlichen und die Kinder aus sozial benachteiligten Bevölkerungsgruppen von diesem Jugendzentrum profitieren sollten. Die Einstellung eines arbeitslosen Lehrers oder eines Sozialpädagogen, eventuell als Halbtagskraft, könnte dabei sehr helfen. Wir denken zum Beispiel an die kostenlose Gewährung von Schularbeitenhilfe.
Herr Stottmeister:	Ich unterstütze Sie da vollkommen. Bei der Einstellung des Pädagogen oder der Pädagogin sollte aber daran gedacht werden, daß ökologische Basisarbeit der Jugendlichen gefördert wird. Auch die Einrichtung von Frauengruppen sollte gezielt unterstützt werden.
Herr Tiedtke:	Ich warne davor, sämtlichen politischen Gruppen, ich denke da gerade auch an extremistische Kräfte, Tür und Tor zu öffnen. Soweit es unsere Haushaltslage zuläßt, bin ich aber bereit, die Einstellung einer geeigneten Halbtagskraft zu unterstützen. Die Einstellung erfolgt aber nach pädagogischen, nicht nach politischen Gesichtspunkten.
Herr Stottmeister:	Als wenn die Trennung immer so einfach wäre! Übrigens, worüber wir noch gar nicht gesprochen haben, ist die Entscheidungsgewalt der Jugendlichen im Jugendzentrum. Wir vertreten dazu die Meinung, daß es sich um ein unabhängiges, selbstverwaltetes Jugendzentrum handeln sollte.
Herr Tiedtke:	Was heißt hier eigentlich Selbstverwaltung? Schließlich geht es hier um Steuergelder, da kann ja wohl eine staatliche Kontrolle nicht abgelehnt werden.

Frau Kossowski: Es wäre auch möglich, daß als Bindeglied zwischen Gemeinderat und Jugendlichen der Pastor eingeschaltet wird, er signalisierte mir bereits Unterstützung.

Herr Stottmeister: Ich schlage vor, wir laden die Jugendverbände und interessierte Jugendliche ein, damit sie ihre Vorstellungen selbst vertreten können.

Herr Michaelis: Demnächst laden wir noch die Rentner ein, wenn es um die Errichtung eines Altersheimes geht. Nichts gegen eine demokratische Anhörung der Betroffenen, aber man soll die ganze Sache auch nicht übertreiben. Schließlich sind wir gewählte Interessenvertreter der Bürger, und demnach sind wir auch dazu da, Entscheidungen zu fällen.

Herr Knoke: Ich meine auch, daß ein erneutes Gespräch mit den Jugendverbänden nicht nötig ist.
Was den rechtlichen Status des Jugendzentrums angeht, unterstütze ich Herrn Tiedtke - es muß eine Einrichtung des Gemeinderats bleiben. Gegen die Einschaltung des Pastors habe ich natürlich nichts.

Herr Stottmeister: Wir sollten nun über den Standort des Jugendzentrums reden. Ich schlage vor, daß wir den verlassenen Schlüterschen Bauernhof renovieren.

Herr Michaelis: Der Kasten ist doch abbruchreif. Ich bin für einen Neubau neben unserem Dorfgemeinschaftshaus. Es handelt sich dabei sogar um gemeindeeigenes Bauland.

Frau Dr. Westphal: Wenn ich den Schlüterschen Bauernhof auch nicht für abbruchreif halte, so meine ich doch, daß ein Neubau angemessen ist. Damit wäre auch eine unansehnliche Baulücke im Ortskern geschlossen.

Herr Knoke: Den Bauernhof sollten wir uns für andere Zwecke vorbehalten. Zum Beispiel sucht das Heimatmuseum nach einem neuen Standort.

Herr Tiedtke: Damit wir nicht zu viel Zeit verlieren, schlage ich vor, gleich darüber abzustimmen.
Antrag 1 der heutigen Sitzung: Wer spricht sich für einen Neubau eines Jugendzentrums auf dem gemeindeeigenen Grundstück neben dem Dorfgemeinschaftshaus aus?
Danke, ich stelle fest: 5 Stimmen dafür, eine Gegenstimme von Herrn Stottmeister.
Nun zu Antrag 2: Bei der Errichtung des Jugendzentrums wird davon ausgegangen, daß die Kontrolle über die laufende Führung des Jugendzentrums beim Gemeinderat bleibt. Die Einschaltung des Pastors soll geprüft werden.
Wer stimmt für diesen Antrag?
Danke, ich stelle das gleiche Abstimmungsergebnis fest: 5 Stimmen dafür, eine Gegenstimme von Herrn Stottmeister.

Frau Dr. Westphal: Als Antrag 3 stelle ich zur Abstimmung:
Es soll unverzüglich geprüft werden, inwieweit aus Haushaltsmitteln eine pädagogische Halbtagskraft im neuen Jugendzentrum finanziert werden kann.
Danke, stelle fest: einstimmig angenommen.

Herr Tiedtke: Ich möchte ja nicht drängeln, aber ich meine, wir sollten die weiteren Schritte nicht mehr heute beraten. Zum einen ist es bereits sehr spät, zum anderen sollten wir für weitere Anträge erst die Genesung unseres Kollegen Großekettler abwarten.

2.3 Gegenstandsbeschreibung

Aus einem **Telefongespräch** zwischen einem Mitarbeiter eines Fundbüros und einem ratsuchenden Bürger:

Mitarbeiter Walz:	Fundbüro Hameln, Walz, guten Tag!
Herr Ludwig:	Ludwig, guten Tag!
Herr Walz:	Was kann ich für Sie tun, Herr Ludwig?
Herr Ludwig:	Herr Walz, ich habe gestern morgen gegen 9 Uhr mein Portemonnaie verloren. Kurz vor 9 Uhr besaß ich es noch, als ich im Bus einen Fahrschein bezahlte. Um 9.15 Uhr stieg ich am Kastanienwall aus und ging durch die Osterstraße zu Firma Steuber. Als ich dort gegen 9.30 Uhr bezahlen wollte, war mein Portemonnaie nicht mehr da.
Herr Walz:	Herr Ludwig, haben Sie denn schon im Fundbüro des Busunternehmens angerufen?
Herr Ludwig:	Ja, das habe ich schon gemacht, aber leider ohne Erfolg.
Herr Walz:	Wie sah denn das Portemonnaie aus?
Herr Ludwig:	Nun, es war so ein braunes Ding, wissen Sie? Na, so ein ganz gewöhnliches Portemonnaie.
Herr Walz:	Herr Ludwig, es ist sehr wichtig, daß Sie das Aussehen des verlorenen Gegenstandes genau beschreiben, also: Farbe, Größe, Material, Form, besondere Merkmale und natürlich auch den Inhalt.

Der Ausschnitt aus diesem Telefonat zeigt einen typischen **Anlaß** einer Gegenstandsbeschreibung.

Auch der **Zweck** dieser Beschreibung ist sofort erkennbar: Nur durch genaue Beschreibung des Portemonnaies kann der Angestellte des Fundbüros feststellen, ob sich der gesuchte Gegenstand bei ihm befindet.

Die **Merkmale einer Gegenstandsbeschreibung** lassen sich bereits aus diesem Abschnitt des Telefonats ableiten:

Merkmale einer Gegenstandsbeschreibung

Inhalt: Der Gegenstand wird möglichst genau beschrieben, der Text enthält beispielsweise Angaben über:

- die Form,
- die Größe,
- die Farbe(n),
- die Materialien,
- besondere Merkmale des Gegenstandes.

Aufbau: Zuerst werden allgemeine Merkmale des Gegenstandes genannt, danach Einzelheiten beschrieben, vor allem Unterscheidungsmerkmale gegenüber anderen Gegenständen.

Sprachliche Gestaltung:

- Der Gegenstand wird sachlich, objektiv beschrieben.
- Wortarten, die überwiegend benutzt werden, sind: Substantive (zum Teil Fachausdrücke), Verben (beschreiben die Funktion des Gegenstandes), Adjektive (erläutern die Eigenschaften des Gegenstandes), Präpositionen (geben das räumliche Verhältnis zwischen einzelnen Teilen des Gegenstandes an, zum Beispiel: zwischen, auf, an, bei, unter, über, vor, hinter).

  Typische Wortverbindungen sind zum Beispiel: auf der Vorderseite (Rückseite), am unteren (oberen) Ende, am linken (rechten) Rand, auf der linken (rechten) Seite/Hälfte, im oberen (unteren) Drittel, parallel zum/zur, im Mittelpunkt des/der, im rechten Winkel zum/zur.
- Um einzelne Teile des Gegenstandes anschaulich zu beschreiben, dienen häufig Vergleiche mit ähnlich aussehenden Gegenständen, zum Beispiel: Form eine Traube, tropfenförmig, in der Form einer S-Kurve.
- Als Tempus wird das Präsens benutzt.

Häufig dienen Beschreibungen als notwendige Ergänzung zu einer Abbildung. Dazu ein Beispiel aus der gewerblichen Ausbildung der Industrie:

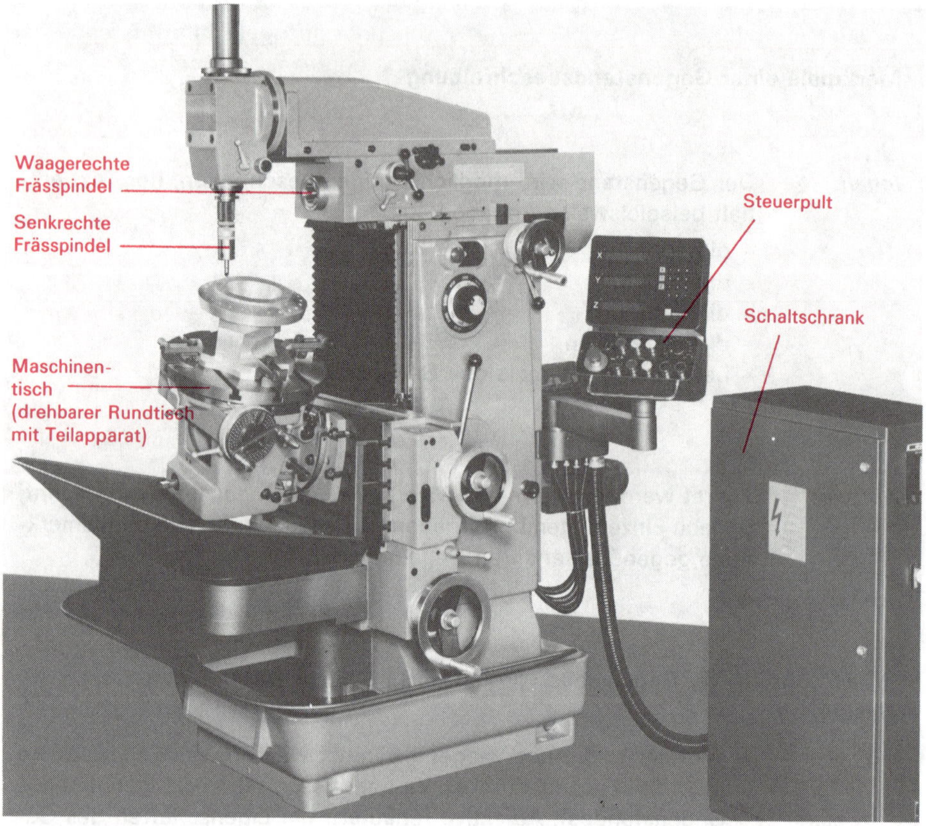

Universalfräsmaschine

Eine sehr vielseitig verwendbare Fräsmaschine ist die Universalfräsmaschine.

Universalfräsmaschine

Die Universalfräsmaschine ist mit einer waagerechten und einer senkrechten Frässpindel ausgerüstet (Bild 1).
Ein senkrechter Tischschlitten läßt sich mit verschiedenen Spanntischen so erweitern, daß sich universelle Verstellmöglichkeiten zu entsprechenden Werkstückbearbeitungen ergeben. Mit zusätzlichen Teilapparaten können sogar Wendelnuten gefräst werden.
Neben der Handsteuerung mit den dafür vorgesehenen Handrädern läßt sich die Maschine durch Betätigen der entsprechenden Bedienelemente am Steuerpult auch elektrisch steuern.
Ein Schaltschrank faßt die elektrische Steuerung zusammen.

Aus: Fräsen mit Übungen CNC. Übungsheft für den Auszubildenden. Bundesinstitut für Berufsbildung Berlin. 1985

Von diesen eher praktisch orientierten Gegenstandsbeschreibungen der Arbeitswelt und des Alltags heben sich **Bildbeschreibungen in der Kunst** (z. B. Beschreibung eines Gemäldes) deutlich ab. Die Phantasie, die der Künstler im Bild zum Ausdruck bringt, spiegelt sich häufig auch in der sprachlichen Gestaltung der entsprechenden Bildbeschreibung durch einen Kunstkritiker wider. Neben einer phantasieanregenden Sprache sind diese Beschreibungen des Gegenstandes „Bild“ dadurch gekennzeichnet, daß sie den Kunstgegenstand nicht neutral wiedergeben, sondern ihn subjektiv interpretieren. Damit wird die Bildbeschreibung zu einer **Bildinterpretation.** Zum Beispiel wird das Bild zu Erlebnissen oder Eigenschaften des Künstlers in Beziehung gesetzt, aus sozialen oder politischen Zeitereignissen werden Querverbindungen zum Schaffen des Künstlers gezogen. Informierende und kommentierende Funktion vermischen sich damit bei dieser Textsorte.

Beispiel für eine Bildbeschreibung bzw. -interpretation in der Kunst:

Peter Paul Rubens

Judith mit dem Haupte des Holofernes

Inv. Nr. 87
Eichenholz, 120 x 111 cm
Gemalt in Antwerpen gegen 1616

Judith – eine biblische Beispielgeschichte frommen, nationalbewußten Heldenmuts

Von Judith erzählt das gleichnamige Buch der Bibel. Um ihr jüdisches Volk zu retten, wagt sich die gläubige junge Witwe mit ihrer Magd aus der umzingelten Grenzstadt Bethulia in das Lager der feindlichen Assyrer. Listig bietet sie dem Feldherrn Holofernes Hilfe an. Betört von ihrer Schönheit lädt er sie in sein Zelt zu einem Festmahl, um sie zu verführen. Doch ist er zu betrunken. Judith köpft den Schlafenden mit seinem eigenen Schwert und entkommt mit dem Haupt als Siegespfand. Die Entdeckung des gräßlichen Mordes schlägt die Feinde in die Flucht.

Die Heldentat als seelischer Konflikt

Was reizte Rubens an dieser blutigen Geschichte? Er schildert nicht den Höhepunkt des Tötens, nicht den Triumpf des Sieges. Statt dessen wird das Innehalten nach der Schreckenstat, der seelische Zwiespalt der jungen Frau zum Thema. Judiths Rechte mit dem Schwert verharrt noch in der Schwebe. Helles Licht fällt auf ihr Gesicht, den nackten Hals, die vollen Brüste und auf das unerwartet schöne edle Antlitz des Toten. Die zwiespältige erotische Beziehung zwischen Frau und Mann, Heldin und Gegner rückt in den Mittelpunkt. Mit einem Ausdruck bewundernden Bedauerns greift die Magd nach dem abgeschlagenen Haupt, das Judith uns entgegenstreckt. Beschränkung auf das Wesentliche zeigt auch die Farbe: helles Fleisch, Blutrot, mattes Blau vor dunkelbraunem Grund. Die skizzenhaft lockere Malweise spiegelt die innere Erregung. Wie intensiv der Maler gearbeitet hat, beweist die Übermalung der Kerze, ein sogenanntes Pentimento. Sie war ursprünglich Judiths Arm zu nahe. Er hat sie deshalb tiefer, nach rechts versetzt. Beleuchtet werden nur inhaltlich entscheidende Partien. Das Zelt versinkt in nächtlichem Dunkel. Flackriges Kerzenlicht fällt auf die lebensgroßen Halbfiguren. Das Auge folgt der unruhigen Lichtbahn, die sich von links unten in schräggeneigter Schleife über die fast quadratische Tafel legt. Erst in den zueinander geneigten Gesichtern der beiden Frauen mündet sie in einen Kreis, der die drei Köpfe umschließt. Die innere Dramatik des Geschehens sammelt und steigert sich in Judiths unergründlich tiefen Blick auf den Betrachter. Bedeutet er Abwehr platter Bewunderung, stolze Überlegenheit der Schicksalsgeprüften, Schwermut nach der Tat, durch die sie vielleicht mehr verloren hat, als sie gewann? Der Betrachter selbst soll – gefangen durch den Blick – die eigene Antwort finden. Rubens stellt hier im Bild der damals jedermann bekannten Heldin die Frage nach der Zwiespältigkeit jeglichen Heldentums. Er stellt sie sich – und uns.

Information beim Pförtner erhältlich

Meisterwerke im Herzog Anton Ulrich-Museum, Braunschweig, 1973 – Rüdiger Klessmann, Herzog Anton Ulrich-Museum, Braunschweig, 1978, Verlag Bruckmann, München – museum, Herzog Anton Ulrich-Museum, Braunschweig. 1977, Verlag Westermann, Braunschweig – Meisterwerke im Herzog Anton Ulrich-Museum. 1981, Verlag Madsack, Hannover

Aufgaben

1. *Nennen Sie mögliche Anlässe einer Gegenstandsbeschreibung.*

2. *Welche inhaltlichen Gesichtspunkte müssen bei der Abfassung einer vollständigen Gegenstandsbeschreibung berücksichtigt werden?*

3. *Durch welche sprachlichen Merkmale ist eine Gegenstandsbeschreibung gekennzeichnet?*

4. *Versuchen Sie das Telefongespräch zwischen Herrn Ludwig und Herrn Walz (siehe S. 44) sinnvoll zu ergänzen, indem Sie das gesuchte Portemonnaie genau beschreiben.*

5. *Beschreiben Sie den abgebildeten „Zirkel mit Spindelführung" unter Zuhilfenahme der folgenden Fachausdrücke: Schenkel, Zirkelkopf, Federring, Spindel, Einstellrad, Zirkelnadel, Zirkelmine.*

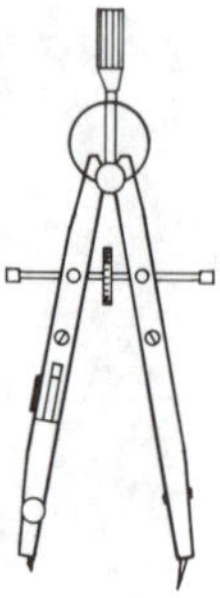

6. *Fertigen Sie von folgenden Gegenständen eine Beschreibung an:*
   a) von Ihrem Taschenrechner,
   b) von Ihrer Schultasche,
   c) von Ihrer Armbanduhr,
   d) von der Einrichtung Ihres Klassenzimmers.

7. *Suchen Sie aus dem Text zu dem Bild „Judith mit dem Haupte des Holofernes" (siehe S. 47) diejenigen Sätze heraus, die überwiegend beschreibenden (also nicht interpretativen) Charakter aufweisen.*

8. *Beschreiben Sie das Gemälde „Die Geburt der Venus" von Sandro Botticelli.*

Quelle: Galleria degli Uffizi, Florenz; Scala, Antella

2.4 Vorgangsbeschreibung

Welchem Zweck Vorgangsbeschreibungen dienen können, zeigen folgende Unterlagen, die Teil der betrieblichen Ausbildung der gewerblichen Auszubildenden sind. Bei diesen Unterlagen handelt es sich zum Beispiel um technische Zeichnungen und Stücklisten. Technische Zeichnungen sollen die dargestellten Werkstücke vollständig, klar und eindeutig beschreiben. In Stücklisten werden alle Fertigungs- und Normteile eingetragen.

Spannprisma: Raumbild

Projekt: Spannprisma

Name:	Vorname:	Kennummer:

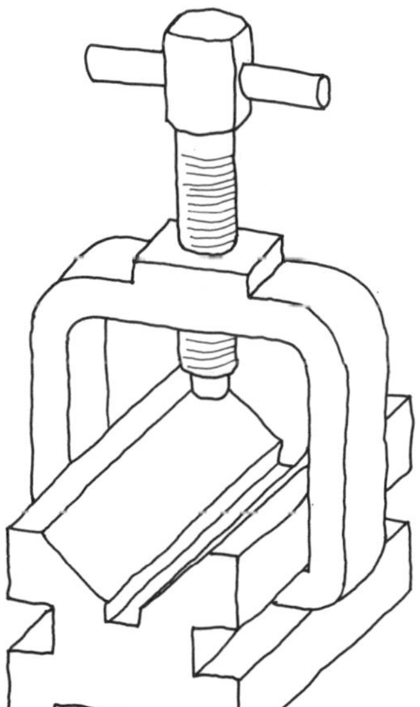

STAM	Spannprisma	Zeichnungs-Nr. SM 975855
© 1989		Blatt 1 von 3

Gesamtzeichnung und Stückliste

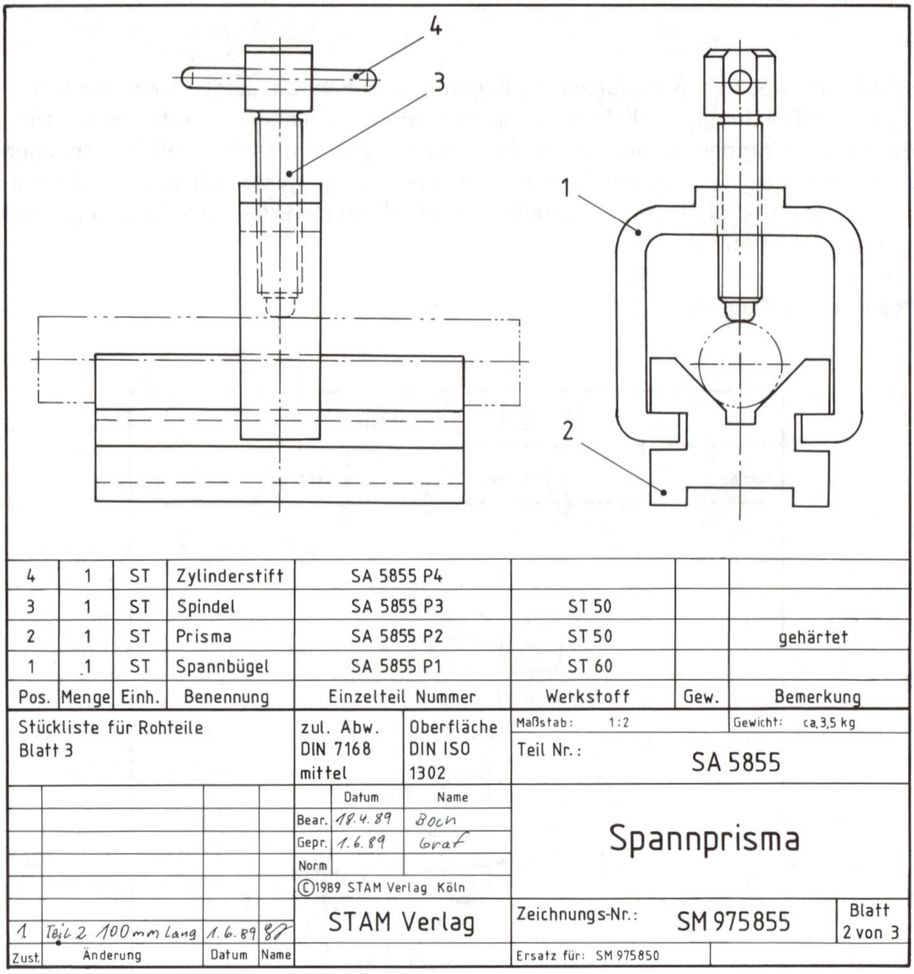

Pos.	Menge	Einh.	Benennung	Einzelteil Nummer	Werkstoff	Gew.	Bemerkung
4	1	ST	Zylinderstift	SA 5855 P4			
3	1	ST	Spindel	SA 5855 P3	ST 50		
2	1	ST	Prisma	SA 5855 P2	ST 50		gehärtet
1	1	ST	Spannbügel	SA 5855 P1	ST 60		

Stückliste für Rohteile Blatt 3	zul. Abw. DIN 7168 mittel	Oberfläche DIN ISO 1302	Maßstab: 1:2 · Gewicht: ca. 3,5 kg Teil Nr.: SA 5855

	Datum	Name
Bear.	18.4.89	Boch
Gepr.	1.6.89	Graf
Norm		

©1989 STAM Verlag Köln

STAM Verlag

Spannprisma

Zeichnungs-Nr.: SM 975855 — Blatt 2 von 3

Ersatz für: SM 975850

Zust.	Änderung	Datum	Name
1	Teil 2 100 mm lang	1.6.89	[illegible]

Spannprisma: Arbeitsstufenliste (Herstellungsvorgang)

Teil 1–4
1. Rohteile und Normteil prüfen

Teil 1
2. Werkstück auf Dicke 22 planen
3. Kernloch Ø 10,2 für Gewinde anreißen, körnen und bohren
4. Außen- und Innenkontur anreißen und fräsen
5. Durchbruch 34 fräsen
6. Kernloch ansenken und Gewinde M 12 schneiden
7. 90°-Ecken und R 2 nach Zeichnung feilen
8. Werkstück entgraten

Teil 2
9. Werkstückkontur anreißen
10. Ablängen, Nuten und Schrägen fräsen, entgraten
11. Härten und anlassen
12. Werkstück polieren

Teilzeichnung und Stückliste

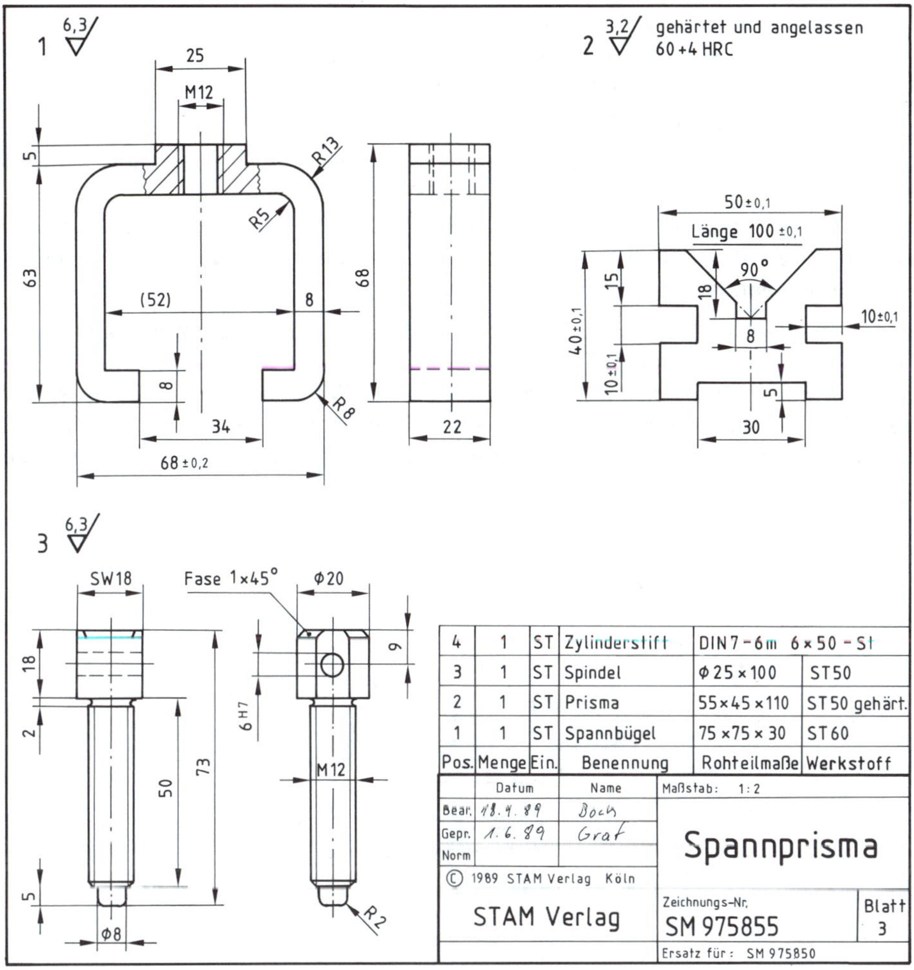

Pos.	Menge	Ein.	Benennung	Rohteilmaße	Werkstoff
4	1	ST	Zylinderstift	DIN 7 - 6m 6 × 50 - St	
3	1	ST	Spindel	Φ 25 × 100	ST 50
2	1	ST	Prisma	55 × 45 × 110	ST 50 gehärt.
1	1	ST	Spannbügel	75 × 75 × 30	ST 60

	Datum	Name	Maßstab: 1:2
Bear.	18. 4. 89	Boch	Spannprisma
Gepr.	1. 6. 89	Graf	
Norm			

STAM Verlag

Zeichnungs-Nr. SM 975855 — Blatt 3

Ersatz für: SM 975850

Teil 3
13. Plandrehen
14. Absatz ∅ 20 × 30 und Fase 2 × 45° drehen
15. Umspannen
16. Auf Länge 73 abplanen
17. Absatz ∅ 12 × 55, Zapfen ∅ 8 × 5 und R 2 drehen
18. Gewinde M 12 drehen
19. Schlüsselflächen SW 18 anreißen und feilen
20. Bohrung ∅ 6 anreißen, körnen, vorbohren und auf ∅ 5,8 aufbohren
21. Auf ∅ 6^{H7} aufreiben
22. Werkstück entgraten

Teil 4
23. Zylinderstift in Spindel einpassen

Teil 1–4
24. Auf Maßgenauigkeit prüfen und montieren
25. Spannprisma auf Funktion prüfen

Die Auszubildenden haben in diesem Abschnitt ihrer Ausbildung die Aufgabe, ein Spannprisma anzufertigen. Als Hilfsmittel dienen ihnen:

1. Eine Abbildung (Draufsicht) des fertigen Spannprismas
2. Verschiedene Querschnitte des Spannprismas
3. Eine Stückliste der Einzelteile Nr. 1 bis 4
4. Eine Arbeitsstufenliste

Die Arbeitsstufenliste leitet die Auszubildenden an, die notwendigen Arbeitsschritte Nr. 1 bis 25 in der richtigen Reihenfolge auszuführen. Diese Vorgangsbeschreibung, die zum Teil aus unvollständigen Sätzen, zum Teil nur aus einzelnen Wörtern besteht, ist zentraler Bestandteil des Lernprozesses zwischen Ausbilder und Auszubildendem.

Häufig werden Vorgangsbeschreibungen in Gestalt eines **Datenflußplans** (oder Flußdiagramms) dargestellt, die graphische Symbole aus dem Bereich der EDV anwenden. Ein weiteres Kennzeichen dieser Art der Vorgangsbeschreibung ist der Verzicht auf vollständige Sätze. Der Vorteil dieser Darstellungsart liegt darin, daß die zeitliche und logische Reihenfolge der voneinander abhängigen Teilvorgänge sehr deutlich wird.

Beispiel für ein Flußdiagramm „Auftragsabwicklung":

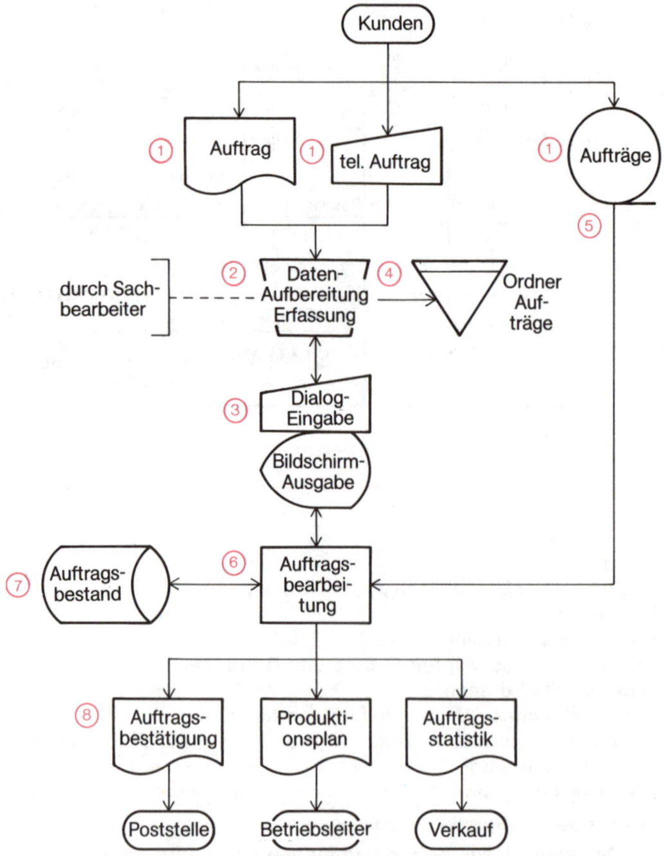

Aus: Organisationslehre für kaufmännische Schulen. Köln-Porz 1988, S. 258

Der Datenflußplan könnte auch in die Form eines fortlaufenden Textes übertragen werden:

Schreiben der Auftragsbestätigung

① Von den Kunden werden Aufträge schriftlich, telefonisch oder auf Magnetband hereingegeben.

② Die schriftlichen und telefonischen Aufträge werden durch den Sachbearbeiter aufbereitet, d. h. der Sachbearbeiter verschlüsselt die Auftragsdaten, wie zum Beispiel die Kunden- und Artikelnummer, Auftragsmenge und Liefertermin.

③ Diese Daten werden per Dialog erfaßt.

④ Die Briefe bzw. Gesprächsnotizen werden im Ordner „Aufträge" abgeheftet.

⑤ Die Magnetbandaufträge werden in die DV-Anlage eingelesen.

⑥ Im Anschluß daran durchlaufen die Daten das Programm „Auftragsbearbeitung".

⑦ Zugleich wird die gesamte Auftragsinformation in die Plattendatei „Auftragsbestand" übernommen und – in Abhängigkeit davon – die Reihenfolge der Auftragsabwicklung festgelegt. (Dieser Bestand ist später auch Ausgangspunkt für die Erstellung der Ausgangsrechnung.)

⑧ Mit dem Programm „Auftragsbearbeitung" werden erstellt:
- die Auftragsbestätigung (für den Kunden),
- der Produktionsplan (für den Betriebsleiter),
- die Auftragsstatistik (für den Verkauf).

Der Nachteil dieser Textfassung ist allerdings, daß die Abhandlung wesentlich länger und häufig sogar unübersichtlicher wird. Allerdings haben auch die Datenflußpläne einen entscheidenden Nachteil: Die Bildung vollständiger Sätze wird vermieden, somit wird die Gestaltung eines fortlaufenden Textes nicht eingeübt. Fehler in der Anwendung der Schriftsprache sind häufig die Folge.

Merkmale einer Vorgangsbeschreibung:

Inhalt: Vorgänge werden in ihren einzelnen Teilabschnitten genau beschrieben.

Aufbau: Zunächst erfolgen allgemeine Vorbemerkungen (eventuell eine kurze Gegenstandsbeschreibung), danach werden die Einzelvorgänge in zeitlicher Reihenfolge beschrieben.

Sprachliche Gestaltung:
- Der Text wird durch eine sachliche, gut verständliche Sprache geprägt.
- Die Beschreibung ist so abzufassen, daß der Leser die beschriebenen Teilschritte gedanklich eindeutig nachvollziehen kann; es sollten sinnvolle Absätze und – vor allem bei langen Texten – Zwischenüberschriften gebildet werden.

- Schwer vorstellbare Teilschritte der Vorgangsbeschreibung sind durch Vergleiche zu veranschaulichen.
- Anerkannte Fachausdrücke (meistens Substantive) sind zu benutzen.
- Die Auswahl der geeigneten Verben, Präpositionen und vor allem temporalen Konjunktionen (zum Beispiel: danach, daraufhin, schließlich, kurz darauf) ist genau abzuwägen, um Fehlinterpretationen zu vermeiden.
- Als Tempus wird das Präsens benutzt.
- Als sprachliche Formen können unterschieden werden:
  - ein fortlaufender Text in vollständigen Sätzen,
  - eine Auflistung einzelner Arbeitsschritte in unvollständigen Sätzen bzw. einzelnen Wörtern,
  - ein Datenflußdiagramm (mit einzelnen Wörtern).

Daß Vorgangsbeschreibungen nicht nur Abläufe aus dem Arbeitsleben aufzeigen müssen, zeigt das folgende Beispiel aus dem Freizeitbereich:

Wegbeschreibung

Altstadtbummel

Wir laden Sie ein zu einem Stadtbummel, den wir an der Traditionsinsel Altstadtmarkt beginnen wollen. Hier ist Braunschweig vor über tausend Jahren entstanden.
Wir stehen vor dem Altstadtrathaus von 1253, das mit seinen Laubengängen als eines der schönsten gotischen Rathäuser Deutschlands gilt, ein Haus mit Vergangenheit! 1671 fanden hier nach der Unterwerfung der Stadt Huldigungsfeiern für die Herzöge statt, die 70000 Taler gekostet haben sollen. Noch heute ist die „Dornse“, der Festsaal des Altstadtrathauses, Ort für städtische Repräsentationsveranstaltungen.
Der in Blei gegossene Marienbrunnen von 1408 ist Ausdruck meisterlicher Handwerkskunst. Er ist Braunschweigs älteste Wasserstelle.
Einen Leckerbissen für Freunde historischer Bauwerke stellt auch das Gewandhaus dar. Justitia, die Göttin der Gerechtigkeit, ist der krönende Abschluß der prachtvollen Renaissancefassade von 1591. Einige Etagen tiefer, im Gewandhauskeller, wird Wein und Bier seit 1329 ausgeschenkt.
[...]
Ein kleiner Abstecher führt über den Lessingplatz zum Haus Salve Hospes, einem Ort ständiger Kunstausstellungen, und zum Ottmerbau, dem restaurierten alten Bahnhofsgebäude, einem Zeugnis klassizistischer Baukunst.
Optische Höhepunkte bietet die abendliche Stadt, wenn die historischen Gebäude in den Traditionsinseln festlich angestrahlt werden.
Zum Spazierengehen und Erholen laden die großen innerstädtischen Parks, die Wallanlagen und das Naturschutzgebiet Riddagshausen am Rande der Stadt ein.

Aus: Bollmanns Bild- und Stadtplan Braunschweig. Braunschweig 1985

Aufgaben

1. *Nennen Sie einige Beispiele aus dem täglichen Leben, bei denen die Nutzung einer Vorgangsbeschreibung notwendig sein kann.*

2. *Erläutern Sie jeweils Vor- und Nachteile einer Vorgangsbeschreibung in Form eines Datenflußplans.*

3. *Welche allgemeinen Hinweise können Sie zum Aufbau einer Vorgangsbeschreibung geben?*

4. *Erläutern Sie, worauf bei der sprachlichen Gestaltung einer Vorgangsbeschreibung besonders zu achten ist.*

5. *Beschreiben Sie folgende Vorgänge, indem Sie zunächst eine Liste der einzelnen Arbeitsschritte, danach eine Vorgangsbeschreibung in Form vollständiger, fortlaufender Sätze formulieren:*
   - *a) Erforderliche Maßnahmen eines Schülers, um einen Ausbildungsvertrag abzuschließen; gehen Sie davon aus, daß der Berufswunsch des Schülers feststeht.*
   - *b) Maßnahmen eines Schülersprechers, um eine Schulfete zu organisieren.*

6. *Wählen Sie aus den folgenden Beispielen eines aus, zu dem Sie eine entsprechende Vorgangsbeschreibung verfassen:*
   - *a) Verkaufsvorgang aus der Sicht des Verkäufers bis zur Ausstellung einer Verkaufsquittung;*
   - *b) Einrichtung eines Sparbuches bis zur Aushändigung der Sparbuchurkunde;*
   - *c) Durchführung einer großen Inspektion bei einem PKW in einer Vertragswerkstatt;*
   - *d) Ein beliebiger Arbeitsablauf aus Ihrem betrieblichen Aufgabenbereich.*

7. *Benennen Sie Textstellen der Wegbeschreibung auf S. 54 (Altstadtbummel in Braunschweig), die nicht nur informativen, sondern auch kommentierenden oder appellierenden Charakter aufweisen.*

2.5 Personenbeschreibung

»

Betriebsinhaber

Akademiker, gut erhaltener Fünfziger, 178/80, vorzeigbar, verwitwet, alte Schule und Romantiker, Motorflieger, sonst „no sport“, sucht für Neubeginn attraktive, niveauvolle und ehrliche Partnerin, schlank mit gr. Busen.

Spätere Heirat nicht ausgeschlossen.

Diskretion selbstverständlich.

Linda

35 Jahre, 164 cm groß, schlank, mit einer aufregend weiblichen Figur, lange, weiche Haare, die sie meist offen trägt, und wunderschöne, leuchtende Augen, **Innenarchitektin.** Nach meiner Scheidung habe ich, um die Enttäuschung zu vergessen, mich in meinem Beruf selbständig gemacht. Eigentlich könnte ich recht zufrieden sein, jedoch Arbeit und Erfolg allein machen nicht glücklich.

Rolf

27 Jahre, 187 cm groß, schlank, sportlich (Bodybuilding). Ein sympathischer, junger Mann, der gerne lacht und das Leben positiv sieht. Von Beruf ist er **Optiker** und trägt sich mit dem Gedanken, sich in naher Zukunft selbständig zu machen. Bekomme nur keinen Schreck, wenn Du liest, daß ich Bodybuilding mache. Alles mit Maß, aber mit 187 cm muß man etwas für die Figur tun.

Aus: Süddeutsche Zeitung

«

Personenbeschreibungen dieser Art erscheinen täglich in den verschiedenen Zeitungen und Zeitschriften. Die in diesen Bekanntschafts- und Heiratsanzeigen enthaltenen Informationen über die eigene und die „gewünschte“ Person sollen die Suche nach dem „Wunschpartner“ erleichtern. Bei diesen Personenbeschreibungen handelt es sich aber nicht um die getreue, fotografische Wiedergabe des Äußeren einer Person, vielmehr sind diese Informationen gefiltert: in der Regel werden nur – oder zumindest überwiegend – vom Empfänger positiv zu wertende Informationen angeboten. Diese einseitigen Personenbeschreibungen gehen über die Darstellung äußerer Merkmale häufig hinaus, vielfach werden auch Charaktereigenschaften, Einstellungen, Vorlieben, Hobbys usw. – natürlich wieder gefiltert – beschrieben.

Charakteristisch für diese Form der Personenbeschreibung ist, daß sich **informierende und appellierende Sprachelemente** vermischen. Der Zweck der Anzeigen bestimmt die subjektive Darstellung von persönlichen Merkmalen wie auch die Auswahl der „geeigneten“ Wörter.

Substantive und vor allem Adjektive bestimmen die Sprache dieser Textsorte. Um den Text kurz, übersichtlich und auffallend zu gestalten, wird häufig auf vollständige Sätze verzichtet. Kostengesichtspunkte führen dazu, daß Abkürzungen benutzt werden.

Für viele Personenbeschreibungen ist es typisch, daß dem Leser nur bestimmte, genau ausgewählte Informationen über eine Person geboten werden. Diese Informationsfilterung läßt sich jeweils aus dem Zweck der Beschreibung ableiten.

Beispiele für Personenbeschreibungen:

Art der Beschreibung	Zweck
Heiratsanzeige	Suche nach einem geeigneten Ehepartner
Polizeiliche Suchanzeige	Auffinden des Gesuchten
Kandidatenporträt (zum Beispiel bei der Bundestagswahl)	Wahl des Kandidaten
Arbeitszeugnis	Möglichst positive Darstellung des Arbeitnehmers, um Stellungsuche zu erleichtern
Innerbetriebliche Beurteilung eines Mitarbeiters	Optimale Personalpolitik/Grundlage für tarifrechtliche Eingruppierung

Um eine besondere Form von Personenbeschreibung handelt es sich bei der **Charakteristik.** Während bei der Personenbeschreibung überwiegend äußere, objektive Merkmale einer Person beschrieben werden, beinhaltet die Charakteristik darüber hinausgehende Wertungen, entspricht also eher einer subjektiven Sichtweise. Charakteristiken finden sich vor allem in literarischen Texten, in denen sich der Leser ein allumfassendes Bild von der vom Autor beschriebenen Person machen können soll. Zu diesem Zweck werden häufig markante Erlebnisse oder typische Handlungen dieser Person wiedergegeben, die die Wesenszüge offenlegen sollen.

Beispiel einer Charakteristik in einem literarischen Text:

Es war der Tag, an dem ich sie Trompete blasen sah. Da mag sie schon monatelang in unserer Klasse gewesen sein. Da kannte ich ihre langen Glieder und den schlenkrigen Gang und den kunstlosen, kurzen Haarschwanz in der Nackenspange schon auswendig, ebenso wie ihre dunkle, etwas rauhe Stimme und ihr leichtes Lispeln.
Das alles zum erstenmal gesehen und gehört am ersten Morgen, als sie bei uns erschien, anders möchte ich es nicht nennen. Sie saß in der letzten Bankreihe und zeigte keinen Eifer, mit uns bekannt zu werden. Eifer hat sie nie gezeigt. Sondern sie saß in ihrer Bank und sah genauso unsere Lehrerin an, uneifrig, eiferlos, wenn man sich darunter etwas vorstellen kann. Denn aufsässig war ihr Blick nicht. Doch mag es so gewirkt haben unter all den hingebenden Blicken, an die unsere Lehrerin uns gewöhnt hatte, weil sie, wie ich heute glaube, von nichts anderem lebte.
Nun, willkommen in unserer Gemeinschaft. Wie hieß denn die Neue? Sie erhob sich nicht. Sie nannte mit angerauhter Stimme, leicht lispelnd, ihren Namen: Christa T. War es möglich, hätte sie mit den Brauen gezuckt, als unsere Lehrerin sie duzte? In weniger als einer Minute würde sie in ihre Schranken gewiesen worden sein.
Wo kam sie denn her, die Neue? Ach, nicht aus dem bombardierten Ruhrgebiet, nicht aus dem zerstörten Berlin?
Eichholz - du lieber Himmel! Bei Friedeberg. Zechow, Zantoch, Zanzin, Friedeberg, wir dreißig Einheimischen fuhren in Gedanken die Kleinbahnstrecke ab. Entrüstet, das versteht sich. Kraucht aus einem Dorfschullehrerhaus, keine fünfzig Kilometer von hier, und dann dieser Blick.

Ja, wenn einer ein paar Dutzend rauchende Zechenschornsteine hinter sich hat, oder wenigstens den Schlesischen Bahnhof und den Kurfürstendamm ... Aber Kiefern und Ginster und Heidekraut, denselben Sommergeruch, den auch wir bis zum Überdruß und fürs Leben in der Nase hatten, breite Backenknochen und bräunliche Haut, und dieses Benehmen? Was sollte man davon halten?

Nichts. Nichts und gar nichts hielt ich davon, sondern ich sah gelangweilt aus dem Fenster, das sollte jeder merken, der von mir etwas wissen wollte. Ich sah, wie die Turnlehrerin mit den Fähnchenständern ihr ewiges Völkerballfeld markierte, das war mir immer noch lieber, als zuzusehen, wie diese Neue mit unserer Lehrerin umging. Wie sie die bei der Stange hielt. Wie sie aus dem Verhör, das in der Ordnung gewesen wäre, eine Unterhaltung machte und wie sie auch noch bestimmte, worüber man sprechen wollte. Ich glaubte meinen Ohren nicht zu trauen: über den Wald. Das Spiel da unten wurde angepfiffen, aber ich drehte den Kopf und starrte die Neue an, die kein Schulfach nennen wollte, das sie am liebsten hatte, weil sie am liebsten in den Wald ging. So hörte sich die Stimme der Lehrerin an, wenn sie nachgibt, das hatten wir noch nicht. Verrat lag in der Luft. Aber wer verriet, wer wurde verraten?

Nun, die Klasse werde, was sie ja immer tue, die Neue, Christa T., die Waldschwärmerin, freundschaftlich in ihrer Mitte aufnehmen.

Ich zog die Mundwinkel herab: Nein. Nicht freundschaftlich. Überhaupt nicht aufnehmen. Links liegenlassen.

Schwer zu sagen, warum sie mir trotzdem Nachrichten über die Neue zutrugen. Na wenn schon, sagte ich nach jedem Satz, aber zuerst hatte ich den Satz gehört. Daß sie ein Jahr älter war als wir, denn sie kam von einer Mittelschule und mußte eine Klasse wiederholen. Daß sie in der Stadt „in Pension" wohne und nur übers Wochenende nach Hause fahre. Na wenn schon. Daß man sie zu Hause Krischan nenne. Krischan? Sieht ihr genau ähnlich: Krischan.

So habe ich sie dann meistens genannt.

Sie bewarb sich übrigens nicht um Aufnahme. Nicht um freundliche, nicht um widerwillige. Um gar keine. Wir interessierten sie nicht „übermäßig", das Wort war gerade unter uns aufgekommen. Übermäßig höflich ist sie ja nicht, wie? Ich sah in die Luft und sagte: Na und? Verfluchter Hochmut von dieser Neuen. Die spinnt ja.

Die Wahrheit war: Sie brauchte uns nicht. Sie kam und ging, mehr ließ sich über sie nicht sagen.

Aus: Christa Wolf: Nachdenken über Christa T. Darmstadt u. Neuwied 1984[22]

Aufgaben

1. *Wodurch ist eine Bekanntschaftsanzeige einer Tageszeitung inhaltlich und sprachlich bestimmt?*

2. *Entwerfen Sie eine eigene Zeitungsanzeige, in der Sie Ihre persönlichen Eigenschaften zum Zwecke der Partnersuche beschreiben.*

3. *Nennen Sie mindestens drei verschiedene Arten von Personenbeschreibungen, und erläutern Sie jeweils ihren Zweck.*

4. *Worin liegt der Unterschied zwischen einer Personenbeschreibung und einer Charakteristik?*

5. *Versuchen Sie aufgrund des literarischen Textes von Christa Wolf eine Partnerschaftsanzeige für eine Zeitung zu formulieren, in der Sie die Eigenschaften von „Christa T." dem Zweck entsprechend beschreiben.*

6. *Suchen Sie insgeheim einen Partner in der Klasse, und beschreiben Sie ihn. Verlesen Sie abschließend den Text, und lassen Sie Ihre Mitschüler erraten, um wen es sich handelt.*

2.6 Diagramm

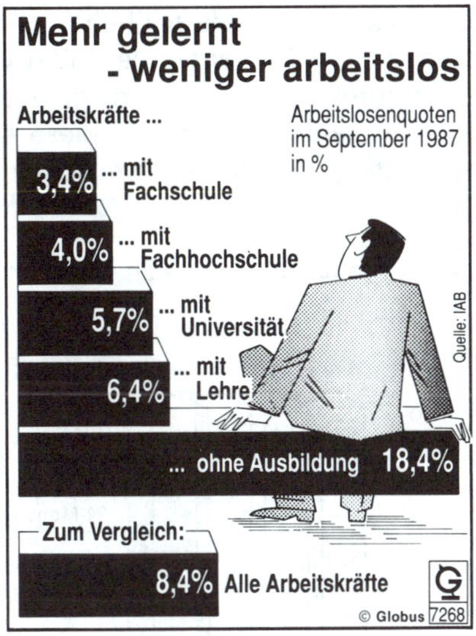

Eine gute Ausbildung ist das wertvollste „Kapital" der Arbeitnehmer. Sie bringt nicht nur bessere Verdienst- und Aufstiegsmöglichkeiten, sie macht auch den Arbeitsplatz sicherer. Wer gut ausgebildet ist, findet auch schneller wieder Anschluß an die Arbeitswelt, denn Unternehmen geben bei Neueinstellungen qualifizierten Fachkräften den Vorzug. *SZ*

Aus: Süddeutsche Zeitung vom 18. 08. 88

Die zentrale Aussage dieser **Graphik** wird bereits in der Überschrift treffend zusammengefaßt: „Mehr gelernt – weniger arbeitslos." Die Grundlage dieser Aussage bilden die statistischen Angaben dieses **Diagramms** (griech.: Umriß, geometrische Figur). Die statistischen Ergebnisse sind an den schwarzen Balken der Abbildung abzulesen; die jeweilige Länge der einzelnen Balken drückt dabei graphisch die unterschiedlichen Prozentangaben aus. Wer dennoch Schwierigkeiten bei der Interpretation des Diagramms hat, erhält durch den erläuternden und zum Teil interpretierenden Text Hilfestellung.

Graphiken wie diese sind als Informationsmittel unverzichtbar. Die Bürger erwarten, daß trotz oder gerade wegen der heutigen Informationsflut die wichtigsten, statistisch ausdrückbaren Informationen auf rasch lesbare und gezielte Weise angeboten werden.

Die wesentlichen **Merkmale der unterschiedlichen Diagramme** sind:

- der Betrachter erhält in kürzester Zeit ihn interessierende Informationen aufgrund einer graphischen Darstellung;
- die Kernaussage des Diagramms wird in der Regel in einer Überschrift festgehalten;
- um den Informationsgehalt der bildhaften Darstellung rasch erschließen zu können, werden häufig besondere **graphische Stilmittel** eingesetzt:
  - einfach entzifferbare Formen (Säule, Rechteck, Kreis),
  - unterschiedliche Farbtöne,
  - zusätzliche, das Thema der Graphik veranschaulichende Abbildungen (Personen, symbolhafte Gegenstände).

Graphiken dieser Art sind allerdings nicht immer unproblematisch: da eine Vielzahl von Informationen komprimiert (verdichtet) in einem Schaubild zusammengefaßt werden, können sich beim unkundigen, mit statistischen Methoden nicht bewanderten Leser rasch Fehlinterpretationen ergeben. Werden die bildhaften Darstellungen zum Beispiel in einer Zeitung zusätzlich noch mit erläuterndem Text versehen, ist die Gefahr zum Teil sehr groß, die Interpretationen der Zeitungsredaktion unkritisch zu übernehmen. Trotz dieser Bedenken kann allerdings auf diese Art informativer Sachtexte schon aus Zeit- und Kostengründen nicht verzichtet werden.

Bei der graphischen Umsetzung statistischer Ergebnisse lassen sich vor allem drei **Formen** von Diagrammen unterscheiden:

1. Das Säulendiagramm

Arbeitslosigkeit. Verteilung der Arbeitslosen (in Prozent) nach der Dauer der Erwerbslosigkeit

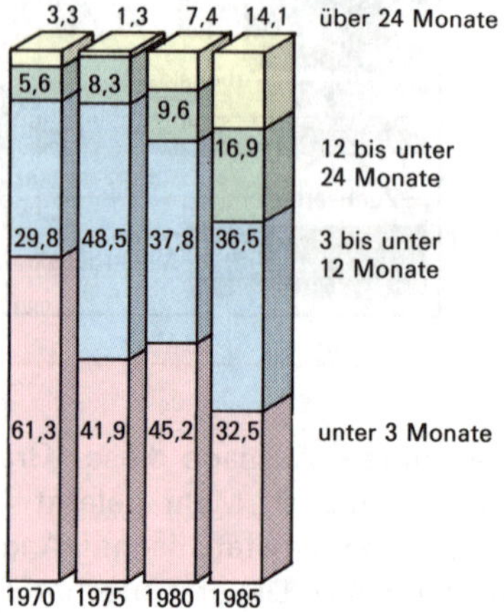

Aus: Brockhaus Enzyklopädie in 24 Bänden. Bd. 2. Mannheim 1988[19]

2. Das Kreisdiagramm

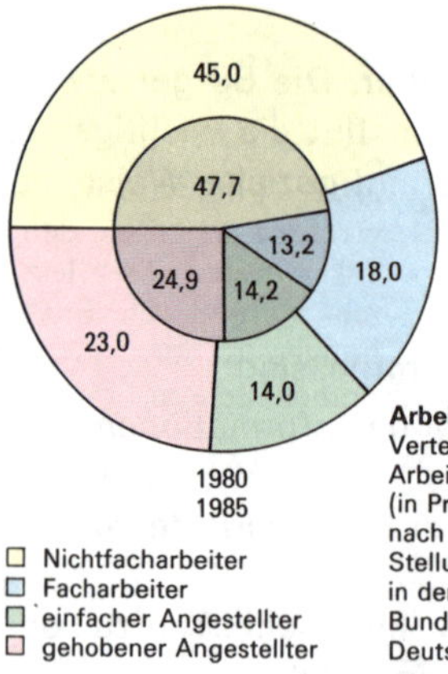

Arbeitslosigkeit Verteilung der Arbeitslosen (in Prozent) nach beruflicher Stellung in der Bundesrepublik Deutschland

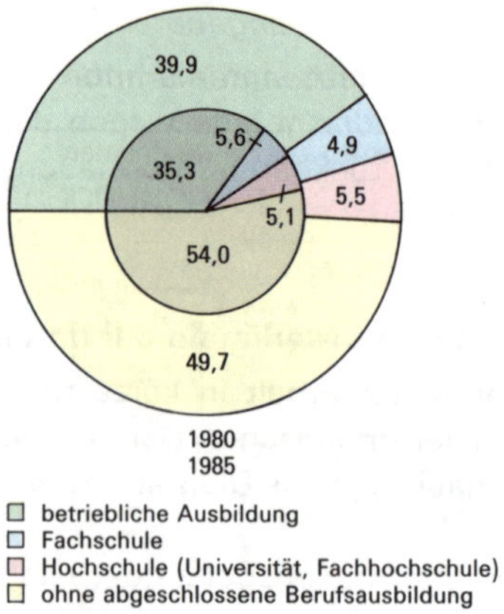

Arbeitslosigkeit Verteilung der Arbeitslosen (in Prozent) nach beruflicher Ausbildung in der Bundesrepublik Deutschland

Aus: s. o.

3. Das Kurvendiagramm

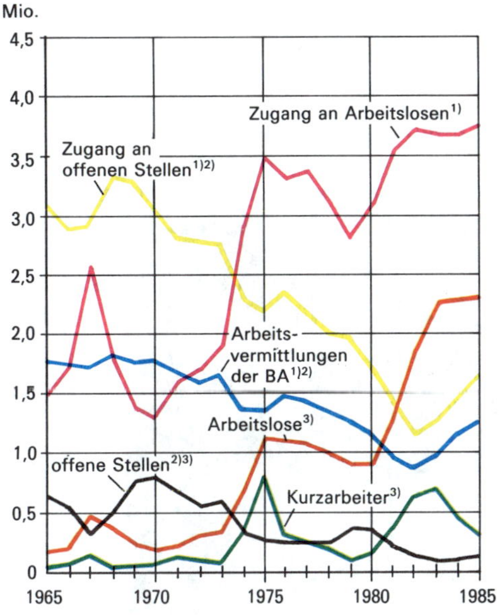

1 Jahressummen. – 2 Für eine Beschäftigung von mehr als sieben Kalendertagen. – 3 Jahresdurchschnitte.

Arbeitslosigkeit: Bewegungen am Arbeitsmarkt in der Bundesrepublik Deutschland

Aus: s. o.

Aufgaben

1. *Nennen Sie die wesentlichen Merkmale eines Diagramms.*
2. *Welche Probleme können sich bei der Interpretation von Diagrammen ergeben?*
3. *Erläutern Sie die Kernaussagen der folgenden Graphik, und beurteilen Sie – im Verhältnis zu dem angebotenen Zahlenmaterial –*

   a) die Überschriften der Graphik, *b) den Erläuterungstext.*

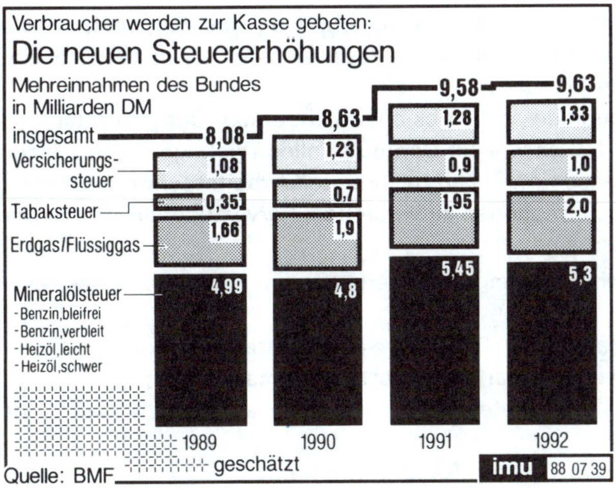

Zerfleddert wird die große Einkommensteuerreform schon vor dem Inkrafttreten ihrer letzten Stufe durch Erhöhungen von Verbrauchssteuern. Für Rentner, Arbeitslosengeld- und Sozialhilfeempfänger kommt dabei unter dem Strich sogar eine wachsende Abgabenbelastung heraus.

Aus: Süddeutsche Zeitung vom 16. 08. 88

2.7 Fachbuchliteratur

Plötzliche Regenfälle können zum Betreten einer Buchhandlung zwingen. Meistern Sie Ihre Unsicherheit in der ungewohnten Umgebung. Beim Blättern in Büchern Handschuhe und Fäustlinge (auch nasse) anbehalten, um Verschmutzung der teils wertvollen Werke durch die bloße Hand zu vermeiden. Das Herausreißen einzelner Seiten verrät geistige Regsamkeit. Merke: *Nicht auf die Bücher spucken.*

Der Umgang mit dem Fachbuch bereitet zu Beginn des Berufslebens häufig Schwierigkeiten. Allerdings ist die richtige Handhabung des Fachbuchs von entscheidender Bedeutung, um im Zeichen des raschen Wandels in der Arbeitswelt sein berufliches Wissen zu erweitern.

Mit dem Lesen von Fachbuchliteratur ist es aber nicht getan. Das menschliche Gedächtnis ist nicht so gut, daß es wie ein Computer alles Wichtige automatisch abspeichern könnte. Der Mensch muß sich bestimmter **Arbeitstechniken** bedienen, die ihm helfen, wichtige Informationen zu verstehen, hervorzuheben und zu behalten. Diese Arbeitstechniken sind:

- unbekannte Wörter **nachschlagen** und Erklärungen am Rand des Textes **festhalten;**
- wichtig erscheinende Sätze bzw. Teile von Sätzen **unterstreichen;**
- besonders wichtige Textstellen farbig hervorheben **(markieren);**
- wichtige Absätze durch geeignete Schlüsselbegriffe am Rand **zusammenfassen;**
- persönliche Gedanken zum Text am Rand **anmerken.**

Beispiel für die Arbeitstechniken Unterstreichen, Markieren und Anmerken:

> Der Arbeitsplatz des Sachbearbeiters wird in Zukunft der *Bildschirmarbeitsplatz* sein, unabhängig davon, ob er an ein Einzelplatzsystem oder an eine zentrale ADV-Anlage angeschlossen ist. Bereits heute ist in der Bundesrepublik Deutschland fast jeder zehnte Arbeitsplatz im kaufmännischen oder verwaltenden Bereich mit Bildschirm ausgestattet, und die Zahlen wachsen ständig.
>
> Im Bereich der Personalcomputer zielt die Entwicklung darauf ab, die einzelnen Arbeitsplätze über sogenannte *lokale Netzwerke* untereinander und mit einem zentralen Datenbestand, z. B. auf Festplatte, zu verbinden. Informationen können dann von einem Arbeitsplatz zum anderen übertragen werden. Infolge zentraler Datenspeicherung brauchen die Daten nur einmal erfaßt zu werden und stehen jedem Mitarbeiter an seinem „multifunktionalen" Computerarbeitsplatz zur Verfügung. — *lokale Netzwerke*
>
> So besteht z. B. ein erheblicher Teil der Handelskorrespondenz eines Unternehmens aus stets wiederkehrenden Formulierungen, die sich als sogenannte *Textbausteine* (Sätze oder Abschnitte) in einem Korrespondenzhandbuch und zugleich auf externen Speichern unter Selektionsnummern erfassen lassen. Die Textverarbeitung kann dann in der Weise erfolgen, daß der Sachbearbeiter selbst oder eine Schreibkraft am Bildschirmarbeitsplatz nur noch die Selektionsnummern und einige wenige variable Textteile eingibt. Der Brief wird automatisch und fehlerfrei von der ADV-Anlage geschrieben. Ebenso lassen sich ADV-Anlagen auch zur *Telekommunikation* (Bürofernschreiben, Bildschirmtext) einsetzen. — *Textbausteine*
>
> (Selektionsnummer?)

Werden Bücher ausgeliehen, so muß das wichtig Erscheinende – soweit zulässig – kopiert oder notiert werden, zum Beispiel auf einer Karteikarte.

Beispiel für die Arbeitstechnik „Notieren" auf einer Karteikarte:

> Stichwort: **Textbaustein**
>
> Wenn mit Textbausteinen gearbeitet wird, werden einzelne, selbständige Textteile unter einem Namen oder einer Nummer gespeichert und nach Wahl zusammengefügt (beispielsweise bei Erstellung von Serienbriefen notwendig).
>
> (Vgl. auch J. Röhl, J. Verhuven: Mit Texten arbeiten - Word. Köln-Porz 1988, S. 66 ff.)

Dabei ist darauf zu achten, daß die genaue **Quellenangabe** nicht vergessen wird. Dazu gehören:

- Name des Autors
- Titel des Buches
- Verlagsort
- Erscheinungsjahr
- eventuell Seitenzahl

Unterstreichen, Markieren, Anmerken und Notieren sind wichtige Arbeitstechniken, sie können aber eigene Ideen nicht ersetzen. Um sich gezielt in ein Sachgebiet einarbeiten zu können oder falls sogar eine umfangreiche schriftliche Arbeit angefertigt werden muß, sollten eigene Ideen spontan oder während des Leseprozesses festgehalten werden. Als Arbeitsmittel ist ein gesondertes **Ideen- oder Konzeptblatt** dabei unverzichtbar.

Beispiel für ein Ideen- und Konzeptblatt:

Ideen- und Konzeptblatt

Thema: Kommunikationsmodelle

1. Begriff „Kommunikation" im Lexikon/Fremdwörterbuch nachschlagen
2. Begriff „Modell" nachschlagen
3. Wer kann eigentlich miteinander kommunizieren?

   a) Mensch - Mensch
   b) Mensch - Tier
   c) Tier - Tier
   d) Mensch - Maschine
   e) Maschine - Maschine

   } Gliederungskonzept?

4. Der Begriff „Sprache" ist wichtig!

Häufig bereitet es Schwierigkeiten, das richtige Fachbuch aus der Breite des Buchangebots auszuwählen. Um sich für ein bestimmtes Buch entscheiden zu können, sollte bei der Ausleihe oder dem Kauf das **Inhaltsverzeichnis** des Buches genau analysiert werden.

Ein gutes Sachbuch ist übersichtlich gegliedert. Es enthält meist:

- ein Inhaltsverzeichnis
- eine Einleitung bzw. ein Vorwort
- den eigentlichen Textteil
- Verzeichnisse am Ende des Buches, z. B.
  - alphabetisches Stichwortverzeichnis
  - Verzeichnis der zitierten Literatur
  - Namensverzeichnis zitierter Autoren
  - Verzeichnis der Abbildungen

Außerordentlich nützlich ist bei Fachbüchern das **alphabetische Stichwortverzeichnis.** Wer einen schriftlichen Text zu einem Thema vorlegen muß oder ein Referat halten soll, muß oft mit Stichwörtern arbeiten. Wer etwas über „Herrschaftsformen" herausfinden will, schlägt im Stichwortverzeichnis eines passenden Fachbuches nach und erhält die Seitenzahl(en), auf denen das Stichwort im Buch behandelt wird.

Die Entscheidung für das richtige Fachbuch wird leichter fallen, wenn sowohl die Inhaltsverzeichnisse verschiedener Bücher verglichen werden als auch nach wichtigen Stichwörtern im jeweiligen Stichwortverzeichnis gezielt gesucht wird.

Aufgaben

1. Wie ist ein Fachbuch gewöhnlich aufgebaut?

2. Nehmen Sie ein Gemeinschaftskundebuch (Wirtschaftslehrebuch) zur Hand, und prüfen Sie, wo Eintragungen zum Thema „Verfassung" („Investition") zu finden sind.

3. Nennen Sie die Hauptkapitel Ihres Deutschlehrbuches.

4. Bitten Sie Ihre Lehrerin/Ihren Lehrer, eine Kopie mit einem schwierigen Text einschließlich Quellenangabe in der Klasse zu verteilen.
   a) Unterstreichen und markieren Sie selbständig wichtige Textstellen.
   b) Bringen Sie am Rand des Textes persönliche Anmerkungen an.
   c) Notieren Sie einen besonders wichtigen Satz mit Quellenangabe auf einer Karteikarte.

5. Entwerfen Sie spontan ein Ideen- und Konzeptblatt zu folgenden Themen nach Wahl:
   a) Ursachen des Drogenmißbrauchs von Jugendlichen
   b) Sollen Frauen allein über einen Schwangerschaftsabbruch entscheiden?
   c) Einführung von Tempo 100 auf allen Autobahnen

3 Kommentierende Texte

3.1 Kommentar

KOMMENTARE

Die Bombe

Töpfer muß NUKEM schließen

Der ehemalige „Plutoniumminister“ Wallmann ist von seinem Element ereilt worden. Im Frühjahr 1987 bekam er seine hauchdünne Mehrheit mit der Verteidigung eben jener Hanauer Arbeitsplätze, die er jetzt in Frage stellen muß. Nunmehr ist er zum Akteur der langandauernden grünen Kritik an den Hanauer Atombetrieben geworden. Heißt das, daß die Grünen recht hatten? Aber das stand im Grunde nie zur Debatte. Daß jetzt Wallmann ultimativ die Entlassung des NUKEM-Vorstandes fordert und Töpfer darüber hinaus nicht um die Schließung des Betriebes herumkommt, zeigt etwas anderes: Der Kampf zwischen Atomstaat und Rechtsstaat ist voll ausgebrochen.

Es geht nicht mehr um Skandale, um Anklage, um Korruption, es geht darum, daß die unabsehbare Verfilzung von Staat und Atomwirtschaft die ganze Bundesrepublik in unabsehbare Risiken stürzt. Nicht nur, daß sich spaltbares „waffenfähiges“ Material im Atommüllkreislauf unkontrolliert bewegt – auch die „Proliferation“, die illegale Weitergabe, ist nunmehr Thema.

Bislang hat der Bundestag nicht Aufklärung, sondern „parlamentarische Bewältigung“ angezielt – der Antrag der Grünen auf einen Untersuchungsausschuß, realpolitisch *und* fundamental präzis, zielte darauf zu klären, ob die Atomindustrie in ihrer Praxis überhaupt mit dem Atomgesetz übereinstimmt. Die SPD, beherrscht von der jüngst wieder erstarkten Atomfraktion in den eigenen Reihen, konnte sich nicht entschließen, einen solchen Untersuchungsauftrag zu unterstützen. Jetzt zeigt sich das Parlament blamiert: Es ist nicht auf der Höhe des Skandals. Die SPD muß jetzt begreifen, daß die Zeit für Vertuschungskartelle vorbei ist. Wenn nicht, dann kann die Exekutive die Beschleunigung der Affäre nutzen, mit einer „Notschlachtung“ des NUKEM-Vorstandes und einer einstweiligen Schließung die Krise abfangen und außerdem Handlungsfähigkeit demonstrieren. Die Stunde des Parlaments – wenn diese Formel überhaupt einen Sinn haben soll – hat begonnen. Jetzt wird entschieden, was in diesem Land der Atomstaat im Staat machen darf.

Es geht nicht mehr um Verstöße gegen das Atomgesetz, sondern darum, daß das Atomgesetz im Kernbestand (zum Beispiel Paragraph 7, besondere Zuverlässigkeit der Betreiber) an der Realität scheitert. Es geht nicht darum, daß korrupte Angestellte Atommüll verschieben, sondern darum, daß schon Korruption *ausreicht*, um zu ermöglichen, daß Privatleute, Firmen, Staaten, ja die vielberufenen „Terroristen“ sich mit Material für die Atombombe bedienen können. Zum ersten Mal in der 30jährigen Geschichte der „friedlichen Nutzung der Atomenergie“ steht ein deutsches Unternehmen in Verdacht, Atombomben-Material an andere Länder geliefert zu haben. Für den herrschenden Atomstaat ist offenbar der Atomwaffensperrvertrag – immerhin eine Grundlage der Außenpolitik – Makulatur. Was braucht es eigentlich mehr, damit Parlamentarier begreifen, daß es sich hier um eine Staatskrise handelt?

Klaus Hartung

Aus: taz vom 15. 01. 88

Aus diesem Zeitungskommentar der „taz" lassen sich die wesentlichen Merkmale dieses Textes ablesen:

Merkmale eines Kommentars

Inhalt:

- Ein Kommentar bezieht sich häufig auf ein aktuelles Ereignis (z. B. aus dem Bereich der Politik, der Wirtschaft, des Sports, der Wissenschaft und Forschung).
- Er ist eine persönliche, also bewußt subjektive Stellungnahme eines Kommentators zu diesem Ereignis.

Aufbau:

- Die Überschrift ist kurz und prägnant, eventuell wird sie durch einen Untertitel ergänzt.
- Einleitend werden dem Leser ausgesuchte Informationen gegeben, auf denen der Kommentator, scheinbar logisch, die Kernaussagen seines Artikels aufbaut.
- Der Schlußteil enthält Folgerungen, Forderungen oder Mahnungen des Kommentators.
- Zum Abschluß wird der Kommentator in der Regel namentlich genannt.

Sprachliche Gestaltung:

- Eine „reißerische" Überschrift, eventuell ergänzt durch einen Untertitel, soll beim Leser Aufmerksamkeit erzielen, ihn verleiten, den gesamten Kommentar zu lesen.
- Als sprachliche Elemente werden Polemik, Ironie, Humor oder ein aggressiver Sprachstil bewußt eingesetzt, um den Leser gezielt zu beeinflussen; treffsichere Adjektive kennzeichnen häufig diesen Sprachstil.
- Die Sätze sind in der Regel nicht zu lang, damit die Meinung des Kommentators erkennbar und nachvollziehbar wird.
- Als Zeitform wird meistens das Präsens benutzt.
- Die eigene Meinung des Kommentators wird oft dadurch versteckt, daß dessen individuelle Meinung zum „Zeitgeist" verallgemeinert wird.
- Eine Identifikation des Lesers mit den Aussagen, Schlußfolgerungen oder Forderungen des Kommentators soll erzielt werden. Um das zu erreichen, wird an Alltagserfahrungen des Lesers, eventuell an einfache Sprach- und Denkmuster des Lesers angeknüpft. Eine komplizierte, differenzierte Darstellung eines Sachverhaltes wird daher absichtlich unterlassen.

Der **Zweck** eines Kommentars aus der Sicht des Kommentators ist es zweifelsohne, dessen Meinung beim Lesepublikum bekanntzumachen. Eventuell hofft der Kommentator auch, die öffentliche Meinung in seinem Sinne zu beeinflussen.
Aus der Sicht des Lesers eines Kommentars könnte leicht der Eindruck entstehen, dieser Text diene allein dem subjektiven Interesse des Kommentators, es wäre von

daher besser, gar keine Kommentare zu lesen. Dem muß entgegengehalten werden, daß der Bürger häufig erst durch das Lesen dieses Textes sich mit dem angesprochenen Problem genauer auseinandersetzt. Durch häufiges Lesen von unterschiedlichen Kommentaren, vor allem von Texten verschiedener Kommentatoren, gelingt es vielen Lesern, sich zu aktuellen Ereignissen eine fundierte eigene Meinung zu bilden, sich damit auch zu einem kritischen Staatsbürger zu entwickeln. Letztendlich darf auch nicht vergessen werden, daß die unterschiedlichsten Kommentare in unseren Medien ein Ausdruck unserer Meinungs- und Pressefreiheit sind, demnach Rechte darstellen, die erst im Laufe langer gesellschaftlicher Auseinandersetzungen errungen wurden.

Aufgaben

1. Nennen Sie mögliche Anlässe eines Kommentars.

2. Worin unterscheidet sich ein Zeitungskommentar von einer Zeitungsnachricht?

3. Geben Sie die wesentlichen Merkmale des Aufbaus eines Zeitungskommentars wieder.

4. Nennen Sie die wichtigsten sprachlichen Merkmale eines Kommentars, und weisen Sie diese am Beispiel des Zeitungskommentars „Die Bombe" (siehe S. 66) nach.

5. Entscheiden Sie, welche Textpassagen aus der folgenden Beschreibung des italienischen Fremdenverkehrsortes Limone eher informierenden bzw. kommentierenden Charakter aufweisen:

Limone
oder *Leute statt Zitronen*

Nur wenigen Hotels und noch weniger Orten hat der schmale Uferstreifen zwischen Fels und See Raum gegeben. Der erste davon ist **Limone,** noch in den fünfziger Jahren gerühmt als der rechte Fleck für Liebhaber malerischer Winkel und pittoresker Straßenszenen [...]. Doch seitdem ist viel getan worden, und heute präsentiert sich der Ort als das meistbesuchte und abschreckendste Phänomen des Tourismus am See. Nähert man sich ihm vom Wasser mit dem Passagierschiff, so bietet der in engen Terrassen die steilen Felswände ansteigende Ort noch immer einen sehr reizvollen Anblick, doch im Innern ist trotz der alten Bausubstanz jeder Charakter dahin. Eine große Betonmole und ein Busparkplatz sorgen für unablässigen Nachschub erwartungsvollen Publikums, das sich dann durch die engen Gassen drängt und durch den ehemals malerischen Sottoportico schiebt, der anstelle einer Straße die alten Häuser um den Hafen mit einem langen Gewölbe durchquerte. Das winzige Hafenbekken zwischen mittelalterlichen Gebäuden, überragt von hohen Felswänden, war einst einer der typischsten Plätze am ganzen See, doch heute ist alles versetzt mit Andenkenläden zweifelhaften Inhalts und Massenverköstigungsstätten mit überall angepriesenem Kaffee nach deutscher Art. Selbst die in den Straßen feilgebotenen grünen Zweige mit frischen Zitrusfrüchten sind aus Sizilien eingeflogen, denn auch von dem einstigen Wahrzeichen Limones stehen nur noch bleiche Ruinen. [...]

Aus: Walter Pippke, Ida Pallhuber: Gardasee, Verona, Trentino. Der See und seine Stadt - Landschaft u. Geschichte, Literatur u. Kunst. Köln 1986

6. Schreiben Sie zu einem Ihnen interessant erscheinenden aktuellen Ereignis einen Kommentar.

7. Nehmen Sie Stellung zu der These „Wer ständig Zeitungskommentare liest, ist nicht mehr in der Lage, sich eine eigene Meinung zu bilden."

Briefe von Leserinnen und Lesern

Das sollte doch wohl reichen!

betr.: Atommüll-Skandal

Schon wieder zeigt sich, daß von Sicherheit und Kontrollen bei der Atomindustrie keine Rede sein kann. (...) Nach dem Unfall im AKW Harrisburg, USA, hieß es, sowas könne bei uns nicht passieren. Nach der Katastrophe von Tschernobyl, UdSSR, gab es genau das gleiche Lied. Jetzt, während noch fast täglich weitere illegal verschobene Atommüllfässer entdeckt werden, fordern die Grünen (inzwischen auch die SPD und sogar Teile der CDU) einen „Untersuchungsausschuß".

Was soll da eigentlich noch untersucht werden?

Es ist bekannt, daß alle Atomanlagen ständig geringe, aber dennoch schädliche Radioaktivität abgeben; daß es aufgrund der unbeherrschbaren Atomtechnik und Schlampereien ständig zu Unfällen kommt; daß schon allein die Katastrophe von Tschernobyl (laut „offiziellen" Angaben) mindestens 3 000 Krebstote allein in der BRD zur Folge haben wird; daß sich ähnliche Katastrophen jederzeit in fast jeder Atomanlage in der Welt, auch bei uns, wiederholen können; daß die Sicherheitsvorkehrungen, die angeblich davor schützen sollen, mit Schmiergeldern umgangen werden. Das sollte doch wohl reichen. Oder soll wieder nur verschleiert werden, um von den notwendigen, grundsätzlichen Konsequenzen abzulenken? Es geht nicht um Einzelpersonen, sondern um *alle* Atomanlagen, die aufgrund ihrer Gefahren und der rücksichtslosen Profitgier *aller* Betreiber(-Gesellschaften) stillgelegt werden müssen – sofort! Von selbst werden die Politiker allerdings nichts tun ...! *Harald K.*

Aus: taz vom 15. 01. 88

Briefe an die Redaktion

Egoismus auf den Straßen

Zu Ihrem Kommentar „Hackordnung statt Rücksichtnahme" vom 12. März: Erfolg ist Trumpf in einer Leistungs- und Wettbewerbsgesellschaft. Wer auf den Straßen nicht jagt, der wird gejagt. Egoismus und Rücksichtslosigkeit sind hier „Tagesordnung". Internationale Vergleiche der Verkehrsstatistiken ergeben schon seit Jahren, daß in der Bundesrepublik mehr Kinder verunglücken als in anderen Ländern. Täglich ist ein Todesopfer unter den Kindern zu beklagen, und alle zwölf Minuten wird ein Kind verletzt, dabei mit schwerem Körperdauerschaden. Wahrlich ein makabrer Europarekord auf Deutschlands Straßen.

Hans U.

Leserbriefe stellen keine redaktionellen Meinungsäußerungen dar. Die Redaktion behält sich das Recht auf Kürzungen vor. Aus Platzgründen ist der ungekürzte Abdruck aller Zuschriften nicht möglich. Je kürzer ein Leserbrief ist, desto eher besteht die Chance auf rasche Veröffentlichung.

Aus: Braunschweiger Zeitung von 29. 03. 88

Kommentierende Texte werden in Zeitungen und Zeitschriften nicht nur von Angehörigen der Redaktion verfaßt, auch den Lesern wird oft das Recht eingeräumt, ihren Kommentar zu bestimmten Ereignissen in Form von Leserbriefen zu äußern. Dadurch entsteht ein gegenseitiger Gedankenaustausch, eine Interaktion (Wechselbeziehung) zwischen Bürgern und Politikern, Zeitungslesern und Zeitungsredakteuren, ja auch Lesern untereinander.

Der **Zweck** des Kommunikationsmittels „Leserbrief" ist naheliegend: der Schreiber möchte auf ein Problem aufmerksam machen, ein Ereignis kommentieren, eventuell Lösungsmöglichkeiten anbieten, vielleicht zu Verhaltensänderungen aufrufen, Behauptungen oder Vorwürfe zurückweisen. Oft dienen Leserbriefe allerdings auch dazu, daß der Schreiber in eventuell überzogener Weise seinem Ärger über ein bestimmtes Problem Ausdruck verleihen möchte.

Die Zeitungsredaktion kann den Leserbrief dazu benutzen, die Zeitung interessanter zu gestalten, was sich wahrscheinlich in höheren Verkaufszahlen niederschlagen wird.

Gesellschaftspolitisch ist der Leserbrief ein Ausdruck demokratischer Willensäußerung.

Merkmale eines Leserbriefes

Inhalt:

- Der Leserbrief kommentiert Ereignisse der „großen Politik" wie auch Alltagsprobleme,.
- Er gibt die subjektive Sichtweise eines Problems durch den Schreiber wieder.

Aufbau:

- Eine kurze Überschrift wird vorangestellt.
- Einleitend wird Bezug auf ein Ereignis oder eine Entwicklung genommen.
- Kernaussagen werden in einen Begründungszusammenhang gestellt.
- Am Schluß werden Ratschläge, Mahnungen oder Forderungen formuliert.
- Der Leserbrief endet mit der Namensnennung, der Zeitungsredaktion ist zusätzlich die Adresse bekannt.

Sprachliche Gestaltung:

- Eine ausdrucksstarke Überschrift faßt die Kernaussage(n) des Leserbriefes prägnant zusammen.
- Abhängig von der Intention des Schreibers wird eine sachbetonte oder eher polemische, eventuell „kämpferisch" wirkende Ausdrucksweise gewählt.
- Die Sätze sind in der Regel eher kurz gehalten, um die Verständlichkeit des Textes zu erhöhen.
- Argumentationszusammenhänge werden häufig durch das Anführen von Beispielen ergänzt, um den Gedankengang für den Leser nachvollziehbar zu machen.
- Der Text weist nur geringen Umfang auf, um Textstreichungen der Redaktion zuvorzukommen.
- Als Zeitform wird überwiegend das Präsens benutzt.

Möchte man einen Leserbrief formulieren, so kann die Beachtung der folgenden „Regeln" und „Fragen" eine gute Hilfe sein:

Regeln für Leserbriefschreiber

- Sich die eigene Schreibabsicht klarmachen
- Auf das betreffende Ereignis bzw. den Artikel ausdrücklich Bezug nehmen
- Sich beim Schreiben die Leser vorstellen
- Die Schreibstrategie überlegen
- Mögliche Entgegnungen einkalkulieren
- Ehrverletzende Äußerungen unbedingt vermeiden
- Sich verständlich (=folgerichtig und klar) ausdrücken
- Die Formulierung einer Überschrift nicht der Zeitung überlassen
- Den Text möglichst kurz halten
- Fehler in der Sprachrichtigkeit unbedingt vermeiden
- Adresse angeben

Fragen an Leserbriefe

1. Worum geht es in dem Leserbrief? (Thema, Gegenstand, Sachverhalt, Problem)
2. Aus welchem Anlaß schreibt der Verfasser? (Ereignis, Zeitungsartikel o. a.)
3. An wen wendet sich der Verfasser primär? (an alle Leser des Blattes, an die Redaktion, an einen anderen Leserbriefschreiber, an eine Partei, Bewohner eines Ortsteils, Geschäftsleute, Jugendliche o. a.)
4. Mit welcher Absicht schreibt der Verfasser? (Information, Meinungsäußerung, Richtigstellung, Kritik, Beschwerde, Aufforderung, Frage, Dank o. a.).
5. Wer ist der Verfasser? (Könnten hinter dem Leserbrief persönliche Interessen stehen?)
6. Welche Wirkungsmittel verwendet der Schreiber? (Satzbau, Wortwahl, Argumentation, Polemik, Übertreibung, Ironie, Beispiele, Zitate o. a.)

Aus: Diskussion Deutsch. Zeitschrift für Deutschlehrer aller Schulformen in Ausbildung und Praxis. Heft 82, April 1985. Frankfurt

Aufgaben

1. *Beschreiben Sie den Zweck eines Leserbriefes aus der Sicht des Schreibers und aus der Sicht einer Zeitungsredaktion.*
2. *Geben Sie die sprachlichen Merkmale eines Leserbriefes mit eigenen Worten wieder.*
3. *Warum wird die Zeitungsredaktion darauf bestehen, daß der Schreiber eines Leserbriefes seine Adresse angibt?*
4. *Welche Gesichtspunkte sollten bei der Abfassung eines Leserbriefes beachtet werden?*
5. *Sollte ein Leserbrief stets in einer betont sachlichen Ausdrucksweise abgefaßt sein? Begründen Sie Ihre Meinung.*

6. Verfassen Sie als Reaktion auf den Leserbrief zum Atommüll-Skandal (siehe S. 69) einen weiteren – zustimmenden oder ablehnenden – Leserbrief.

7. Wägen Sie Pro- und Contra-Argumente zum Abfassen von Leserbriefen ab, und formulieren Sie danach Ihre eigene, zusammenfassende Meinung.

8. Erklären Sie, warum in dem folgenden Text die Rede davon ist, daß „die Glaubwürdigkeit von Leserbriefen" in Frage gestellt wurde.

Presserat rügt „Quick" und „Bild"

Bonn (dpa)

Der Deutsche Presserat, das Selbstkontrollorgan der Zeitungen und Zeitschriften, hat die Illustrierte *Quick* und die *Bild*-Zeitung für zwei Beiträge gerügt. Der Vorsitzende des Beschwerdeausschusses des Presserats, Manfred Protze, sagte in Bonn, die *Quick* habe zu einem Bericht über Samstagsarbeit telephonisch Stellungnahme eingeholt, die dann als Leserbriefe gedruckt worden seien. Eine derartige Manipulation stelle die Glaubwürdigkeit von Leserbriefen und der Berichterstattung insgesamt in Frage. Mit den Grundsätzen der Wahrhaftigkeit und der Sorgfalt seien solche Methoden nicht vereinbar. Die *Quick*-Redaktion wies die Vorwürfe zurück, weil der Beschwerdeführer gewußt habe, daß seine telephonische Stellungnahme als „Leserbrief" gedruckt würde. Die *Bild*-Zeitung wurde gerügt, weil sie bei der Berichterstattung über einen Freitod so detaillierte Angaben über Personen und Wohnung gemacht habe, daß eine Identifizierung der Familie des Betroffenen in breiter Öffentlichkeit ermöglicht worden sei. Die Angehörigen, insbesondere zwei minderjährige Kinder, seien dadurch psychisch in Mitleidenschaft gezogen worden. Der Presserat war der Meinung, daß die Zeitung die Intimsphäre der Betroffenen verletzt habe.

Aus: Süddeutsche Zeitung vom 16. 07. 87

9. Schreiben Sie an den Herausgeber einer Zeitung, die bisher keine Leserbriefe veröffentlicht. Legen Sie dem Herausgeber überzeugend dar, warum er unbedingt Leserbriefe veröffentlichen sollte.

10. Versetzen Sie sich in die Rolle des Herausgebers, und argumentieren Sie höflich, aber bestimmt, gegen die Aufnahme einer Rubrik „Leserbriefe" in Ihrer Zeitung.

11. Schreiben Sie zu einem Ihnen wichtig erscheinenden Thema einen Leserbrief. Beachten Sie dabei insbesondere die „Regeln für den Leserbriefschreiber".
(Als kleine Hilfe zur Themenwahl: *Schülervertretung; Eintrittspreise in Diskotheken; Führerschein auf Probe; „die Pille" kostenlos auf Krankenschein; Ausländerfeindlichkeit; Jugendarbeitslosigkeit; Arbeitszeitverkürzung.*)

3.3 Feuilleton-Kritiken

Unter dem Oberbegriff „Feuilleton“ (kultureller Teil einer Zeitung) erscheinen in den Zeitungen und Zeitschriften **Kommentare zu künstlerischen Werken.** Gegenstand des Kommentars können beispielsweise ein Theaterstück, ein Buch, ein Gemälde, ein Konzert oder die neueste Mode sein. Diese kommentierenden Texte unterscheiden sich zwar im Inhalt, Aufbau und sprachliche Gestaltung ähneln sich allerdings sehr stark. Aus diesem Grund wird stellvertretend für unterschiedliche Kommentare aus dem kulturellen Bereich die folgende Kunstkritik herausgegriffen, an der die wesentlichen Merkmale verdeutlicht werden.

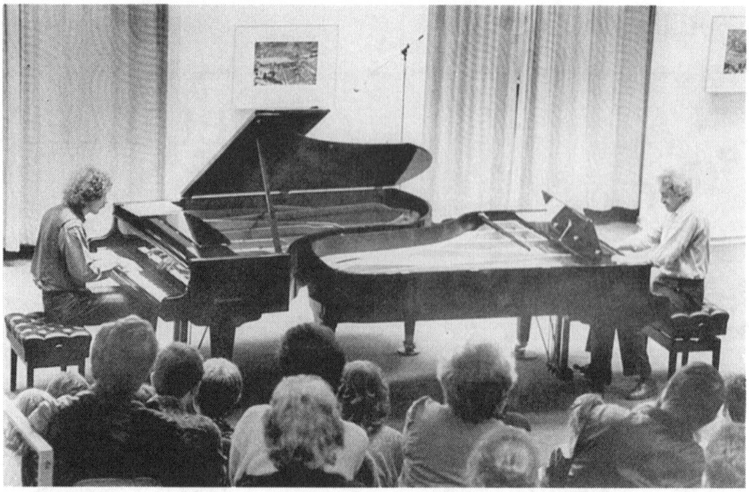

Verträumter Jazz an einem schönen Sonntagmorgen

Im Städtischen Museum Braunschweig

Spannender Dialog

Ein Pianoduo-Konzert mit Otto Wolters (am Grotrian Flügel) und Jürgen Niemann (am Bödendorfer) gab es jetzt bei der 113. Matinee der Städtischen Musikschule im gut besuchten Lichthof des Städtischen Museums in Braunschweig. Die Konzerte, zwischen Frühstück und Mittagessen zum Nulltarif angeboten, erfreuen sich in unseren Museen gleichbleibender Beliebtheit. Zwar kommt es schon vor, daß sich Besucher auf der musikalisch falschen Veranstaltung wähnen, aber schließlich bleibt man doch, gibt sich tolerant und hört aufmerksam zu. Die heterogene Mischung des Publikums ist den Musikern willkommen. Kann doch auf diese Weise die eine oder andere Zuhörerseele für die Musik gewonnen werden.

Impressionistisch bis neoromantisch gefärbt ist die auf dem modernen Jazz basierende Musik der Doppelpartner Niemann und Wolters. Als Duo waren sie zunächst angetreten, um sich die musikalischen Ideen wie Bälle bei kollektiver Improvisation und Begleitung zuzuspielen. Es wurden im Laufe des Konzertes dann doch überwiegend Soloauftritte daraus, deren Reiz im Kontrast der unterschiedlichen Improvisationskonzepte und Anschlagtechniken der beiden Solisten lag. Niemann hat eine klassische Ausbildung absolviert. Seine Technik ist entsprechend virtuos, der Anschlag leicht und locker. Wolters hat langjährige Jazzerfahrung. Sein Anschlag ist härter, seine Soli klingen „rußiger", jazzgemäßer. Gemeinsam ist ihnen die Vorliebe für die scheinbar unverzichtbaren Pianosolo-Versatzstücke wie Sambarhythmen und rockige Achtelpassagen.

Es ist nicht neu, daß zwei Pianisten auf zwei Flügeln gleichzeitig spielen. Die Brüder Kontarsky haben mit ihren Bartok-Interpretationen und anderen Werken homogene Zeichen gesetzt. Allerdings haben sie nicht improvisiert, sondern Form und Inhalt der Kompositionen reproduziert. Bei Niemann und Wolters ist das kompositorische Korsett nur beim Thema vorhanden, über das anschließend spontan von beiden improvisiert wird, wobei der jeweils improvisierende Part vom anderen rhythmisch und harmonisch begleitet wird. Das setzt kongeniale Intuition und sensibles aufeinander Hören voraus. Fest steht, daß beide Künstler erst am Anfang eines spannenden Dialoges, mit großen Möglichkeiten für kunstvoll verbundene melodische Bögen und verschlungene Klang- und Rhythmusarabesken, stehen. Daß ein gut strukturiertes Stück den Duo-Dialog beflügeln kann, war bei dem vehement gespielten Titel „Seajourney" (Chick Corea) deutlich zu hören.

Auch wenn es noch so verlockend ist, weil man ein breiteres Publikum damit anspricht, sollten sich Wolters und Niemann vor allzu hübschen und banalen Eigenkompositionen hüten. Zu schnell würden sie den guten Jazzgeist verschrecken und in die Abteilung Salonmusik abdriften. Ein Doppelfehler, der vermieden werden muß.

Charles Benecke

Aus: Braunschweiger Zeitung vom 01. 10. 86

Merkmale einer Kunstkritik

Aufbau:

- Eine kurze Überschrift bringt das Wesentliche der Kritik bereits zum Ausdruck.
- Informative Angaben über den Künstler und das zu kommentierende Werk, über Zeitpunkt und Ort der künstlerischen Darbietung leiten den Text ein.
- Der Kritikgegenstand wird genau analysiert, eventuell werden Beziehungen zwischen dem Kunstwerk und biographischen Daten des Künstlers hergestellt und kommentiert.
- Die Kritik wird am Schluß des Kommentars zusammengefaßt, eine kritische Würdigung des Künstlers und seines Werkes kann mit persönlichen Einschätzungen des Kommentators noch einmal verbunden werden.

Sprachliche Gestaltung:

- Bereits die Überschrift soll Interesse beim Leser wecken.
- Die einleitenden Sätze mit grundlegenden Informationen sind meist in einfache, kurze Sätze gekleidet.
- Im Hauptteil des subjektiv verfaßten Kommentars überwiegt häufig eine Fachsprache, die entsprechende Fachausdrücke und oft auch sehr viele Fremdwörter enthält. Um „Höhen und Tiefen" des Kunstwerks genau darstellen und abwägen zu können, kommen häufig komplizierte, lange Sätze vor. Um feinste Abstufungen in der Kritik erkennbar zu machen, wird eine Vielzahl von Adjektiven benutzt.
- Der Kommentator benutzt überwiegend eine sachliche Ausdrucksweise, schreckt aber vor Ironie, Humor und zuweilen auch Polemik nicht zurück.
- Als Zeitform wird in der Regel das Präsens benutzt.

Auch wenn die Fachsprache und die Unzahl von Fremdwörtern „Laien" beim Lesen dieser kommentierenden Texte häufig abschrecken, so darf nicht vergessen werden, daß in Fachkreisen diesen Kommentaren und ihrem sprachlichen Ausdruck zum Teil sehr hohe Bedeutung beigemessen wird.
Der Künstler wird von diesen Kritiken möglicherweise motiviert, ihm werden eventuell neue Wege aufgezeigt, vielleicht Schwächen verdeutlicht.

Aufgaben

1. *Nennen Sie unterschiedliche Arten von Kunstkritiken.*
2. *Besorgen Sie sich einige Zeitungen, und suchen Sie unterschiedliche Kommentare zum kulturellen Leben heraus. Unter welchen Oberbegriffen (Rubriken) erscheinen diese Kommentare in den Zeitungen?*
3. *Analysieren Sie die folgende Modekritik inhaltlich und sprachlich.*

IN TEMPELHOF:

Berlin feiert sein Fashion-Centre

Die Berliner sind, wenn's ums Aufmöbeln ihrer Durchreise geht, um Slogans nicht verlegen. „Meet your trends“ lautete diesmal die griffige Formel und alle friends dieser zweimal jährlich stattfindenden Trendshow waren aus der Republik zur Stelle. Es lockte der neue Veranstaltungsort im alten Ullstein-Druckhaus in Tempelhof: Wo früher Setzmaschinen klingelten, ist ein postmodern funkelndes Fashion-Centre mit viel Glas und Stahl entstanden. Berlins Boutiquenbesitzer sind fein raus: Sie können hier schnell und problemlos nachordern.

Im früheren Riesenrotationssaal fand ein Mammutmodespektakel statt: Mehr als fünf Stunden bis kurz nach Mitternacht jagte eine Schau die andere. Erst wirbelten Models in Pelzen, bodenlang oder kurz, mit voluminösen Kapuzen oder Krägen, Barretts und Muffs, aus vierzehn deutschen Pelzhäusern über die Bühne, ganz als ob Berlin in Sibirien läge. Offline-Avantgarde aus Wien und Warschau, Hamburg und Kopenhagen, abgelöst von einem Stylisten-Special: Iris von Arnim kommt statt mit Pullovern jetzt mit einer kompletten Strickkollektion heraus. Der gleichfalls in Hamburg beheimatete Dieter Zoern schlägt mit seinen Pelzen Artenschützern ein Schnippchen: für raubtierverliebte Kundinnen bedruckt er das Vikinglamm mit Leoparden-, Kalbfelle mit Zebramuster.

Richtig einheizen, das tun die längst nicht mehr, die sich neue Modemacher, Berlin nennen: Barbara Dietrich, Brigitte Haarke, Filato Totem und wie sie alle heißen, sind inzwischen bestens etabliert, machen tragbar Elegantes in unverkennbar Berliner Handschrift. Die berlineigenen ProFashion-Typen wagten da weit mehr: Ihre Show schlug mit Blitz und Donner ein, war ein Mittelding zwischen Alp- und Sommernachtstraum, lauter Shakespearesche Spottgeburten, Modezwitter und -zwerge. Mode als erfrischend tolle Komödie, bunte Volksbelustigung – mehr Ereignis als tragbare Realität. Dann endlich, aufs gespannteste erwartet: Mode aus Berlin-Ost. Für Modemacher hatte sich der Eiserne Vorhang sonst nie gehoben. Und siehe da: hätten wir es nicht gewußt, daß die Mode-Kommoden-Leute „drüben“ arbeiten, wir hätten sie glatt für dekadent[1] schick und westlich gehalten. Dieselbe Kürze, dieselbe verspielte Attitüde[2], ob auch dieselbe Qualität: man bekam es nicht zu fassen.

Natürlich läßt sich das alles nicht mit der ausgewogenen Couture-Eleganz eines Berliner Unternehmens wie dem von Jürgen Felser vergleichen. Das hat beste Berliner Modetradition, ist fast schon Luxus. Ihm versuchte ein mittäglicher Fashion-Talk im Café Einstein auf den Grund zu kommen. „Ist Luxus in Mode – ist Mode Luxus?“ Jedenfalls stellten die Brancheninsider erleichtert fest, daß die Leidenschaft für Luxus endlich auch den deutschen Menschen erfaßt hat. Eine eindeutige Definition ließ sich nicht destillieren.

Um Annäherung an Luxus handelte es sich bei einem Defilée von Spezialgrößen seitens des Berliner Hauses von Max Schröder, das an dicke Damen denkt. Die waren bisher nur in Romanen des Österreichers Heimito von Doderer ansehnlich gekleidet. Statt Kittelschürzen und Sackkleidern sind drei Kollektionsgrößen zur Hand, eine normale, zwei Übergrößen. Den Mini allerdings suchte man hier vergebens. Zum Abschluß – wie gesagt, weit nach Mitternacht – gab Joop Berlin die Ehre mit tailliert-bodenlangen oder kniekurzen, pelzumschlängelten Kleidern und Redingotes[3] als, wie man hört, einmaligem Gastspiel. Einer, der den Rummel der Defilées[4] von Düsseldorf bis München diesmal nicht mitmacht. *D. R.*

Aus: Süddeutsche Zeitung vom 18. 03. 88

[1] *dekadent:* entartet

[2] *Attitüde:* Einstellung, innere Haltung, Pose

[3] *Redingote:* taillierter Damenmantel mit Reverskragen

[4] *Defilée:* parademäßiger Vorbeimarsch, das Vorüberziehen an jemandem

„

Kaufvertrag über ein gebrauchtes Kraftfahrzeug

Verkäufer

Name

Anschrift

geb. am | Telefon

Käufer

Name

Anschrift

geb. am | Telefon

Kraftfahrzeug

Hersteller | Typ | amtl. Kennzeichen | Fahrgestell-Nr.

Fahrzeugbrief-Nr. | Nächste TÜV Hauptuntersuchung | Erstzulassung am | Zahl der Vorbesitzer

Gesamtpreis DM | in Worten

Das Kraftfahrzeug wird – soweit nicht nachstehend ausdrücklich Eigenschaften zugesichert (Ziff. 1) oder Verpflichtungen übernommen werden (Ziff. 3.1 und Ziff. 3.2) – unter Ausschluß jeder Gewährleistung verkauft.

Erklärungen des Verkäufers:

1. Der Verkäufer sichert zu:

1.1. daß das Kfz folgende Zusatzausstattung bzw. folgendes Zubehör aufweist

1.2. daß das Kfz mit Zusatzausstattung und Zubehör unbeschränktes Eigentum des Verkäufers ist.

1.3. daß das Kfz in der Zeit, in der es sein Eigentum war, und, soweit ihm bekannt, auch früher

☐ keinen Unfallschaden oder sonstige Beschädigung erlitt.

☐ lediglich folgende Schäden (Zahl, Art und Umfang erlitt:

1.4. daß das Kfz, soweit ihm bekannt,

☐ nicht gewerblich genutzt wurde

☐ gewerblich genutzt wurde als (z. B. Taxi, Mietwagen, Vertreterwagen):

1.5. daß das Kfz eine Gesamtfahrleistung von ______ km aufweist.

1.6. daß das Kfz – mit dem Originalmotor ☐
– mit einem Austauschmotor ☐
Fahrleistung ______ km
– mit einem Ersatzmotor ☐
Fahrleistung ______ km
ausgerüstet ist.

2.1. ☐ Der Verkäufer übergibt dem Käufer einen ADAC-Untersuchungsbericht über den Zustand des Kfz. Dem Verkäufer sind folgende, im Untersuchungsbericht nicht aufgeführte Mängel bekannt:

2.2. ☐ Das Kfz wird ohne ADAC-Untersuchungsbericht verkauft. Dem Verkäufer sind folgende Mängel des Kfz bekannt:

3.1. **Der Verkäufer verpflichtet sich,** die Kosten einer Beseitigung folgender Mängel zu übernehmen:

3.2. Hat das Kfz bei Übergabe einen nicht erkannten, erheblichen Mangel und hat der Käufer diesen innerhalb von 14 Tagen seit Übergabe schriftlich angezeigt, so verpflichtet sich der Verkäufer wie folgt: Nach Wahl des Käufers nimmt er das Kfz zurück oder erstattet - abzüglich einer etwaigen Wertverbesserung - die Hälfte der nach dem Wert des Kfz vertretbaren, tatsächlich angefallenen Reparaturkosten.

☐ ja ☐ nein

Erklärungen des Käufers:

Der Käufer meldet das Kfz unverzüglich, spätestens innerhalb einer Woche um.

Der Käufer anerkennt, daß das Kfz bis zur vollständigen Bezahlung des Kaufpreises Eigentum des Verkäufers bleibt.

Sondervereinbarungen

(z. B. Zahlungsweise, Liefertermin)

Ort/Datum

Unterschrift des Verkäufers

Unterschrift des Käufers

Der Käufer bestätigt den Empfang

☐ **des Fahrzeugbriefs und Fahrzeugscheins**

☐ **bei stillgelegtem Kfz. des Fahrzeugbriefs und der Stillegungsbescheinigung**

☐ **des Kfz. mit Schlüsseln und amtl. Kennzeichen**

Ort/Datum/Uhrzeit

Unterschrift des Käufers

Der Verkäufer bestätigt den Empfang

☐ **des Kaufpreises** ☐ **einer Anzahlung in Höhe von**

DM

Ort/Datum

Unterschrift des Verkäufers

Bitte das Zutreffende ankreuzen oder ausfüllen.

ADAC Juristische Zentrale 1987

“

Dieser Muster-Kaufvertrag über ein gebrauchtes Kraftfahrzeug ist ein typisches Beispiel für einen normierenden Sachtext. **„Genormt"** ist hierbei sowohl die Sprache des Textes wie auch die äußere Form des Vertrages; beides hängt eng mit dem **Zweck** dieses Vertrages zusammen: er soll eine juristisch eindeutige Beweisunterlage über den Abschluß eines Kaufvertrages sein.

Merkmale des schriftlichen Kaufvertrages

Inhalt: Er enthält in der Regel Angaben über

- Käufer und Verkäufer,
- den Kaufgegenstand mit näherer Beschreibung von Einzelheiten,
- den Kaufpreis,
- die Rechte und Pflichten von Käufer und Verkäufer,
- Sondervereinbarungen (zum Beispiel über Zahlungsweise, Liefertermin).

Zum Abschluß erfolgen die Unterschriften von Käufer und Verkäufer mit Orts- und Zeitangabe.

Äußere Form:

- Der Text ist durch Sachlichkeit und Nüchternheit geprägt.
- Zentrale Inhaltspunkte werden besonders kenntlich gemacht, zum Beispiel durch Einrahmung, Halbfettdruck, Unterstreichungen, unterschiedliche Schriftgrößen.
- Einzelne Textabschnitte werden mit Hilfe von Zahlen, Buchstaben oder Symbolen gegliedert.
- Zeilen oder Kästchen, die von den Vertragspartnern auszufüllen sind, werden besonders kenntlich gemacht.

Sprachliche Gestaltung:

- Der Text ist durch eine sachliche, objektive Ausdrucksweise geprägt, die unterschiedliche Interpretationen durch die Vertragspartner ausschließt.
- Die Kaufvertragsbedingungen erscheinen in der Form der juristischen Fachsprache, die sich eng an einen bestehenden Gesetzestext (zum Beispiel BGB) hält.
- Die Sätze enthalten häufig Substantivierungen, zum Beispiel „Übergabe", „Bezahlung", „Anzahlung", „Gewährleistung".
- Vertragsbedingungen und Eigenschaften des Vertragsgegenstandes sind häufig in Gliedsätze eingebunden. In einigen Fällen treten auch sehr lange, z. T. unübersichtliche Sätze auf, die Bedingungen und eintretende Rechtsfolgen miteinander verbinden (siehe dazu den Satz unter Punkt 3.2 des Vertrages).

Normierende Texte allgemein haben die **Aufgabe,**

- den Beteiligten (Nutzern) durch die normierende Vorgabe eines Textes Zeit zu ersparen, d. h., es entfällt die Notwendigkeit, den Text jeweils neu zu formulieren;

- den Beteiligten notwendige Informationen in kurzer und eindeutiger Weise zu bieten;
- in Streit- oder Zweifelsfällen eine eindeutige Auslegung des Textinhalts zu ermöglichen.

Normierende Sachtexte gibt es in vielen **Formen**, neben dem Vordruck zählen dazu beispielsweise Gesetzestexte, Definitionen, Satzungen und Geschäftsordnungen.
Wie stark äußere Form und Sprache dieser Texte normiert sind, zeigt sich beispielsweise an einem Gesetzestext. Er ist zunächst in Paragraphen gegliedert, die wiederum in Absätze, Nummern und Sätze unterteilt werden.

Beispiel:

Paragraph	Absatz 1		**§ 565 [Ordentliche Kündigung]** (1) Bei einem Mietverhältnis über Grundstücke, Räume oder im Schiffsregister eingetragene Schiffe ist die Kündigung zulässig,
		Nr. 1	1. wenn der Mietzins nach Tagen bemessen ist, an jedem Tag für den Ablauf des folgenden Tages;
		Nr. 2	2. wenn der Mietzins nach Wochen bemessen ist, spätestens am ersten Werktag einer Woche für den Ablauf des folgenden Sonnabends;
		Nr. 3	3. wenn der Mietzins nach Monaten oder längeren Zeitabschnitten bemessen ist, spätestens am dritten Werktag eines Kalendermonats für den Ablauf des übernächsten Monats, ...
	Absatz 2	Satz 1	(2) Bei einem Mietverhältnis über Wohnraum ist die Kündigung spätestens am dritten Werktag eines Kalendermonats für den Ablauf des übernächsten Monats zulässig.
		Satz 2	Nach fünf, acht und zehn Jahren seit der Überlassung des Wohnraums verlängert sich die Kündigungsfrist um jeweils drei Monate. (...)

Aus: Bürgerliches Gesetzbuch. 1902[38]

Aufgaben

1. *Welche Aufgaben erfüllen normierende Sachtexte?*
2. *Nennen Sie mindestens vier unterschiedliche Formen normierender Texte.*
3. *Entwerfen Sie einen Vordruck zum Kauf/Verkauf eines Fahrrades.*
4. *Welche sprachlichen Besonderheiten weist ein Gesetzestext auf?*
5. *Welche Begriffe werden im Zusammenhang mit der äußeren Form von Gesetzestexten unterschieden? Erläutern Sie kurz diese Fachbegriffe.*
6. *Stellen Sie die Vereinssatzung eines Fußballvereins auf.*

5 Appellierende Texte: wirtschaftliche Werbung

PLAYBOY
DEUTSCHLAND
CHEFREDAKTION

Herrn
Klaus Richardt
Wolfenbuetteler Straße 17

3130 Lüchow

29. Februar 19..

Sehr geehrter Herr Richardt,

kennen Sie das cleverste Muskelpaket der Welt? Das ist Arnold Schwarzenegger, der den Weg vom unbekannten Bodybuilder zum reichsten Schauspieler in Hollywood geschafft hat. Wie, das erzählt er selbst. Im PLAYBOY-Interview.

Im PLAYBOY steht auch, wie hoch Ihre Lebenserwartung im Jahr 2000 sein wird. Der Ex-Bankier Freiherr von Bethmann sagt, wie Sie Ihr Geld vor dem nächsten Börsencrash schützen können. Und das sind nur einige Themen, die Sie in einer einzigen PLAYBOY-Ausgabe finden werden.

> Das Heft mit diesen und vielen anderen Geschichten können Sie jetzt anfordern. Es kommt sofort. Als kostenloses Probeexemplar. Und damit Sie noch mehr Grund zur Freude haben, bekommen Sie drei der schönsten PLAYBOY-Cartoons. Im Format 21 x 30 cm. Als kleines Dankeschön für Ihr Interesse.

Wenn Ihnen das alles gefällt, schicken wir Ihnen in Zukunft jedes neue Heft ganz bequem direkt nach Hause. Zum Abopreis von 9,50 DM inklusive Porto und Versandkosten.

Dann sind Sie auch mit schöner Regelmäßigkeit bei den exklusiven Aktionen für die PLAYBOY-Abonnenten dabei. Zum Beispiel, wenn wir eine wertvolle Antiquität versteigern, die letzten Karten für ein wichtiges Sportereignis verlosen. Oder wenn es einmal im Monat darum geht, wer der Glückliche ist, der eine Woche lang auf unsere Kosten Porsche fahren kann.

Falls Sie das alles nicht wollen, brauchen Sie uns dies nur innerhalb von 14 Tagen nach Erhalt des Probeheftes kurz mitzuteilen; und zwar ebenso formlos und unbürokratisch, wie Sie auch Ihr Abonnement jederzeit kündigen können.

Aber jetzt schicken Sie am besten erst einmal die Antwortkarte an den PLAYBOY. Dann können Sie sich bald über Ihr Probeheft freuen. Und über die frechen PLAYBOY-Cartoons schmunzeln.

Also, wie wär's? Ich freue mich auf Ihre Antwort.
Ihr

Fred Baumgärtel
Chefredakteur

PS: Das Probeexemplar kommt gratis, die Cartoons gibt's zur Begrüßung. Einfach die Antwortkarte unterschreiben; alles andere haben wir bereits für Sie ausgefüllt. Der PLAYBOY wünscht viel Vergnügen.

PLAYBOY Leserservice · 2000 Hamburg 100

Das **Ziel** dieses Werbetextes, eines Werbebriefes, ist eindeutig: der Leser soll zunächst ein Probeexemplar der vorgestellten Zeitschrift mit Hilfe der beigefügten Postkarte anfordern. Hat der Leser das Probeheft erst einmal „unverbindlich" bestellt, hofft der Verlag, daß sich daraus ein langfristiges Abonnement der Zeitschrift ergibt.

Die **Hauptaufgabe** dieses Werbetextes besteht aber zunächst darin, den Leser dazu zu bewegen, tatsächlich das Probeheft anzufordern. Die Aufforderung, das Probeexemplar zu bestellen, wird mit Hilfe eines kleinen „Bonbons", eines Werbegeschenkes, versüßt. Da die werbenden Unternehmen bei dieser Art von Texten stets an den Leser appellieren, etwas zu beachten oder sogar etwas zu kaufen, werden diese Texte treffend als **appellierende Sachtexte** bezeichnet.

Die Werbelehre beschreibt in der sogenannten **AIDA-Regel** den idealtypischen Ablauf eines erfolgreichen Werbevorganges:

Attention:	Aufmerksamkeit erregen
Interest:	Interesse am Produkt wecken
Desire:	Überleitung vom Interesse zum Kaufbegehren
Action:	Kaufhandlung einleiten

Beispiele für **wirtschaftliche Werbung** begegnen uns als Konsumenten täglich in Form von Werbeanzeigen, Werbeplakaten, Werbebriefen u.ä. Allen Formen gemeinsam sind bestimmte Merkmale dieser appellierenden Texte:

Merkmale des appellierenden Textes

Inhalt:

- Ein werbender Wirtschaftstext weist auf ein Produkt, eine Dienstleistung eines Unternehmens oder einer Organisation hin.
- Er stellt die wesentlichen, allerdings nur positiven Eigenschaften dieses Produktes aus der Sicht des Werbenden vor.
- Er fordert zur Beachtung oder sogar zum Kauf des Produktes auf.

Aufbau:

- Mit Hilfe eines kurzen Einführungstextes, häufig nur einer Überschrift, wird an die Aufmerksamkeit des Betrachters appelliert.
- Ein werbender Textteil enthält die Hauptinformationen über das Produkt. Die Auswahl dieser Informationen wird vom Werbenden entsprechend des Werbezieles und der Werbezielgruppe vorgenommen.
- Im Schlußteil findet sich meist eine Aufforderung an den Leser, zum Beispiel zum Kauf oder zum Test eines Produktes, das Ausfüllen einer Postkarte usw.

Sprachliche und optische Gestaltung:	• Die Sprache und die optische Gestaltung des Werbetextes ist prinzipiell an die Werbezielgruppe sowie an das Image des werbenden Unternehmens angepaßt. • Insbesondere in der Einstiegsphase des Werbetextes überwiegen bestimmte „Reizwörter", die beim Betrachter eine erste Aufmerksamkeit bewirken sollen. Bei diesen Reizwörtern handelt es sich häufig um Adjektive und Interjektionen, zum Teil auch um Substantive, die beim Leser diesen gewünschten Reiz hervorrufen (z. B. Namen bekannter Künstler oder treffende Wortverbindungen). • Die bewußte Auswahl von Wörtern und bildhaften Darstellungen soll geheime Wünsche und Wunschvorstellungen beim Umworbenen hervorrufen. • Werbeslogans (Werbesprüche) sollen sich beim Umworbenen einprägen und in seinem Unterbewußtsein gespeichert werden (z. B.: ... wäscht so weiß, weißer geht's nicht!). • Um die Aufmerksamkeit des Betrachters zu erlangen, werden optische Hilfsmittel eingesetzt, z. B. der psychologischen Erkenntnissen entsprechende Einsatz von ausgesuchten Farben, von Schrifttypen oder von Formen und Symbolen.

Der **Werbebrief** soll im Gegensatz zur Werbeanzeige oder zum Werbeplakat den Eindruck einer **individuellen Werbemaßnahme** beim Umworbenen erwecken. Um dieses Ziel zu erreichen, wird in der Regel die persönliche Anrede mit Namensnennung gewählt, was im Zeichen der automatischen Textverarbeitung keine Schwierigkeiten bereitet. Häufig wird auf den Namen des Kunden verzichtet und eine Anrede gewählt, die das Flair des Besonderen ausdrücken soll; es wird dadurch der Eindruck erzielt, als gehöre man zu einer bevorzugten Personengruppe (z. B.: Liebe Freunde unseres Hauses). Durch diese Betonung einer vermeintlich individuellen Ansprache sollen Hemmschwellen zwischen Werbenden und Umworbenen abgebaut, die Kaufbereitschaft gefördert werden. Soweit es sich nicht bereits um Stammkunden handelt, sollen diese durch die Werbemaßnahme geschaffen werden.

Um Werbetexte vergleichen und kritisch beurteilen zu können, empfiehlt es sich, sie anhand gezielter Fragestellungen genau zu analysieren. Eine Hilfestellung dazu kann die folgende Checkliste geben.

Checkliste zur Analyse von Werbetexten:

1. Wer wirbt mit dem Text?
2. Welcher Werbeträger (zum Beispiel Zeitung, Fernsehen) und welches Werbemittel (zum Beispiel Anzeige, Fernsehspot) werden benutzt?
3. Welche Zielgruppe soll angesprochen werden?
4. Wofür wird geworben?

5. Was steht im Vordergrund des Werbetextes (zum Beispiel das Produkt selbst; eine Wunschvorstellung)?
6. Welche Informationen werden gegeben?
7. Welche sprachlichen Mittel werden eingesetzt (zum Beispiel Werbeslogan; einprägsame Adjektive; vollständige Sätze)?
8. Welche graphischen Mittel werden benutzt (zum Beispiel Farbenwahl; Bildgröße und -format; Verhältnis von Bild- und Textumfang; Schrifttypen)?

Aufgaben

1. *Geben Sie den Inhalt der AIDA-Regel mit eigenen Worten wieder.*
2. *Nennen Sie mindestens drei Beispiele für unterschiedliche Formen wirtschaftlicher Werbung.*
3. *Analysieren Sie den folgenden Werbebrief in bezug auf Inhalt, Aufbau und sprachliche Gestaltung.*

Braunschweig, im Januar 1988

Sehr geehrte Damen und Herren,
liebe Freunde des Wohnstudios EXTRA,

alles Gute für das NEUE JAHR wünscht Ihnen das EXTRA-Team !

Auch in diesem Jahr wollen wir Sie regelmäßig über Aktivitäten unseres Hauses informieren. So erhalten Sie immer eine neue WOHNIDEE, verbunden mit der EINLADUNG zu einer weiteren Ausstellung unserer GALERIE FÜR KUNST & DESIGN.

W O H N E N M I T M E D I E N

TV, Video, Home-Computer, Hifi-Anlage ... , die elektronischen Medien sind Teil unseres Lebens. Die optimale Nutzung der neuen Medien im Wohnbereich stellt uns aber nicht selten vor erhebliche Einrichtungsfragen.

Die Firmen **INTERLÜBKE und BLAUPUNKT** haben auf der letzten Funkausstellung eine Lösung präsentiert, die der Technik ihr Recht und ihren Rahmen gibt und eine harmonische Integration der Medien in unseren Wohnbereich erlaubt.

Ergebnis der Kooperation zwischen Interlübke und Blaupunkt ist das **MEDIENCENTER "CADDY"**, das Zweckmäßigkeit und Innenarchitektur zusammenführt.

Die vielseitigen Möglichkeiten des "CADDY" präsentieren wir Ihnen als Inneneinrichter gerne; ebenso unser Blaupunkt-Partner, das Fachgeschäft

FERNSEH ULRICH, Hauptstraße 18, 3300 Braunschweig-Wenden.

LICHTOBJEKTE VON HELMUT MATYSIK

Besinnlicher wird nach "MEMPHIS - MILANO" die Ausstellung des international anerkannten Lichtbauers Helmut Matysik aus Frankfurt. Helmut Matysik präsentiert außergewöhnliche, kunstvolle Lichtobjekte in Handfertigung und limitierter Auflage.

Zur Ausstellungseröffnung am Sonntag, d. 10. Januar 1988, wie gewohnt um 18.00 Uhr, laden wir Sie herzlichst ein. Helmut Matysik wird anwesend sein.

Bis dann, mit den besten Grüßen

Andreas Grosz   Peter Lorenschat

WOHNSTUDIO
EXTRA

INTERNATIONALE MOBEL
DESIGN-GALERIE
LICHT-TECHNIK
WOHNBEDARF
CREATIVE
INNENEINRICHTUNGEN

EXTRA GMBH
SCHUTZENSTRASSE 4
3300 BRAUNSCHWEIG
TELEFON (05 31) 17 0 96

4. *Welchen besonderen Vorteil weist ein TV-Werbespot gegenüber einer Werbeanzeige in einer Zeitschrift auf?*

5. *Suchen Sie aus Werbeanzeigen mindestens vier unterschiedliche Werbeslogans heraus, und vergleichen Sie diese im Hinblick auf ihre sprachliche Gestaltung.*

6. *Entwerfen Sie einen Werbebrief eines Einzelhandelsfachgeschäftes, der die Stammkunden auf die neue Frühjahrsmode aufmerksam macht.*

7. *Entwerfen Sie den Text einer Werbeanzeige für ein neues Produkt.*

8. *Untersuchen Sie die folgenden Werbeanzeigen, indem Sie jeweils die Fragen der Checkliste (siehe S. 82) beantworten.*

MANCHE DINGE GIBT ES EBEN NICHT VON DER STANGE.

Zugegeben, auch bei Jaguar gibt es Computer, Roboter und hochmoderne Fertigungsstraßen. All diese Einrichtungen haben ganz gewiß ihren Anteil daran, daß unsere Automobile heute eine technische Perfektion erreichen, die nicht zuletzt in puncto Zuverlässigkeit und Alltagstauglichkeit wahrhaftig keinen Vergleich zu scheuen braucht.

Und dennoch: Dort, wo es um *Stil* und Geschmack geht, leistet sich Jaguar den Luxus, aufs Angenehmste konservativ zu bleiben. Beim Interieur etwa kann keine Maschine die traditionelle Handwerkskunst ersetzen: Daß die Maserung der wunderschönen Walnußholz-Arbeiten in jedem Wagen so gleichmäßig ist, liegt am *erfahrenen Blick* unserer Kunstschreiner – und ihrem Ehrgeiz, die Furniere exakt spiegelbildlich zu kombinieren.

Jeder Jaguar kultiviert Individualität in Design und Handwerkskunst.

Die klassische V 12-Limousine · Der moderne 6-Zylinder

Und daß die komfortablen Sitze in einem Jaguar von so beneidenswerter Makellosigkeit sind, ist nicht etwa nur darauf zurückzuführen, daß es sich bei dem verwendeten Leder ausschließlich um die erstklassigen Qualitäten der renommierten Firma Connolly handelt. Erst die handwerklichen Fähigkeiten unserer Sattler sind es, die gewährleisten, daß Lehnen und Sitzflächen in allen Partien sowohl farblich als auch in ihrer Struktur perfekt miteinander harmonieren.

Es ist unschwer nachzuvollziehen, weshalb solche *Finessen* anderswo noch nicht einmal in Aufpreislisten zu finden sind. Fertigungs-Roboter mögen zwar schnell und präzise sein, über Sinn für das Besondere verfügen sie jedenfalls nicht. Diesen Unterschied zwischen Maßarbeit und Massenkonfektion macht nichts drastischer deutlich als das Erlebnis einer Probefahrt. Dabei werden Sie feststellen, daß Dinge, die nicht von der Stange sind, Ihrem Geschäftssinn ebenso entgegenkommen können wie Ihrem guten Geschmack.

Falls Sie vorab Näheres wissen möchten, schicken Sie uns einfach Ihre Visitenkarte. Jaguar Deutschland GmbH, Frankfurter Straße, 6242 Kronberg im Taunus, Telefon 0 61 73/70 50. Bei Fragen über Leasing wenden Sie sich bitte an unsere Jaguar Leasing GmbH, Tel. 0 61 73/20 73.

JAGUAR

6 Vom privaten zum kaufmännischen Schriftverkehr

Hallo, mein Schatz!

Du wunderst Dich sicherlich, heute einen Brief von mir zu bekommen, aber mir war so danach. Es ist 10 Uhr, und die Frühstückspause hat gerade hier im Büro begonnen. Ich arbeite zwar erst drei Stunden, aber ich bin schon echt genervt. Sämtlicher Kram, den die anderen nicht machen wollen, wird mir aufgedrängt: fast eine Stunde lang fotokopieren, dann Ablage machen, schnell mal ein paar Adressen schreiben. Vorhin hieß es einfach: „Ach Fräulein Eppmann, können Sie nicht mal kurz Kaffee kochen?" Na ja, mit mir als Auszubildende kann man es ja machen.

So – mehr will ich jetzt gar nicht schreiben. Ich wollte nur mal meinen Frust loswerden.

Etwas muß ich allerdings noch schreiben.

Ich mag Dich riesig!

Küßchen –

Deine Petra!

P.S.: Bleibt es bei Samstag?

Lomann AG, Hameln

Lomann AG, Industriestr. 10, 3250 Hameln

Kubler KG
Weststraße 24

3300 Braunschweig

Ihre Zeichen, Ihre Nachricht vom	Unsere Zeichen, unsere Nachricht vom	05151 ·	Hameln
ku-eb 02.05...	ho-st	32 41	06.05...

Angebot über Plastiklineale

Sehr geehrte Damen und Herren,

wir danken für Ihre Anfrage und bieten Ihnen an:

Lineal "Design 2000", Plexiglas, 30 cm, Bestellnummer 32 45 1,18 DM/St.;
Lineal "Design 2000", Plexiglas, 20 cm, Bestellnummer 32 44 0,98 DM/St.;
Lineal "Globus", Polystyrol, 30 cm, Bestellnummer 32 56 0,75 DM/St.;
Lineal "Globus", Polystyrol, 20 cm, Bestellnummer 32 55 0,63 DM/St.

Weitere Lineale sind mit ausführlicher Produktbeschreibung und der Preisangabe im beigefügten Warenprospekt aufgeführt.

Unsere Produkte sind innerhalb einer Woche nach Eingang der Bestellung lieferbar, die Anlieferung erfolgt frei Haus.

Ab einem Bestellwert von 1 000,00 DM erhalten Sie 5 % Mengenrabatt. Die Rechnungssumme ist binnen vier Wochen netto Kasse zu begleichen, bei Zahlung innerhalb zehn Tagen gewähren wir Ihnen 2 % Skonto.

Erfüllungsort und Gerichtsstand ist für beide Teile Hameln.

Wir hoffen, daß Ihnen unser Angebot zusagt.

Mit freundlichen Grüßen

Homann AG

ppa. Gerd Knoke

Gerd Knoke

Anlage
Warenprospekt

Wenn der Unterschied zwischen privatem und kaufmännischem Schriftverkehr aufgrund der beiden Briefe offenkundig ist, so fällt es doch nicht leicht, die Unterschiede zwischen beiden Formen genau zu beschreiben. Die vorschnelle Antwort „Privatbriefe sind lebendig gestaltet, der kaufmännische Schriftverkehr dagegen trocken und langweilig“, erweist sich bei näherer Betrachtung als oberflächlich.

Das wird am Beispiel eines Werbebriefes sehr deutlich: Möchte ein Unternehmen auf seine Produkte hinweisen, so kommt es gerade darauf an, daß dieser Brief besonders kreativ gestaltet ist. Schließlich soll damit die Aufmerksamkeit des Kunden geweckt werden.
Ein wesentlicher Unterschied zwischen dem privaten und dem kaufmännischen Schriftverkehr liegt darin, daß die Gestaltung des Geschäftsbriefes einer **Kosten-Nutzen-Analyse** unterliegt. Überflüssige Wörter oder sogar Sätze sind aus Rationalisierungs- und damit Kostengründen wegzulassen.

Privatbriefe setzen ein persönliches Verhältnis zwischen Absender und Empfänger voraus. Beim kaufmännischen Schriftverkehr kann dies nicht von vornherein erwartet werden; erst aufgrund langjähriger Geschäftsverbindungen erwächst eventuell ein stärkeres Vertrauensverhältnis. Hinzu kommt, daß bei Geschäftsbriefen der Ansprechpartner nicht unbedingt eine namentlich identifizierbare Person sein muß, im Vordergrund steht die Firma oder die Funktion einer Person innerhalb des Unternehmens, zum Beispiel als Abteilungsleiter. Die einzelne Person, die diese Funktion ausübt, kann innerhalb einer fortdauernden Geschäftsbeziehung ohne weiteres wechseln. Der sprachliche Ausdruck des kaufmännischen Schriftverkehrs sollte dennoch nicht unpersönlich wirken, sich schon gar nicht zu einem „Kaufmanns-Deutsch" verselbständigen. Im modernen Wirtschaftsleben ist ein lebendiger, natürlich wirkender Sprachstil gefragt. Um diesem Anspruch gerecht zu werden, sollte beim **Abfassen eines Geschäftsbriefes** auf folgendes geachtet werden:

- Soweit möglich, sollte der Adressat im Brief namentlich angesprochen werden.
- Umständlich wirkende Substantivierungen sollten durch Verben ersetzt werden (statt „In Erwartung Ihrer Antwort ..." besser: „Wir erwarten Ihre Antwort ...").
- Auf überflüssige Füllwörter sollte verzichtet werden (zum Beispiel: aber, so, schon, ja).
- Begriffsverdopplungen sollten keinesfalls verwendet werden (statt „Rückantwort" besser: „Antwort").
- Wortwiederholungen in aufeinanderfolgenden Sätzen sollten vermieden werden.
- Das Wort „möchte" ist nur dann zu benutzen, wenn es sich tatsächlich um eine reine Absicht handelt (statt „Wir möchten folgende Artikel bestellen ..." besser: „Wir bestellen folgende Artikel ...").
- Langatmig wirkende Schachtelsätze sollten in kurze, überschaubare Sätze aufgeteilt werden.
- Die Grußformel sollte nicht in den Schlußsatz mit einbezogen werden, da der abschließende Satz mit einem Satzzeichen, zum Beispiel dem Punkt, abgeschlossen werden sollte; die Grußformel, zum Beispiel „Mit freundlichen Grüßen", wird dagegen ohne Satzzeichen geschrieben.

Geschäftsbriefe werden aus den unterschiedlichsten Gründen geschrieben. Im folgenden werden beispielhaft wichtige Schreibanlässe des kaufmännischen Schriftverkehrs genannt und dazu Vorschläge für die mögliche Betreffangabe und für die Reihenfolge der jeweils wichtigen Inhaltspunkte des zu formulierenden Textes unterbreitet.

Schreibanlaß	Mögliche Betreffangabe	Wichtige Inhaltspunkte
Anfrage	Anfrage; Anfrage über ...	Am Briefanfang sollte kurz begründet werden, warum man sich gerade an diese Firma wendet. Die nachgefragte Ware und deren Menge sollten möglichst genau beschrieben werden, damit die Anfrage gezielt beantwortet werden kann. Zum Schluß sollte nach den Liefer- und Zahlungsbedingungen gefragt werden.
Angebot	Angebot; Angebot über ...	Bei einem verlangten Angebot sollte man sich zunächst auf die Anfrage beziehen; bei einem unverlangten Angebot wird ein Grund dafür genannt. Das Angebot muß die Ware genau kennzeichnen, die Angabe einer Bestellnummer ist üblich. Angaben über Preis, Mindestbestellmenge, Verpackungseinheit, Liefer- und Zahlungsbedingungen sowie Erfüllungsort und Gerichtsstand sollten vorhanden sein.
Bestellung	Bestellung; Bestellung von ...	Am Briefanfang sollte man sich auf ein Angebot oder auf einen Katalog, eine Anzeige usw. beziehen. Bestellnummer, -menge sowie der Preis müssen genannt werden. Gelegentlich wird noch einmal ausdrücklich darauf hingewiesen, daß man die Liefer- und Zahlungsbedingungen des Angebots akzeptiert.
Mängelrüge (mangelhaft gelieferte Ware)	Beanstandung; Fehlerhafte Lieferung; Mängelrüge	Der Eingang der Warensendung wird bestätigt und die sorgfältige Prüfung der Ware genannt. Der festgestellte Mangel muß sehr genau beschrieben werden, damit der Lieferer gezielt darauf antworten kann. Die eventuelle Rücksendung der Ware sollte auf keinen Fall bereits mitgeteilt werden, zunächst muß die Reaktion des Lieferers auf die Mängelrüge abgewartet werden. Es kann bereits ein Vorschlag zur Regelung unterbreitet oder auf ein zustehendes Recht hingewiesen werden.
Zahlungsverzug	Erste Mahnung ↓	Anfangs wird auf die ordnungsgemäße Lieferung der Ware verwiesen. Bei der Bitte um Zahlung müssen Rechnungsnummer und -betrag sowie Fälligkeit unbedingt genannt werden, außerdem sollte auf die Kontoverbindung nochmals hingewiesen werden. Auf eine mögliche zeitliche Überschneidung von Mahnung und bereits erfolgter Zahlung kann aus Höflichkeitsgründen hingewiesen werden.
	Zweite Mahnung ↓	Zunächst wird auf die erste Mahnung verwiesen, wichtige Angaben werden wiederholt. Ein erneuter Zahlungstermin wird genannt, die Erstattung von Mahnkosten und Verzugszinsen wird eventuell verlangt.
	Dritte Mahnung; Letzte Mahnung	Nicht nur aus dem Betreff, sondern auch aus dem sprachlichen Ausdruck sollte deutlich hervorgehen, daß es sich um die letzte Mahnung handelt. Auf die vorher erfolgten Mahnungen sollte hingewiesen, die dort gemachten wichtigen Angaben wiederholt werden. Mahnkosten und Verzugszinsen werden in Rechnung gestellt. Eine letzte Zahlungsfrist wird genannt und weitere rechtliche bzw. gerichtliche Schritte werden angedroht.

Im Gegensatz zu Privatbriefen sind Geschäftsbriefe in der Regel maschinenschriftlich angefertigt. Während die handschriftlich angefertigte Privatpost in der äußeren Gestaltung keiner Norm unterliegt, werden die Briefe des kaufmännischen Schriftverkehrs überwiegend nach der **DIN-Norm 5008** des Deutschen Instituts für Normung e. V. abgefaßt.

Beispiel für den normierten Aufbau eines Geschäftsbriefes nach DIN 5008:

Die in den Anwendungsbeispielen zwischen den Zeilen eingesetzten Punkte kennzeichnen die einzuhaltenden Leerzeilen.

10° ► ◄ 70°

45

① **Kubler KG, Braunschweig**

② Kubler KG, Weststraße 24, 3300 Braunschweig

.
.
③ Lohmann AG
Industriestraße 10
.
3250 Hameln
.
.
.

④

Ihre Zeichen, Ihre Nachricht vom	Unsere Zeichen, unsere Nachricht vom	0531	Braunschweig
ho-st 06.05...	ku-eb 02.05...	35 16	11.05...

.
.
⑤ Bestellung
.
.
⑥ Sehr geehrte Damen und Herren,
.
⑦ wir bestellen aufgrund Ihres Angebotes folgende Artikel:

300 Lineale "Design 2000", Bestellnummer 32 45   1,18 DM/St.;
500 Lineale "Globus", Bestellnummer 32 56   0,75 DM/St.;
500 Lineale "Globus", Bestellnummer 32 55   0,63 DM/St.
.
Liefern Sie die Ware bitte innerhalb einer Woche frei Haus an unser Außenlager Peine, Lindenweg 34.
.
Mit Ihren sonstigen Liefer- und Zahlungsbedingungen sind wir einverstanden.
⑧ .
Mit freundlichen Grüßen
⑨ .
Kubler KG
.
ppa.
.
Christian Michaelis
⑩ .
Verteiler
Außenlager Peine

⑪

Geschäftsräume:	Telex:	Telegramm-Kurzanschrift:	Kontoverbindungen:	
Weststraße 24	435218 abck	Kub Braunschweig	Nord/LB Braunschweig	Postgiroamt Hannover
Braunschweig			(BLZ 250 500 00)	(BLZ 250 100 30)
			Konto-Nr. 345612	Konto-Nr. 2568-305

Kommanditgesellschaft: Sitz Braunschweig; Registergericht: Braunschweig HRA 3267;
Komplementär: Hans Kubler; Geschäftsführer: Hans Kubler und Heike Eisenberg

① Im vorgedruckten **Briefkopf** wird die Firma des Absenders angegeben. Der Sitz (Ort) des Unternehmens und ein Firmenzeichen werden häufig zusätzlich aufgeführt.

② Die **Postanschrift des Absenders** wird oberhalb des Anschriftfeldes in einer Zeile genannt. Diese Anschrift ist bei Geschäftsbriefen ebenfalls bereits vorgedruckt und erscheint bei Benutzung von Fensterbriefumschlägen am oberen Rand des Sichtfensters.

③ Das neunzeilige **Anschriftfeld** enthält:
- in der 1. Zeile, soweit notwendig, zum Beispiel Sendungsart (Briefdrucksache) oder Versendungsform (Einschreiben);
- die Empfängerbezeichnung, die in der 3. Zeile beginnt. Das Wort „Firma" ist nur dann einzusetzen, wenn aus den sonstigen Angaben der Anschrift nicht hervorgeht, daß es sich um ein Unternehmen handelt;
- Postfach oder Straße und Hausnummer;
- nach einer Leerzeile Postleitzahl und Bestimmungsort mit der Nummer des Zustellpostamtes;
- bei Auslandsanschriften zusätzlich den Namen des Bestimmungslandes, zum Beispiel mit Hilfe des Länderkennzeichens (F, GB, NL), das vor die Postleitzahl gesetzt wird.

④ Die **Bezugszeichenzeile** enthält:
- in Kurzform Zeichen (meist Buchstaben) zur Identifizierung des Schreibenden und/oder Diktierenden,
- bei vorausgegangenem Schriftwechsel die entsprechenden Zeichen und Daten,
- die zum Teil schon vorgedruckte Telefonnummer (sie wird von rechts nach links in 2er-Gruppen gegliedert),
- den in Vordruck enthaltenen Ort des Absenders,
- unterhalb des Ortes das Absendedatum.

Es ist darauf zu achten, daß das erste maschinenschriftlich zu setzende Schriftzeichen jeweils unter dem Anfangsbuchstaben des jeweils ersten Leitwortes (zum Beispiel: Unser Zeichen) zu schreiben ist.

⑤ Nach zwei Leerzeilen erfolgt der **Betreff**, der den Inhalt des Briefes in Form einer Überschrift wiedergibt. Das Wort „Betreff" wird nicht genannt.

⑥ Wiederum nach zwei Leerzeilen erscheint die **Anrede**, die in der Regel mit einem Komma abschließt.

⑦ Nach einer Leerzeile beginnt der **Brieftext**, der zunächst wie alle anderen Angaben linksbündig an der Fluchtlinie beginnt. Um bestimmte Textinhalte abzuheben, können sie eingerückt, unterstrichen oder gesperrt geschrieben werden. Ein längerer Text sollte aus Gründen der Übersichtlichkeit in Absätze gegliedert werden. Zwischen Absätzen ist jeweils eine Leerzeile zu setzen.

⑧ Die **Grußformel** wird vom Text durch eine Leerzeile getrennt.

⑨ Nach einer weiteren Leerzeile erscheint die **Firmenbezeichnung.** Darunter wird die handschriftliche Unterschrift und die maschinenschriftliche Namenswiedergabe des Unterzeichners geschrieben.

⑩ **Anlagen- und Verteilervermerke** müssen nicht mehr unterstrichen werden, sie beginnen an der Fluchtlinie oder auf Grad 50.

⑪ Die **Geschäftsangaben** sind stets vorgedruckt. Angaben über die Telefaxnummer, Telexkennung oder die Kontoverbindungen sind hier zu finden. Bei Kapitalgesellschaften werden gesellschaftsrechtliche Angaben aus dem Handelsregister abgedruckt.

Der **Hinweis auf Folgeseiten** geschieht dadurch, daß mit mindestens einer Leerzeile Abstand von der letzten Textzeile drei Punkte auf Grad 60 beginnend gesetzt werden.

Aufgaben

1. *Worin unterscheidet sich der Privatbrief auf S. 86 von dem Geschäftsbrief auf S. 87?*

2. *Worin unterscheidet sich der folgende normgerechte Brief der Privatperson Michael Beck im formalen Aufbau von den bisher vorgestellten Geschäftsbriefen?*

.
.
.
.
Michael Beck   Osnabrück, 10.06...
Breite Straße 14
4500 Osnabrück
Tel. (05 41) 56 23
.
.
.
.
Einschreiben
.
Zeitschriftenverlag
Mehring KG
Postfach 24 87
.
3000 Hannover
.
.
.
.
Kündigung des Abonnements
.
.
Sehr geehrte Damen und Herren,
.
ich kündige das Zeitschriftenabonnement "Technik 2000" fristgerecht zum 01.08.19.. Ich bitte um eine schriftliche Bestätigung dieser Kündigung.
.
Mit freundlichen Grüßen

Michael Beck

3. *Welche Angaben sind in der Regel bei Geschäftsbriefen aus Rationalisierungsgründen bereits vorgedruckt?*

4. *Worauf ist beim Schreiben von Telefonnummern im Sinne der DIN-Norm 5008 zu achten?*

5. *Erstellen Sie aufgrund der folgenden Angaben eine Anfrage unter Beachtung der DIN-Norm 5008.*

Absender:	Veith KG, Am Elm 12, 3330 Helmstedt
Empfänger:	Walz AG, Handelsweg 32, 3000 Hannover
Anfrage über:	Kauf eines Schwarz-Weiß-Kopiergerätes, Kopienzahl pro Monat: ca. 10000 Stück, stufenlose Verkleinerung und Vergrößerung erwünscht, Mindestgeschwindigkeit: 35 Kopien pro Minute; Interesse an einem Wartungsvertrag.

6. *Entwerfen Sie das Angebot der Walz AG als Antwort auf die Anfrage der Veith KG aus Aufgabe 5.*

7. *Worauf ist bei der Formulierung einer Mängelrüge zu achten?*

8. *Ihr Kunde, die Firma Siegfried Baumann, Wallstraße 25, 3400 Göttingen hat die Rechnung Nr. 2412 vom 08. 03. .. am 15. 04. .. immer noch nicht bezahlt, obwohl als Zahlungsziel der 08. 04. .. vereinbart wurde; der Rechnungsbetrag beträgt 2400,— DM. Die bestellte Ware wurde ordnungsgemäß am 08. 03. .. angeliefert. Stellen Sie sich vor, Sie sind Mitarbeiter der Mahnabteilung der König KG, Schillerstraße 44, 2900 Oldenburg. Fertigen Sie die erste Mahnung unter Beachtung der DIN-Norm 5008 an.*

III Situations- und partnerbezogenes Sprechen

1 Rollenspezifisches Sprechen

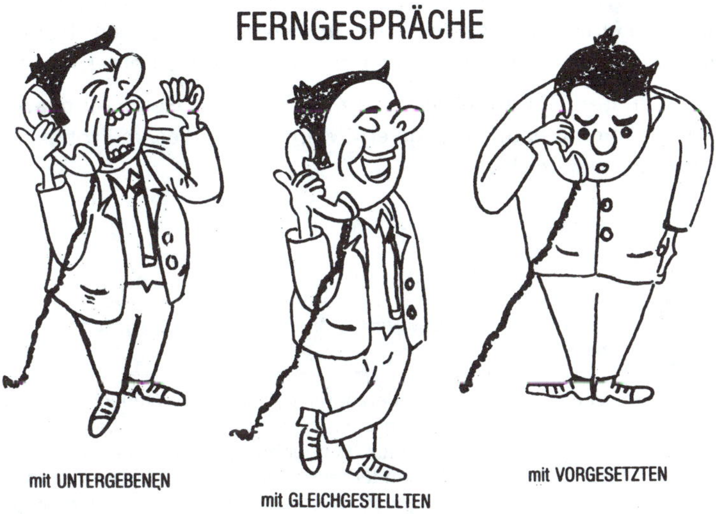

Die Abbildung verdeutlicht auf humoristische Weise, daß Gespräche, in diesem Fall Ferngespräche, in großem Maße davon abhängen, mit wem ein Mensch spricht. Wechselt der Gesprächspartner, so kann sich nicht nur der Gesprächsinhalt, sondern es können sich beispielsweise auch Wortwahl oder Ausdrucksweise verändern. Die Soziologen sprechen in diesem Zusammenhang von einem **rollenspezifischen Sprechen** bzw. von der **sozialen Rolle,** die ein Mensch in bestimmten Situationen einnehmen kann. Entlehnt ist der Begriff der Rolle dem Theaterleben, bei dem ein Schauspieler eine bestimmte Rolle zu übernehmen hat. Die Soziologen gehen davon aus, daß auch der Alltagsmensch – ähnlich wie der Schauspieler – eine bestimmte Rolle spielt, ein spezifisches Rollenverhalten an den Tag legt. Die Rolle wird dementsprechend als ein Verhaltensmuster definiert, das sich aus der Summe der Erwartungen ergibt, die dem Inhaber einer sozialen Position entgegengebracht werden.[1]

In der Regel verfügt man über die Fähigkeit, zwischen verschiedenen Rollen zu wechseln und sich dementsprechend anders zu verhalten, eventuell auch jeweils

---

[1] Ernst Nündel (Hrsg.): Lexikon zum Deutschunterricht mit einem Glossar. München, Wien, Baltimore 1981, S. 554

anders zu sprechen. Mal füllt man die Rolle als eine bestimmte Privatperson, zum Beispiel als Vater oder Ehemann, mal als Berufstätiger aus, sei es als Vorgesetzter, Gleichgestellter oder Untergebener.

Der Sprachwissenschaftler Wolfgang Eichler beschreibt die **Bedeutung des Rollenverhaltens** folgendermaßen: „Je mehr soziale Rollen ein Individuum – je nach Situation – einnehmen kann, je größer die Rollenflexibilität des Individuums ist, desto besser findet es sich in der Umwelt zurecht ...".[1]

Die Fähigkeit, unterschiedliche soziale Rollen einnehmen zu können, darf allerdings nicht damit gleichgesetzt oder verwechselt werden, eine bestimmte Rolle unkritisch zu übernehmen. Sie kann sogar dazu führen, daß man bisheriges rollenspezifisches Verhalten überdenkt und verändert und somit ein vielleicht fremdbestimmtes Verhalten durch ein eher selbstbestimmtes Verhalten zu ersetzen versucht.

Das einer bestimmten **Situation** und einem bestimmten **Gesprächspartner** angemessene Sprechen muß häufig erst gelernt werden; vor diesem Problem steht man sowohl im Berufs- wie im Privatleben.

Beispiele für rollenspezifische Gesprächssituationen:

Gesprächsart	Gesprächspartner	Besondere Merkmale der Gesprächsart
Verkaufsgespräch (aus der Sicht des Verkäufers)	Verkäufer/ Käufer	Der Verkäufer hat von den Wünschen (Ansprüchen, Erwartungen) des Kunden auszugehen. Der Verkäufer muß kundenbezogen argumentieren. Er hat die Besonderheiten der Waren (Produktmerkmale und -eigenschaften) hervorzuheben und zu erklären; ein Verkaufsmonolog muß durch Einbezug von Kundenäußerungen vermieden werden.
Bewerbungsgespräch (aus der Sicht des Bewerbers)	Bewerber/ Personalchef	Der Bewerber hat auf die Fragen des Personalchefs gezielt zu antworten, ausweichende Antworten werden negativ gewertet. Unwahre Angaben dürfen keinesfalls gemacht werden, sie wären ein späterer Grund zur fristlosen Kündigung. Die besondere Eignung für die ausgeschriebene Stelle ist hervorzuheben; Interesse an Weiterbildung und beruflichem Aufstieg ist zu bekunden. Eigene Ansprüche sind in angemessener Form zu nennen; sowohl ein sicheres als auch ein freundliches Auftreten ist in vielen beruflichen Positionen von ausschlaggebender Bedeutung.
Gespräch bei der Wohnungssuche (aus der Sicht des Suchenden)	Mieter/ Vermieter	Der Wohnungssuchende muß das besondere Interesse an der betreffenden Wohnung herausstellen. Die eigene Zuverlässigkeit des Mieters ist zum Ausdruck zu bringen, eventuell sollte die berufliche Situation/Position genannt werden. Freundlichkeit, vielleicht auch etwas Humor, können sehr wichtig sein.

---

[1] Wolfgang Eichler: Sprachdidaktik Deutsch. Ein kommunikationswissenschaftliches und linguistisches Konzept. München 1979, S. 106f.

Wenn jede Gesprächssituation auch Besonderheiten aufweist, so liegen der Kommunikation insgesamt doch Gemeinsamkeiten zugrunde. Sie werden von der Sprachwissenschaft im sogenannten Kommunikationsmodell beschrieben. Dabei wird zwischen den **Voraussetzungen** und den verschiedenen **Einflußgrößen** (Faktoren) der Kommunikation unterschieden.

Das Kommunikationsmodell

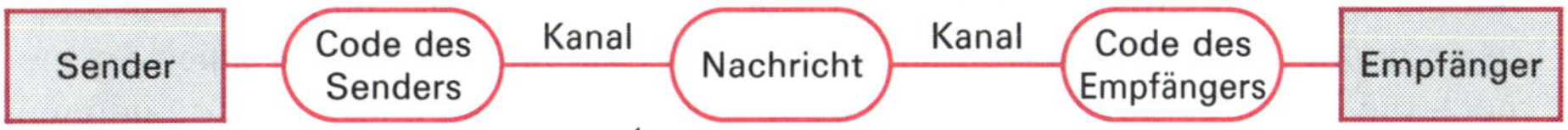

Voraussetzungen der sprachlichen Kommunikation:

Neben der Existenz von Sender (bei einem Verkaufsgespräch zum Beispiel der Verkäufer) und Empfänger (zum Beispiel der Kunde) muß bei dieser Art der Kommunikation ein Übertragungskanal für die Übermittlung der zu sendenden Nachricht (zum Beispiel die Information über eine Wareneigenschaft) vorhanden sein, im Fall des Verkaufsgesprächs also das gesprochene Wort. Außerdem müssen Sender und Empfänger über ein gleiches Zeichensystem, einen sogenannten Code, verfügen, damit die gesendete Nachricht vom Empfänger auch richtig verstanden werden kann.

Sofort wird man in diesem Zusammenhang daran denken, daß die beiden Gesprächspartner die gleiche Sprache sprechen müssen, damit sie sich verständigen können. Darunter ist aber nicht nur zu verstehen, daß sie die gleiche Landessprache sprechen müssen, bei einem Verkaufsgespräch ist ebenso zu beachten, daß der Verkäufer nicht in einer für den Kunden völlig unverständlichen Fachsprache („fachchinesisch") spricht. In diesem Fall werden zwar sprachliche Zeichen übermittelt, sie werden aber nicht vom Gesprächspartner verstanden.

Faktoren der Kommunikation:

- die **Art des Kommunikationsgegenstandes** oder des Kommunikationsthemas (zum Beispiel wirkt sich die Behandlung eines sachlichen Themas anders als die eines emotionalen Themas auf die Gesprächssituation aus);
- die **Art des Kommunikationskanales** (zum Beispiel weist ein Telefongespräch Besonderheiten gegenüber einem Gespräch unter Anwesenden mit Blickkontakt auf);
- die **Kommunikationsform,** wobei unterschieden wird zwischen der
  - akustischen Kommunikation (zum Beispiel durch das gesprochene Wort),
  - optischen Kommunikation (durch Schriftzeichen sowie mittels Mimik und Gestik als nonverbale Mittel),
  - der taktilen Kommunikation (durch Berührung).
- das **Rollenverständnis** von Sender und Empfänger und die damit zusammenhängende **Intention** (Absicht) der Kommunikationspartner.
  Die Soziologen unterscheiden folgende Arten von Rollen:
  - Situationsrollen (zum Beispiel Zuhörer, Berichtender, Protokollant, Mitspieler),

- Positionsrollen (Schulleiter, Klassenlehrer, Elternratsvorsitzender, Hausmeister, Sekretärin, Schüler),
- Statusrollen (Angehöriger einer bestimmten Altersgruppe, eines Geschlechts, einer sozialen Schicht, einer Nationalität)[1];

- sonstige **Gegebenheiten der Kommunikationssituation.** Dazu gehört beispielsweise der **Kontext** der Kommunikation, also in welchem Zusammenhang diese Kommunikation erfolgt bzw. was ihr vorausgegangen ist. Außerdem spielen die **äußeren Umstände** der Kommunikation eine Rolle: findet ein Gespräch in entspannter Atmosphäre oder in einer Streßsituation statt? Letztlich ist hier noch die jeweilige **psychische Situation** von Sender und Empfänger zu nennen, die zweifelsfrei Auswirkungen zur Folge haben wird.

Alle genannten Faktoren bestimmen in unterschiedlicher Intensität die konkrete Gesprächssituation. Möchte zum Beispiel ein Auszubildender in seiner neuen beruflichen Situation sein sprachliches Ausdrucksvermögen vervollkommnen, so wird er es trainieren müssen, diese Faktoren situationsgemäß zu berücksichtigen. Ein entsprechendes Sprachtraining kann zum einen mit Hilfe von Fachbüchern und begleitenden Sprachkassetten durchgeführt werden, noch nützlicher ist häufig der Besuch eines entsprechenden Lehrganges in einer Einrichtung der Erwachsenenbildung. Der folgende Auszug aus einem Weiterbildungsprogramm zeigt verschiedene Möglichkeiten auf:

Rhetorik Pädagogik Psychologie

Rhetorik Intensiv-Kurs	Mit jedem Wort, das wir sprechen, sagen wir nicht nur etwas über einen Gegenstand oder Sachverhalt - sondern mit jedem Wort sagen wir etwas über uns selbst - wir werden nach unserer Sprache eingeschätzt. Wir zeigen durch unseren Atem, durch Tonhöhe und Klangfarbe unserer Stimme unser augenblickliches Gefühl und durch Wortwahl, Stil und Betonung, ob wir redegeübt, sicher und informiert sind. In diesem Kurs werden Regeln zur Rhetorik, zu Atem- und Vortragstechniken sowie freies Reden und sicheres Auftreten erarbeitet.
Freie Rede - Sicheres Auftreten	Ziel des Lehrgangs ist, Stimme und Sprache zu entwickeln sowie die nötige Sicherheit in Gesprächen, Diskussionen, Vorträgen, Zwiegesprächen und in der „Freien Rede" zu erlangen. In gemeinsamen Gesprächen werden die Lehrgangsteilnehmer selbst Beurteilungsmaßstäbe für richtiges und gutes Sprechen erarbeiten.
Frauen üben freie Rede	Frauen werden oft überhört oder wagen kaum, sich an Gesprächen und Diskussionen zu beteiligen, obwohl sicherlich Wichtiges zu sagen wäre. Darunter leidet ihr Selbstbewußtsein. Frauen lernen in diesem Kursus, Stimme und Sprache zu entwickeln und Vorträge zu halten.

Aus dem Programm einer Volkshochschule

[1] Behr, Grönwoldt, Nündel u.a.: Folgekurs für deutschlehrer. Didaktik und methodik der sprachlichen kommunikation. Weinheim und Basel 1975

Aufgaben

1. Was versteht man unter einer sozialen Rolle?

2. „Rollenverhalten ist negatives Verhalten." Nehmen Sie zu dieser These Stellung.

3. Listen Sie die sozialen Rollen auf, die Sie am gestrigen Tag eingenommen haben.

4. Nennen Sie jeweils zwei Beispiele für Situations-, Positions- und Statusrollen.

5. a) Welche Arten von sozialen Rollen werden im folgenden Text angesprochen? Begründen Sie Ihre Meinung anhand entsprechender Textstellen.

b) Halten Sie die folgenden Aussagen des Autors Thomas C. Breuer zum beruflichen Rollenverhalten für wirklichkeitsnah?

Thomas C. Breuer

Der Intrigant

Die Ausbildungszeit beträgt nach der Ausbildungsordnung drei Jahre - die mittlere Reife wird mit sechs Monaten angerechnet. Der Auszubildende soll den gesamten organischen Ablauf des Intrigenspiels erfassen und einen grundsätzlichen Überblick von Hintertriebenheit bis hin zur Boshaftigkeit erhalten. Während der gesamten Ausbildungszeit Umgang mit Opfern. Wissenschaftskunde, Verkehrsordnung, Bürowesen und Organisation.

a) niedere Laufbahn: Ränkeschmied

Handwerkliche Grundausbildung im Drahtziehen, Fädenspinnen, Einrenken, Ausweichen, Aufwiegeln, Ausspielen, Fallenstellen und Ränkeschmieden. Aufstiegsmöglichkeiten im handwerklichen Rahmen: Geselle, Meister - nur letzterem ist es möglich, selbständig eine Ränkeschmiede zu führen.

b) mittlere Laufbahn: Gerüchteverteiler

Während der Ausbildung Praktikum beim Ränkeschmied. In der Verwaltungstechnik: Erfassen, Sammeln und Ordnen von Intrigen, Ränken und Gerüchten. Gedächtnistraining. Unterricht in Mimik, Gestik, Gesprächstherapie, Datenverarbeitung. Erlernen des selbständigen Streuens von Gerüchten. Beratung, Auswertung, Statistik. Kundenverkehr. Einarbeitung in die für später vorgesehene Abteilung auf Kommunalebene. Kenntnisse der automatischen Gerüchteumschlaggeschwindigkeit. Übernahme in das Beamtenverhältnis nach fünf Jahren. Berufsaussichten: Intrigant auf Landesebene.

c) gehobene Laufbahn: Generalintrigant

Praktika bei Ränkeschmieden und im Gerüchteverteilungswesen. Studium der Rhetorik und Bauernfängerei. Härtetraining mit Lügendetektoren. Intrigieren in Parteien oder auf Bundesebene. Spezialisierung auf politische Tätigkeiten: Aufstiegsmöglichkeiten innerhalb des Bundeshintertriebenenministeriums. Wichtig vor allem Öffentlichkeitsarbeit, um die Empfänglichkeit der Bevölkerung für Intrigen zu kräftigen oder zu fördern.

Aus: Jutta Lieck und Uwe Wandrey (Hrsg.): Kein schöner Land? Deutschsprachige Autoren zur Lage der Nation. Hamburg 1979

6. Untersuchen Sie den folgenden Text im Hinblick auf das Rollenverhalten.

a) Welche Arten von Rollen werden von den Personen wahrgenommen oder angesprochen?

b) Was ist am Ende des Textes mit dem Begriff „Außensteuerung" gemeint?

Wolfgang Deichsel

Achim

Achim und sein Freund sind über eine leere Straße gegangen, obwohl die Verkehrsampel rot zeigte. Ein Mann hat sich mit ihnen angelegt. Ein Polizist mit Aktenmappe kommt vorbei.

ACHIM: Herr Wachtmeister, ich möchte eine Anzeige machen! *(Der Polizist bleibt stehen.)* Ich bin eben bei Rot über die Kreuzung gegangen.

MANN: Ich habe ihm gesagt, daß Rot ist, und da ist er auch noch frech geworden.

POLIZIST: Leut, laßt uns mit dem Kleinkram in Ruh! Ich will auch mal heim!

ACHIM: Ich will den Mann da anzeigen, weil er sich hochgradig verdächtig gemacht hat, weil er was gemacht hat, was ihm selbst gar nichts nützt, und daß einer was tut, was ihm selber gar nichts nützt, das würd ich nur verstehn, wenn der bei der Polizei wär, aber der ist nicht bei der Polizei. Jetzt stellen Sie mal sofort die Personalien von dem fest, damit man sieht, ob er eine Herkunft hat, oder ob der vielleicht grad zufällig operiert worden ist, denn er steht für mich unter dringendem Verdacht, mit dem Ampelnetz in direktem, geheimen Anschluß zu stehn, denn sehn Sie: von einer Ampel kann kein Mensch verlangen, daß sie erklärt, warum sie rot wird - sie wird rot, weil sie rot wird, auch wenn die Straße leer ist - aber von dem Mann da, weil er doch aussieht wie ein Mensch, verlang ich, daß er mir klar macht, warum er mich am Arm gepackt hat, wie ich über die Straße, die ganz leer war, gehn wollte.

MANN: Warum? Weil Rot war! Weil Rot war!

ACHIM: Sehn Sie, er hat nur immer den einen Satz: „Weil Rot war!" Oder Sind Sie vielleicht bei der Polizei angestellt?

MANN: Ich bin Kaufmann, Herr Wachtmeister, da bezahl ich übrigens genug Steuern.

POLIZIST: Was sollte denn Ihre Aussage beinhalten, daß die Polizei was tut, das ihr selbst nichts nützt?

ACHIM: Sie haben doch nichts davon, wenn Sie einen aufschreiben, der falsch geparkt hat, und der Herr da, der hat auch nichts davon, wenn ich bei Grün über die Straße gehe. Was schadet es ihm, wenn ich vor ein Auto komme. Normal wäre doch nur, wenn er bei Rot ruft: „Bleib stehn, da ist ein Polizist!" Damit ich nicht erwischt werde, oder zu dem Polizisten, wenn mich einer erwischt hat, sagt: „Es war noch grün."

MANN: Das fehlt noch.

POLIZIST: Das fehlt noch. Jetzt kommt ihr mal mit!

FREUND *(zieht Achim weg)*: Komm laß doch den Quatsch!

ACHIM: Ich wollte nur ein paar sachdienliche Hinweise geben.

MANN *(hält Achim fest)*: Mitkommen!

ACHIM *(zeigt auf die Hand des Mannes)*: Da! Hier! Bitte! Jetzt können Sie das selbst beobachten, wie die Außensteuerung einsetzt! Warum macht er das?

MANN: Weil Rot war! Du Halbaffe! Rot! Rot! Rot!

POLIZIST: Rot.

MANN: Es war Rot.

Aus: C. Buchwald u. K. Wagenbach (Hrsg.): Lesebuch. Deutsche Literatur der siebziger Jahre. Berlin 1984

7. Nennen Sie die wesentlichen Voraussetzungen für eine Kommunikation.

8. Welche Faktoren üben auf die Kommunikation Einfluß aus?

9. Listen Sie einige Regeln auf, die beschreiben, wie Sie sich als Auszubildender im Betrieb aus Ihrer Sicht verhalten sollten.

2 Monolog und Dialog

Die beiden Begriffe Monolog und Dialog stammen aus der griechischen Sprache. **Monolog** kann etwa mit Alleinrede oder Selbstgespräch übersetzt werden, **Dialog** bedeutet Zwiegespräch oder einfach Gespräch. Beide Formen des sprachlichen Ausdrucks spielten im griechischen Geistesleben der Antike eine große Rolle: der Monolog diente in den griechischen Tragödien der Verkündung wichtiger Ereignisse, die Dialogform war im antiken Griechenland Ausdruck philosophischer Auseinandersetzungen (so beispielsweise die Dialoge des Sokrates, die sein Schüler Platon später niederschrieb) und ein wichtiges Mittel zur Gestaltung von Theaterstükken.
Die Methode des sokratischen Dialogs bestand darin, dem Gesprächspartner durch gezielte Fragen, durch die fortwährende Aufeinanderfolge von Frage und Antwort aufzuzeigen, daß sein vermeintliches Wissen nur bruchstückhaft ist. Gedankengebäude wurden somit zum Einsturz gebracht, ein neuer Erkenntnisprozeß wurde in Gang gesetzt.
Gegenstand wissenschaftlicher Betrachtung sind Dialog und Monolog vor allem bei den heutigen Sprach- und Kommunikationswissenschaftlern. Von ihnen werden einzelne Kommunikationsformen des Monologs und des Dialogs untersucht, bestimmte Dialoge zu Dialogtypen zusammengefaßt.

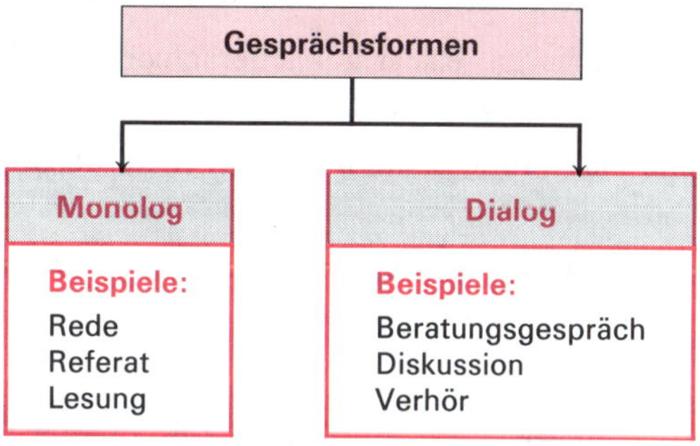

Unterscheidet man Dialoge nach ihrem **Ziel** oder **Zweck**, so ergeben sich als Dialogtypen komplementäre, koordinative und kompetitive Dialoge.

Komplementäre[1] **Dialoge** dienen zum Abbau von Defiziten, zum Beispiel eines Wissensdefizits, eine typische Dialogform ist in diesem Fall ein Informationsgespräch. Das Defizit kann auch darin bestehen, daß ein Gesprächspartner nicht weiß, wie er handeln soll, ein Beispiel für den dementsprechenden Dialog ist das Beratungsgespräch.

Koordinative Dialoge[2] werden mit dem Ziel geführt, die Interessen oder Ansprüche der Gesprächspartner aufeinander abzustimmen oder auszugleichen. Als Beispiele können ein Verhandlungsgespräch oder eine Diskussion genannt werden.

---

[1] komplementär (lat.): sich gegenseitig ergänzend
[2] koordinativ (lat.): aufeinander abgestimmt

Bei **kompetitiven Dialogen**[1] ist mindestens ein Gesprächspartner daran interessiert, seinen Anspruch, sein Interesse einseitig durchzusetzen. Dies ist beispielsweise bei einem Verhör der Fall.

Im gesellschaftspolitischen Bereich einer demokratischen oder pluralistischen Gesellschaft mit ihren verschiedenen Gruppeninteressen muß zweifellos dem koordinativen Dialog die größte Beachtung geschenkt werden. Nur wenn die einzelnen Bürger und die gesellschaftlichen Gruppen es lernen, die gegenseitigen Interessen und Ansprüche zu akzeptieren, können Konflikte dauerhaft gelöst werden.

Damit ein Dialog von allen Gesprächspartnern als befriedigend oder sogar angenehm empfunden werden kann, müssen einige Verhaltensweisen bei der Führung des Dialogs beachtet werden.

Regeln der Gesprächsführung:

- Dem Gesprächspartner muß genügend Zeit eingeräumt werden.
- Der Gesprächspartner sollte auf keinen Fall bei seinen Äußerungen unterbrochen werden.
- Dem Gesprächspartner sollte das Gefühl vermittelt werden, daß man ruhig und konzentriert zuhören kann.
- Der sprachliche Ausdruck (zum Beispiel die Benutzung von Fremdwörtern) sollte dem Aufnahmevermögen des Gesprächspartners angepaßt werden.
- Thesen sollten begründet werden.
- Komplizierte Sachverhalte sollten durch Beispiele verdeutlicht werden.
- Die Stimme ist zu modulieren, es ist auf unterschiedliche Betonung und Lautstärke bei der Aussprache zu achten.
- Während der Gesprächsführung sollte man dem Gesprächspartner in die Augen schauen.
- Mimik und Gestik sind dem Gesprächsinhalt und dem Gesprächsfluß anzupassen.

Aufgaben

1. Beschreiben Sie die jeweiligen Interessen beider Gesprächspartner im folgenden Dialog und die sprachlichen Mittel, mit denen sie ihre Interessen durchzusetzen versuchen.

Jürgen von Manger

Der Schwiegermuttermörder (Auszug)

Richter (R): So, also ich glaube, zur Person haben wir nun alles protokolliert, also dann treten wir weiter in die Hauptverhandlung ein. Und nun, Herr Schulte (S), erzählen Sie mal, wie ist es nun dazu gekommen, daß Sie Ihre Schwiegermutter ermordet haben.

S.: Ja, also ich äh möchte dazu wohl gerne eine Mitteilung machen, ja.

R.: Ja, wieso?

S.: Ich möchte eine Mitteilung machen.

[1] kompetitiv (lat.): zuständig, maßgebend

R.: Ja, nun, also bitte, was denn?

S.: Ich möchte es dem Gericht mitteilen, daß mir meine Untat leid tut, ja und daß ich versuchen will, durch ein schönes Leben, äh, also wieder auszubügeln, was ich da so gemacht habe, ne.

R.: Ja, Ja, nun ja, gut, also schön, das ist ja, das wollen wir ja nun alles erst feststellen, nicht wahr. Also nun erzählen Sie mal, wie der Tatverlauf da gewesen ist; und wie war das an dem betreffenden Tag?

S.: Na also, den betreffenden Tag, den betreffenden Tag bedaure ich sehr und möchte ungeschehen machen alles. Weil die Sache tut mir leid, ne.

R.: Ja nun, Gott, das das haben wir ja eben erst gehört von Ihnen. Also dann schön, nun möchten wir also mal wissen, wie war das? Kamen Sie, Sie kamen vom Dienst nach Hause, nicht wahr, von der Arbeit und, äh, erzählen Sie mal!

S.: Jo, ich kam, äh, von ne Schicht, ja, ich hatte morgens Schicht gehabt und eh, kam ich nach Hause.

R.: Schön, Sie kamen von der Arbeit nach Hause, wie ist das dann gewesen? Sind Sie sofort nach Hause gegangen oder, äh, sind Sie vielleicht noch irgendwo eingekehrt vorher?

S.: Nein, ich bin direkt nach Hause gekehrt, ne, also das heißt, ich war wohl noch oben an der Bude, ne, und eh habe ich noch Zigaretten geholt, aber dann bin ich nach Hause gegangen.

R.: Schön, ja, was war da? Sind Sie, also sind Sie in die Wohnung gekommen und wer war da da?

S.: Na da, also ich kam da an, ne, und meine Frau, die war nicht da, die war im Kino gegangen, aber meine Schwiegermutter, die war wohl anwesend.

R.: Ja, und was ist dann passiert?

S.: Ja, dann ist das eben da alles passiert, ne, aber ich, äh, bitte, ich möchte dazu gerne noch etwas sagen, nicht - ich möchte dazu noch etwas beitragen, eine Mitteilung möchte ich dem Gerichte machen.

R.: Ja, nun, was denn jetzt schon wieder? Ich meine also, Sie können natürlich hier aussagen, und, und Sie wissen ja.

S.: Ja, ich möchte es noch einmal hinweisen, daß mir meine Untat leid tut und daß ich versuchen will, durch ein schönes ...

R.: Ja nun, Gott noch mal, das, das haben wir nun gehört, daß Ihnen die Untat leid tut. Nicht wahr, das tut einem immer hinterher leid. Das, das ist nun mal im Leben so, nicht wahr? Das hätten Sie sich dann eben mal vorher überlegen müssen. Das macht ja nun nichts mehr ungeschehen. Also, nun möchten wir aber endlich mal von Ihnen hören, wie das war? Sie kamen also nach Hause, und Ihre Frau war nicht da, und die Schwiegermutter, war die da?

S.: Jawohl, die war inne Küche, ne, die war inne Küche da zugange, ne und äh, dann hat sie mich beleidigt.

R.: Wieso?

S.: Ach ja, sie hat mir so Schimpfworte, ne, Ehrenkränkungen hat sie ausgestoßen und, ne, hat sie meine Ehre da schon mal vernichtet, ne. Ich hab sie dann aufgefordert, gesagt, ne, hör mal zu, das hat doch keinen Wert, und äh, guck, man muß doch schon mal Mensch bleiben. Aber also, sie war da meine Sache nicht zugänglich, sondern hat die Beleidigungen, äh, fortgesetzt.

R.: Ja, wieso denn, was war denn da, war da ein Wortwechsel, oder was hat sie getan?

S.: Ja, ich sach ja, also ihre Beleidigungen hat sie ausgestoßen.

R.: Ja, nun wie, was denn. Was hat sie denn gesagt im einzelnen?

S.: Ja, also im einzelnen, Schimpfworte, ne, war sie da, wie die heißen, das ist ja 1½ Jahre her. Das kann ich auch nicht mehr sagen, aber alter Saufsack ne war se dran und Bahnhofspenner, diese ganze Sache, nicht wahr. Und äh, ich war dann auf meiner Seite ganz friedlich, ne, und hab gesagt, sie müßt doch einsehen, daß das nicht schön wär, und also hab ich sie da so besänftigt, aber sie hat immer weiter meine Ehre, also daß da überhaupt nichts mehr übrigblieb, ne.

R.: Ja, nun schön, gut, also und wie ging es dann weiter, wie ist sie denn dann äh, sie ist ja schließlich tot heute, wie ist es denn dazu gekommen?

S.: Also, wie, das sie, äh, tot ist?

R.: Ja, Sie sollen uns das erzählen jetzt.

S.: Ja, also äh, hab ich sie gebettelt wie ich bereits ausführte, ne, hat sie ja meine Ehre gekränkt und eh, daß sie nicht weiter kränkt, ne, und aufhört, und eh, dann lag sie ja auf einmal aufm Boden.

R.: Was, sie lag aufm Boden?

S.: Ja, sie lag da so vor mir, ne, und, äh, ich dachte, äh, ob die Dame wohl tot ist? Dann dacht ich so, aber war nichts los, ne, ich, eh, also ich stellte dann fest. Ich hab gehorcht bei ihr anne Brust, und merkte also, da war nichts mehr, war se schon übern Jordan.

Transkription nach der Schallplattenaufnahme „Jürgen von Manger, Stegreifgeschichten" – Neue Folge, Philips, 1965.

2. Nennen Sie unterschiedliche Monolog- und Dialogformen.

3. Bestimmen Sie, um welche Dialogtypen es sich bei den folgenden Dialogformen handelt, und begründen Sie jeweils die Zuordnung:
a) Bewerbungsgespräch,
b) Verkaufsgespräch,
c) Versöhnungsgespräch,
d) Disziplinargespräch.

4. Stellen Sie fest, gegen welche Regeln der Gesprächsführung der Verkäufer in dem folgenden Verkaufsgespräch verstößt.

Verkäufer Guten Tag.

Käufer Guten Tag. Ich wollte für meine Tochter, die demnächst studieren wird, einen Computer kaufen. Ich muß Ihnen aber gleich sagen, daß ich von diesem ganzen Technikkram keine Ahnung habe.

Verkäufer Da haben wir ein ganz tolles Angebot für Sie. Schauen Sie doch mal! (Verkäufer zeigt auf einen Personal-Computer.)

Käufer Ich habe heute allerdings nicht viel Zeit, ich dachte, ich nehme erst mal einige Prospekte mit. Ich kann ja nächste Woche ...

Verkäufer (unterbricht) Jetzt stelle ich Ihnen erstmal unser Topangebot vor, den Digitron 2000. Ein mit 8 MHz getakteter Prozessor nutzt dabei den vollen 640 KB RAM-Speicher optimal aus. Natürlich können Sie einen Coprozessor zuschalten.

Käufer Ja, aber, ich wollte doch nur ...

Verkäufer (unterbricht) Moment, Moment. Nur kurz das Wichtigste: Unser LCD-Supertwist Display erzeugt ein blendfreies und gestochen scharfes Schriftbild. Weitere Besonderheiten: Gewicht nur 5,4 kg, wahlweise ein oder zwei 3,5″-Floppy-Laufwerke à 720 KB, MS-DOS 3.3, MDA- und CGA-kompatible Grafik, batteriegepufferte Echtzeituhr, alle Schnittstellen wie seriell, parallel, Modem, Monitor integriert – und alles in einer Tragetasche!

5. Welche Regeln der Gesprächsführung halten Sie für besonders wichtig:
a) bei einem Trostgespräch?
b) bei einem Verkaufsgespräch (aus der Sicht des Verkäufers)?
Begründen Sie Ihre Meinung.

3 Vorbereitung und Durchführung eines Kurzreferates

In der schulischen und betrieblichen Aus- und Fortbildung nimmt das Kurzreferat einen zentralen Stellenwert ein, um wichtige Inhalte in kurzer und prägnanter Form zu vermitteln. Als Gesprächsform zählt das Referat zu den Monologen. Im Anschluß an den Vortrag tritt häufig ein Wechsel in der Gesprächsform auf, der Referent tritt dann in einen Dialog mit seinen Zuhörern ein.
Damit ein Referent bei der Vermittlung seiner Aussagen einen optimalen Wirkungsgrad erreicht, sollte er sich gut auf das Referat vorbereiten.

Wichtige Schritte bei der **Vorbereitung eines Referates:**

- Das Referatthema betreffende Materialien (zum Beispiel Zeitungsartikel, Fachaufsätze, Statistiken) sind zunächst zu sammeln.
- Die Inhalte der einzelnen Materialien sind auf ihre Wichtigkeit hin zu überprüfen, Nebensächlichkeiten sind auszusondern.
- Die wesentlichen Inhalte sind unter sachlogischen Zusammenhängen in eine sinnvolle Reihenfolge zu bringen, eine kurze Gliederung ist zu erstellen.
- Sind sehr abstrakte Inhalte zu vermitteln, so sollten kurze Beispiele zur Verdeutlichung gesucht werden.
- Falls das Kurzreferat vollständig schriftlich ausgearbeitet werden soll, so ist bei der endgültigen Formulierung an eine adressatenangemessene Sprache zu denken. Damit der Text beim Vortragen nicht monoton abgelesen wird, sind bereits jetzt die wichtigsten Inhaltspunkte zu markieren.
- Oft ist es angebracht, sich eine passende Formulierung zur Einleitung des Redeschlusses zu überlegen.
- Ist es beabsichtigt, während des Kurzreferates besondere Medien einzusetzen (zum Beispiel Overhead-Projektor), so ist dieser Einsatz bereits vorher genau zu planen.

Zu beachtende Gesichtspunkte bei der **Durchführung eines Referates:**

- Ein schriftlich vorher angefertigtes Referat ist keinesfalls nur abzulesen, zumindest ab und zu muß der Blickkontakt zu den Zuhörern gesucht werden.
- Beim Blickkontakt dürfen nicht nur einige wenige Zuhörer beachtet werden (zum Beispiel nur die erste Reihe).
- Die Lautstärke ist an die Entfernung zu den Zuhörern anzupassen, die Lautstärke sollte je nach Bedeutung des Gesagten variiert werden.
- Um sprachliche Monotonie zu vermeiden, sollte das Mittel der Betonung eingesetzt werden.
- Damit die Zuhörer den Aussagen folgen können, darf nicht zu schnell gesprochen werden; wichtig sind angemessene Sprechpausen.
- Gestik und Mimik sollten dem Inhalt angepaßt werden, der gezielte Einsatz der Körpersprache kann helfen, Konzentrationsmängel der Zuhörer auszugleichen.

Welche Fehler beim mündlichen Vortrag - in diesem Fall bei einer Rede - auftreten können, verdeutlicht der Autor Kurt Tucholsky in dem folgenden Text.

Kurt Tucholsky

Ratschläge für einen schlechten Redner

Fang nie mit dem Anfang an, sondern immer drei Meilen vor dem Anfang! Etwa so: „Meine Damen und meine Herren! Bevor ich zum Thema des heutigen Abends komme, lassen Sie mich Ihnen kurz ..."

Hier hast du schon so ziemlich alles, was einen schönen Anfang ausmacht: eine steife Anrede; der Anfang vor dem Anfang; die Ankündigung, daß und was du zu sprechen beabsichtigst, und das Wörtchen kurz. So gewinnst du im Nu die Herzen und die Ohren der Zuhörer.

Denn das hat der Zuhörer gern: daß er deine Rede wie ein schweres Schulpensum aufbekommt; das du mit dem drohst, was du sagen wirst, sagst und schon gesagt hast. Immer schön umständlich.

Sprich nicht frei - das macht einen so unruhigen Eindruck. Am besten ist es: du liest deine Rede ab. Das ist sicher, zuverlässig, auch freut es jedermann, wenn der lesende Redner nach jedem viertel Satz mißtrauisch hochblickt, ob auch noch alle da sind.

Wenn du gar nicht hören kannst, was man dir so freundlich rät, und du willst durchaus und durchum frei sprechen ... du Laie! Du lächerlicher Cicero! Nimm dir doch ein Beispiel an unsern professionellen Rednern, an den Reichstagsabgeordneten - hast du die schon mal frei sprechen hören? Die schreiben sich sicherlich zu Hause auf, wann sie „Hört! hört!" rufen ... ja, also wenn du denn frei sprechen mußt:

Sprich, wie du schreibst. Und ich weiß, wie du schreibst.

Sprich mit langen, langen Sätzen - solchen, bei denen du, der du dich zu Hause, wo du ja die Ruhe, deren du so sehr benötigst, deiner Kinder ungeachtet, hast, vorbereitest, genau weißt, wie das Ende ist, die Nebensätze schön ineinandergeschachtelt, so daß der Hörer, ungeduldig auf seinem Sitz hin und her träumend, sich in einem Kolleg wähnend, in dem er früher so gern geschlummert hat, auf das Ende solcher Periode wartet ... nun, ich habe dir eben ein Beispiel gegeben. So mußt du sprechen.

Fang immer bei den alten Römern an und gib stets, wovon du auch sprichst, die geschichtlichen Hintergründe der Sache. Das ist nicht nur deutsch - das tun alle Brillenmenschen. Ich habe einmal in der Sorbonne einen chinesischen Studenten sprechen hören, der sprach glatt und gut französisch, aber er begann zu allgemeiner Freude so: „Lassen Sie mich Ihnen in aller Kürze die Entwicklungsgeschichte meiner chinesischen Heimat seit dem Jahre 2000 vor Christi Geburt ..."

Er blickte ganz erstaunt auf, weil die Leute so lachten.

So mußt du das auch machen. Du hast ganz recht: man versteht es ja sonst nicht, wer kann denn das alles verstehn, ohne die geschichtlichen Hintergründe ... sehr richtig! Die Leute sind doch nicht in deinen Vortrag gekommen, um lebendiges Leben zu hören, sondern das, was sie auch in den Büchern nachschlagen können ... sehr richtig! immer gib ihm Historie, immer gib ihm. Kümmere dich nicht darum, ob die Wellen, die von dir ins Publikum laufen, auch zurückkommen - das sind Kinkerlitzchen. Sprich unbekümmert um die Wirkung, um die Leute, um die Luft im Saale; immer sprich, mein Guter. Gott wird es dir lohnen.

Du mußt alles in die Nebensätze legen. Sag nie: „Die Steuern sind zu hoch.“ Das ist zu einfach. Sag: „Ich möchte zu dem, was ich soeben gesagt habe, noch kurz bemerken, daß mir die Steuern bei weitem ...“ So heißt das.

Trink den Leuten ab und zu ein Glas Wasser vor - man sieht das gern.

Wenn du einen Witz machst, lach vorher, damit man weiß, wo die Pointe ist.

Eine Rede ist, wie könnte es anders sein, ein Monolog. Weil doch nur einer spricht. Du brauchst auch nach vierzehn Tagen öffentlicher Rednerei noch nicht zu wissen, daß eine Rede nicht nur ein Dialog, sondern ein Orchesterstück ist: eine stumme Masse spricht nämlich ununterbrochen mit. Und das mußt du hören. Nein, das brauchst du nicht zu hören. Sprich nur, lies nur, donnere nur, geschichtele nur.

Zu dem, was ich soeben über die Technik der Rede gesagt habe, möchte ich noch kurz bemerken, daß viel Statistik eine Rede immer sehr hebt. Das beruhigt ungemein, und da jeder imstande ist, zehn verschiedene Zahlen mühelos zu behalten, so macht das viel Spaß.

Kündige den Schluß deiner Rede lange vorher an, damit die Hörer vor Freude nicht einen Schlaganfall bekommen. (Paul Lindau hat einmal einen dieser gefürchteten Hochzeitstoaste so angefangen: „Ich komme zum Schluß.“) Kündige den Schluß an, und dann beginne deine Rede von vorn und rede noch eine halbe Stunde. Dies kann man mehrere Male wiederholen.

Du mußt dir nicht nur eine Disposition machen, du mußt sie den Leuten auch vortragen - das würzt die Rede.

Sprich nie unter anderthalb Stunden, sonst lohnt es gar nicht erst anzufangen.

Wenn einer spricht, müssen die anderen zuhören - das ist deine Gelegenheit! Mißbrauche sie.

Aus: Gesammelte Werke. Hrsg. von Mary Gerold-Tucholsky und Fritz J. Raddatz. Bd. 3. Reinbek 1960, S. 600–602

Aufgaben

1. *Nennen Sie berufliche Situationen, in denen das Vortragen eines Kurzreferates verlangt wird.*
2. *Welche Besonderheiten für das Vortragen eines Referates ergeben sich jeweils in den folgenden Situationen:*
   a) *Kurzreferat eines Jugendvertreters über betriebliche Ausbildungsprobleme bei einer Betriebsratssitzung;*
   b) *Kurzreferat eines Prüflings bei der mündlichen Abschlußprüfung der IHK;*
   c) *Kurzreferat eines Abteilungsleiters bei einer Sitzung der Geschäftsführung?*
3. *Erstellen Sie zu folgenden Themen schriftlich ein Kurzreferat, und tragen Sie es anschließend in Ihrer Klasse vor:*
   a) Die Sozialversicherung in der Bundesrepublik Deutschland
   b) Die Rechte des Auszubildenden im Betrieb
   c) Die Bedeutung der Branche - in der Sie tätig sind - für die Gesamtwirtschaft
   d) Die Anwendung der elektronischen Datenverarbeitung im Betrieb (am Beispiel Ihres Ausbildungsbetriebes)
4. *Erstellen Sie aufgrund der „Ratschläge für einen schlechten Redner“ von Kurt Tucholsky eine Checkliste, in der Sie aufzählen, was beim Vortragen eines Referates beachtet werden sollte.*

4 Argumentation

Wahrscheinlich würde man heutzutage kein Kind mehr finden, das diese „Beweisführung" anerkennen wird. Die hier vorgenommene scheinbar logische Verknüpfung von Einzelaussagen, die schließlich zu einer Schlußaussage führt, wird daher nicht als Argumentation anerkannt werden. Es stellt sich allerdings schnell die Frage: Was versteht man unter einem Argument bzw. einer Argumentation?
Das **Argument** ist ein Beweisgrund, eine Begründung für eine Behauptung.[1] Unter **Argumentation** versteht man die „Beweisführung mit dem Ziel, die Zustimmung oder den Widerspruch wirklicher oder fiktiver[2] Gesprächspartner zu einer Aussage oder Norm durch den schrittweisen und lückenlosen Rückgang auf bereits anerkannte Aussagen oder Normen zu erreichen".[3] Es geht also bei der Argumentation darum, Behauptungen zu begründen und sich dabei auf gemeinsam anerkannte Aussagen zu stützen.

[1,3] Brockhaus Enzyklopädie in vierundzwanzig Bänden. 19., völlig neu bearbeitete Auflage, Mannheim 1987

[2] nur angenommen, erdacht

Beispiel für eine Argumentation:

Die Betriebsratsvorsitzende Frau Henko übergibt dem Geschäftsführer Herrn Heidenreich eine Unterschriftensammlung von 12 Mitarbeiterinnen und Mitarbeitern des Unternehmens, in der sie sich für die Einrichtung eines Nichtraucher-Aufenthaltsraumes aussprechen. Dabei begründet die Vertreterin der Belegschaft diese Aktion mit folgenden Worten:

„Sehr geehrter Herr Heidenreich, wie Sie wissen, ist das Rauchen gesundheitsgefährdend. Es ist allgemein anerkannt, daß die Passivraucher dabei stärker gefährdet sind als die Aktivraucher. Ihnen ist bereits durch unser gestriges Telefongespräch bekannt, daß sich von den insgesamt 21 Belegschaftsmitgliedern dieser Abteilung 12 für einen raucherfreien Aufenthaltsraum ausgesprochen haben. Ich bitte Sie daher, in den nächsten Monaten dafür zu sorgen, daß dem Gesundheitsinteresse der Belegschaft entsprochen wird.
Ihnen ist sicherlich bekannt, daß das Gesundheits- und Arbeitsministerium sowie die Krankenkassen diese innerbetrieblichen Verbesserungen zugunsten der Nichtraucher unterstützen. Was die neueste Rechtsprechung dazu aussagt, können Sie aus der Zusammenstellung entsprechender Gerichtsurteile entnehmen, die ich Ihnen heute mitgebracht habe.
Zum Abschluß lassen Sie mich noch auf die neuesten Forschungsergebnisse der Universität Hannover hinweisen, die noch einmal die besondere Gefährdung der Passivraucher aufzeigen. Ich übergebe Ihnen hier eine Zusammenfassung des Forschungsberichtes und bitte Sie, diese Abhandlung aufmerksam zu lesen.
Ich hoffe, Ihnen damit genug Argumente für eine entsprechende Änderung der augenblicklichen Situation im Aufenthaltsraum geliefert zu haben. Bitte entscheiden Sie im Interesse der Kolleginnen und Kollegen und damit sicherlich auch im Interesse des Betriebes, der an gesunden Mitarbeitern interessiert ist."

Wenn es auch unterschiedliche Möglichkeiten gibt, eine Argumentation aufzubauen, so wird man die einzelnen Bestandteile der folgenden **Argumentationsstruktur,** des folgenden Argumentationsschemas in jeder Argumentation wiedererkennen:

1. Zunächst geht man bei der Argumentation von vermeintlich anerkannten **Fakten** (Daten) aus.
2. Die Fakten oder Daten sollen eine aufgestellte **These** (Behauptung) begründen.
3. Die anfangs angeführten Fakten reichen dem Gesprächspartner allerdings nicht aus, die These zu akzeptieren. Um anerkannt zu werden, werden **Rechtfertigungen** notwendig. Dies sind allgemein anerkannte Grundsätze, zum Beispiel Naturgesetze oder Normen.
4. Sollten die Rechtfertigungen nicht ausreichen, um den Gesprächspartner zu überzeugen, so sind sogenannte **Stützungen** (Absicherungen) notwendig. Im einzelnen können das wissenschaftliche Einzelergebnisse, erwiesene Tatsachen, Beobachtungen oder anerkannte Erfahrungen sein. Häufig dienen Zitate berühmter Persönlichkeiten dazu, diesen Einzelaussagen besonderes Gewicht zu verleihen.

Daß man als Gesprächspartner oder außenstehender Dritter (zum Beispiel Zuhörer) nicht jede Argumentation als solche anerkennt, liegt unter anderem auch an dem jeweiligen **Zweck,** zu dem diese Argumentationen geführt werden. Entsprechend dem jeweiligen Zweck können drei **Argumentationstypen** unterschieden werden:

„– **kooperative Argumentationen,** die der Findung eines wahren Konsens[1] dienen, in denen jeder nach bestem Wissen und Gewissen das, was er meint, fühlt und wünscht, beiträgt. Ziel ist es, den Anderen zu *überzeugen.*

---

[1] (lat.): Zustimmung

- **strategische Argumentationen**, in denen alle Kommunikationsteilnehmer so tun, als ob sie sich in einer kooperativen befänden, in Wirklichkeit verfolgt aber jeder sein Ziel, das vor allem ihm nützt, dem anderen aber evtl. sogar schadet. Ziel ist es, den Gegenüber zu *überreden.*

  Und dazu als Sonderfall strategischen Argumentierens
- **taktische Argumentationen,** in denen einer den anderen, egal mit welchen Mitteln, ausschalten will."[1]

Der oder die Gesprächspartner des Argumentierenden werden in der Regel den Ausführungen nicht nur schweigend und prüfend folgen, sie werden wahrscheinlich Einzelaussagen hinterfragen, Zusatzinformationen verlangen, Einwände einbringen, häufig Gegenargumente aufstellen.

Allerdings herrscht eine rein sachliche Gesprächsatmosphäre nur bei der kooperativen Argumentation vor, bei den beiden anderen Argumentationstypen werden **sprachliche und psychologische Tricks** benutzt, von denen im folgenden einige genannt werden:

- Die fachliche Kompetenz des anderen wird in Frage gestellt.
- Einzelfakten werden nahezu endlos aufgezählt, um Zeit zu gewinnen.
- Es wird vom Thema abgelenkt, ein Themenwechsel wird eingeleitet.
- Formale Schwächen des anderen werden ausgenutzt (zum Beispiel sprachliche Schwächen).
- Der Gesprächspartner wird der Lüge bezichtigt.
- Es wird so getan, als sei der angesprochene Sachverhalt schon an anderer Stelle ausdiskutiert.

Vermeiden alle Gesprächsteilnehmer einer Argumentation diese sprachlichen und psychologischen Tricks, so wird die Argumentation zu einem Abbau von Spannungen, häufig sogar zu einer Lösung von gesellschaftlichen Konflikten führen.

Aufgaben

1. *Erklären Sie den Begriff „Argumentation".*
2. *Ordnen Sie den vier Schritten des Argumentationsschemas die entsprechenden Textstellen des Argumentationsbeispiels auf S. 107 zu.*
3. *Geben Sie die Textstellen des folgenden Dialogs an, in denen nach Ihrer Meinung Argumente vorgetragen werden.*

Rudolf Schlabach

Wie bewältigt man Stress?

Der Vater schneidet im Garten die Hecke.

SOHN: Papa, Charly hat gesagt …

VATER: Halt doch mal die Leiter!
So hoch sollte die Hecke gar nicht werden.

SOHN: Mama meint, wenn du sie rechtzeitig geschnitten hättest …

VATER *fällt ihm ins Wort:* Ja, ja, und woher soll ich die Zeit nehmen?

---

[1] Paul-L. Völzing: Begründen, Erklären, Argumentieren. Heidelberg 1979

SOHN: Na, am Stress kann es bei dir nicht liegen.

VATER: Was du da wieder redest ... Warum kann es bei mir nicht am Stress liegen?

SOHN: Weil du doch Beamter bist und kein Arbeiter. Charlys Vater hat gesagt, diese Typen, die auf so'm Beamtenfriedhof schlummern, die können da gar nicht mitreden.

VATER: Aber er kann mitreden, was?! Wenn er Stress hat, dann soll er sich doch mal fragen, warum er ihn hat.

SOHN: Hat er schon längst getan.

VATER: Und zu welcher tiefen Einsicht ist er gekommen?

SOHN: Er hat gesagt, daß sein Chef immer neue Einfälle hat, wie er seine Arbeitskraft noch besser ausnutzen kann.

VATER: Sein Chef wird dazu gezwungen sein. Die Arbeitskraft wird immer teurer.

SOHN: Früher gab's in seiner Werkstatt viel weniger Maschinen, hat er gesagt. Man mußte mehr mit der Hand machen. Trotzdem war die Arbeit gemütlicher.

VATER: Früher verdiente er auch viel weniger. Das paßte ihm nicht. Er mußte unbedingt mehr verdienen. Jetzt wundert er sich, daß es in Stress ausgeartet ist.

SOHN: Aber du verdienst doch auch mehr als früher und hast keinen Stress.

VATER: Diese Gleichmacherei im Denken von Charlys Vater hat schon beängstigend auf dich abgefärbt!
Sinnvollerweise ist immer noch ein Unterschied zwischen einem Beamten mit entsprechender Vorbildung und einem Arbeiter.

Kurze Pause.

Paß doch auf, daß die Leiter nicht so wackelt!

SOHN: Wenn du auch so viele Bewegungen machst ...

VATER: So leicht ist das nicht, hier oben zu stehen und mit der Heckenschere zu hantieren! So ist das eben in der Wirtschaft: Der Druck, der von den Verhältnissen auf den Chef ausgeht, wird von ihm nach unten weitergegeben und auf seine Arbeitskräfte übertragen. Charlys Vater zieht ja auch schon die Konsequenzen daraus und schickt seine Kinder aufs Gymnasium, damit sie was anderes werden als Arbeiter.

SOHN: Dann kann ein Arbeiter gar nicht aus seinem Stress herauskommen?

VATER: Was soll man darauf antworten? Alle wollen Wohlstand, alle wollen gut verdienen. Irgendwo beißt sich da die Katze in den Schwanz.
Es hat wenig Sinn, über Stress zu klagen. Irgendwie muß jeder für sich selbst mit diesem Problem fertig werden.

SOHN: Aber Charlys Vater – wie soll der das denn können?

VATER: Weiß nicht. – Es gibt unerfreuliche Themen, über die grübelt man am besten nicht.

Kurze Pause.

Das wächst in diesem Jahr aber auch! Beinahe wie im Dschungel.

SOHN: Im Dschungel hättest du es nicht nötig, Hecken zu schneiden. Da läßt man einfach alles wachsen.

VATER: Was du alles weißt! Dann nichts wie ab in den Dschungel, was?

SOHN: Das wär gar nicht schlecht. Da gäb's überhaupt keinen Stress, nicht, Papa?

VATER: Stell dir das Leben dort nur nicht so paradiesisch vor! Armut ist weit schlimmer als Stress!

SOHN: Das ist es ja, Papa. Charly hat gesagt, sein Vater hat gesagt: Wenn man nur wüßte, wie man aus diesem Stress herauskommen könnte, ohne am Hungertuch zu nagen!

VATER: Auf keinen Fall dadurch, daß man in den Dschungel flüchtet oder auf eine einsame Insel à la Robinson.

SOHN: Warum haben sie das denn vor 'n paar Jahren mit Robinson so groß im Fernsehen gebracht?

VATER: Warum nicht? Etwas Exotisches ist doch immer eine angenehme Abwechslung.

SOHN: Mehr haben die sich nicht dabei gedacht?

VATER: Bestimmt auch noch mehr.

SOHN: Was denn?

VATER: Wenn wir Robinson auf seiner Insel sehen – vielleicht wird uns dann plötzlich klar, wie unsinnig unser Leben ist mit all der Hektik.

SOHN: Papa, aber wenn uns das plötzlich klargeworden ist – was dann?

VATER: Na ja, irgendwie muß man aus dieser Erkenntnis seine Lehre ziehen.

SOHN: Charly hat gesagt, sein Vater hat gesagt: Im Fernsehen predigen sie so schön daher. Aber am nächsten Morgen um kurz nach fünf rappelt wieder der Wecker, und die alte Scheiße ...

VATER *fällt ihm ins Wort:* Bitte!

SOHN: Und die alte ... Er hat gemeint: Es geht alles so weiter.

VATER: Das muß nicht sein. Das ist eine Frage der geistigen Einstellung. Es kommt darauf an, daß man sich jederzeit des Problems bewußt bleibt.

SOHN: Und dann?

VATER: Man muß sich zu einer Haltung der Gelassenheit erziehen, dann prallt aller Stress von einem ab. Man muß lernen, zwischen dem Wichtigen und dem Unwichtigen zu unterscheiden. Man muß sich auf das Wichtige konzentrieren.

Kurze Pause.

VATER: Du könntest nachher die abgeschnittenen Zweige aufsammeln. Weißt du, Stress – so wie die Dinge liegen, ist das Problem letztlich nur zu lösen mit einer gewissen geistigen Souveränität. – Souveränität – das heißt Unabhängigkeit, Überlegenheit.

SOHN: Muß man dazu studiert haben, Papa?

VATER: Zumindest braucht man einen gewissen Durchblick. Ein Studium ist dafür eine gute Voraussetzung.

SOHN: Charly hat gesagt, sein Vater hat gesagt: Das mit dem Stress ist nur so, weil der Arbeiter eben doch nichts zu sagen hat.

VATER: Typisch Charlys Vater!

SOHN: Du meinst, an diesem Ausspruch sieht man, daß er nicht die geistige Souverätät hat.

VATER: Souveränität.
Es hat doch keinen Sinn, gegen die Grundlagen unserer Gesellschaft immer wieder anzurennen.

SOHN: Warum hat das keinen Sinn?

VATER: Weil man erkennen muß, daß man mit Haut und Haar von ihnen abhängig ist.

Kurze Pause.

SOHN: Wenn man das erkannt hat, Papa, ist das die geistige Souveränität?

Aus: Ursula Haucke (Hrsg.): Papa, Charly hat gesagt ... Neue Gespräche zwischen Vater und Sohn. Band 3. Hamburg 1979

***4.** Nennen Sie die drei Argumentationstypen, und erklären Sie jeweils ihren Zweck.*

***5.** Warum kann man die taktische Argumentation als Sonderfall des strategischen Argumentierens bezeichnen?*

***6.** Versetzen Sie sich in die Rolle eines Autoverkäufers, und bilden Sie Argumente, die einen Kunden von der Notwendigkeit eines 3-Wege-Katalysators überzeugen könnten.*

***7.** Ein Auszubildender besucht freiwillig außerhalb seiner Arbeitszeit einen EDV-Fortbildungslehrgang. Versuchen Sie aus seiner Sicht Argumente zu bilden, die seinen Chef überzeugen könnten, die entstehenden Fortbildungskosten zu übernehmen.*

5 Diskussion

Eine besondere Sozialform der Argumentation stellt die Diskussion dar, bei der die Diskussionsteilnehmer sich sprachlich über ein Thema auseinandersetzen. Da sich an dieser Gruppenkommunikationsform mehrere Personen beteiligen, wird bei größeren Gruppen ein Diskussionsleiter benötigt. Er muß von allen Teilnehmern akzeptiert sein, deswegen sollte er sich neutral verhalten, also Wertungen zu den einzelnen Redebeiträgen vermeiden. Seine Aufgabe besteht vor allem darin, auf die Form der Diskussion Einfluß auszuüben. Dementsprechend hat er auf die richtige Reihenfolge der Redebeiträge zu achten, persönliche Beleidigungen hat er zu unterbinden, die Diskussion wird von ihm eröffnet und meist mit einem Schlußwort beendet.
Von den Diskussionsteilnehmern untereinander kann erwartet werden, daß sie die Meinung des anderen achten und zumindest bereit sind, sich von anderen überzeugen zu lassen. Das bedeutet nicht, daß jede Diskussion mit einem Konsens oder einem Kompromiß enden muß.

Damit die Diskussion von allen Teilnehmern als nützlich angesehen werden kann, sollten die folgenden **Regeln bei einer Diskussion** eingehalten werden:

- Vor der Diskussion sollte man sich durch verschiedene Informationsquellen über das Diskussionsthema sachkundig machen.
- Man muß bereit sein, allen Teilnehmern aufmerksam zuzuhören, auf jeden Fall sollte man den Gesprächspartner ausreden lassen.
- Bei längeren Ausführungen der anderen Diskussionsteilnehmer sollte man sich Notizen machen, eventuell ist der eigene Beitrag mit Hilfe von Stichwörtern vorzustrukturieren.

- Bei dem eigenen Redebeitrag sollte man sich auf die Aussagen des Vorgängers beziehen.
- Die Redebeiträge sind so kurz und anschaulich wie möglich zu halten.
- Es ist prinzipiell sachlich zu argumentieren, was nicht heißen soll, daß Gefühle ausgeklammert werden müssen; auf jeden Fall sind Kränkungen und Beleidigungen anderer zu unterlassen.

Möchte man sich auf eine Diskussion gut vorbereiten, so sollte man nicht nur umfangreiches Material (zum Beispiel Zeitungsausschnitte, Fachaufsätze) sammeln, noch effektiver ist es, die im Informationsmaterial enthaltenen Pro- und Contra-Argumente schriftlich gegenüberzustellen. Es ist dadurch möglich, sich auf Gegenargumente von Diskussionsteilnehmern bereits vorher einzustellen.

Beispiel:

***Thema:** Ausweitung der Ladenschlußzeiten im Einzelhandel*

Pro	**Contra**
– Berufstätige können in den Abendstunden bequemer einkaufen;	– Die Arbeitskräfte im Einzelhandel haben weniger Möglichkeiten, sich in den Abendstunden um ihre Familie zu kümmern und am kulturellen Leben (z. B. Vereinsleben) teilzunehmen;
– Entzerrung der Straßenverkehrsdichte und bessere Ausnutzung des knappen Parkraums in den Innenstädten;	– Zunahme des Lärmpegels in den Innenstädten während der Abendstunden;
– ...	– ...

Aufgaben

1. Suchen Sie aus einer Rundfunk- und Fernsehzeitung Sendungen heraus, die Diskussionen zum Inhalt haben.

a) Ordnen Sie die Diskussionsthemen zunächst den Bereichen „berufliche Themen" bzw. „außerberufliche Themen" zu.

b) Versuchen Sie danach, die Diskussionsgegenstände in weitere Untergruppen einzuteilen.

c) Welche Lebensbereiche werden im Hörfunk und im Fernsehen Ihrer Meinung nach zu selten oder zu häufig in Diskussionssendungen angesprochen?

2. Nennen Sie die wichtigsten Diskussionsregeln.

3. Sammeln Sie Pro- und Contra-Argumente zu folgenden Themen:

a) Dienst von Frauen in der Bundeswehr
b) Abschaffung von Steuerprivilegien für Ehepaare
c) Verbot der PKW-Benutzung im Kernbereich der Innenstädte
d) Austritt der Bundesrepublik Deutschland aus der NATO

4. Sammeln Sie zu den folgenden Themenbereichen Informationsmaterial, und führen Sie danach entsprechende Diskussionen in Ihrer Schulklasse durch:

a) Ursachen der Arbeitslosigkeit in der Bundesrepublik Deutschland
b) Die Gleichberechtigung von Frauen und Männern im Berufsleben
c) Verkürzung der Wochenarbeitszeit bei vollem Lohnausgleich

IV Sprachliche Normen

1 Nachschlagen und Bescheid wissen – der DUDEN

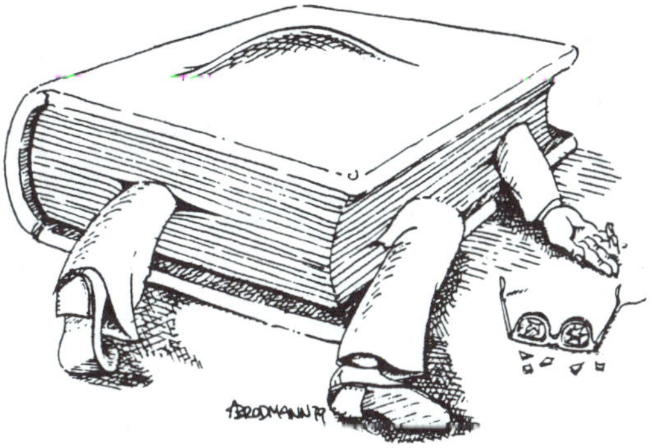

Wer kennt das nicht: Man schlägt im DUDEN unter dem betreffenden Stichwort nach und wird von den vorgefundenen Informationen – vor allem wegen der vielen Fachausdrücke – derart „erschlagen", daß man das Nachschlagewerk schnell wieder beiseite legt.
Dabei hoffte der Gymnasiallehrer **Konrad Duden** 1880 durch die Herausgabe seines „Vollständigen orthographischen Wörterbuch(es) der deutschen Sprache" ein Nachschlagewerk geschaffen zu haben, mit dem jeder die richtige Schreibweise eines Wortes heraussuchen kann.
Welche Bedeutung der DUDEN für unsere Sprache bis heute hat, zeigt der noch immer gültige Erlaß des Niedersächsischen Kultusministers:

Regeln für die deutsche Rechtschreibung

Erlaß vom 27. Januar 1956 – III 82/56 (SVBl. S. 33)

Die Ständige Konferenz der Kultusminister hat in ihrer Sitzung vom 18./19. November 1955 folgenden Beschluß gefaßt:

„Die in der Rechtschreibreform von 1901 und den späteren Verfügungen festgelegten Schreibweisen und Regeln für die Rechtschreibung sind auch heute noch verbindlich für die deutsche Rechtschreibung. Bis zu einer etwaigen Neuregelung sind diese Regeln die Grundlage für den Unterricht in allen Schulen. In Zweifelsfällen sind die im ‚Duden' gebrauchten Schreibweisen und Regeln verbindlich."

Ich setze diesen Beschluß hiermit für die niedersächsischen Schulen in Kraft.

Daß die deutsche Sprache trotz amtlicher Regeln einem fortwährenden Wandel unterliegt, belegen folgende Textauszüge aus den DUDEN-Ausgaben von 1880 bis 1986.

Beispiel für Sprachwandel im DUDEN:

1. Ausgabe 1880 — Umwechſelung, Umwechs-lung, die; –, –en umzingeln; umzingelt

9. Auflage 1918 — Um‿welt

11. Auflage 1934 — **Ụm‿welt** || Ụm-welts‿einfluß usw.

13. Auflage 1948 — **Ụm‿welt** || Umweltbedingtheit *w.*; || Ụm-welts‿einfluß

15. Auflage 1961 — **Ụmwelt; ụmweltbedingt; Ụm-welt‿bedingtheit** (*w*; -), **...ein-fluß**

17. Auflage 1973 — **Ụm|welt; ụm|welt|be|dingt,** aber (↑ R 142): durch die Ụmwelt bedingt; **Ụm|welt‿be|din|gun|gen** (*Mehrz.*), **...ein|fluß, ...for-schung; ụm|welt‿freund|lich, ...neu|tral, ...schäd|lich; Ụm|welt-‿schutz, ...ver|schmut|zung**

19. Auflage 1986[1] — **Ụm|welt; Ụm|welt|auto** (ugs. für: umweltfreundlicheres Auto); **ụm|welt|be|dingt; Ụm|welt‿be-din|gun|gen** *Plur.*, **...be|la|stung, ...ein|fluß, ...for|schung; ụm-welt|freund|lich; Ụm|welt|kri|mi-na|li|tät; ụm|welt|neu|tral; Ụm-welt|pa|pier** (Recyclingpapier); **ụm|welt|schäd|lich; Ụm|welt-‿schutz, ...schüt|zer, ...sün|der** (ugs.), **...ver|schmut|zung**

Sicherlich kann uns der DUDEN helfen, die Veränderung unserer Sprache aufzuzeigen; vor allem erwarten wir aber von diesem Nachschlagewerk Antworten auf unsere alltäglichen Rechtschreibprobleme, wie beispielsweise:

- Wie ist das Wort zu trennen?
- Wie wird das Wort ausgesprochen und betont?
- Welchen Artikel besitzt das gesuchte Substantiv bzw. Nomen[2]?
- Wie verändert sich das Wort, wenn es flektiert (gebeugt) werden muß?
- Wie lautet der Plural (die Mehrzahl) des Wortes?

Anhand des Wortbeispiels „Sonde" aus dem DUDEN sollen diese Fragen für das **Substantiv** beantwortet werden.

Beispiel:

Sọn|de *die;* -, -n ⟨franz.⟩ (Med.: Instrument zum Einführen in Körperhöhlen; auch: dünner Schlauch zur künstlichen Ernährung; Bergmannsspr.: Probebohrung; Physik, Meteor.: Gerät zur Erforschung der Verhältnisse in der Erdatmosphäre; Raumsonde);

---

1 Zur Zeit der Drucklegung dieses Werkes war für die Angaben zu bestimmten Regeln der Rechtschreibung und Zeichensetzung die 19. Auflage des DUDEN, Bd. 1, maßgeblich. Vgl.: Wissenschaftlicher Rat der DUDEN-Redaktion, Günter Drosdowski u. a. (Hrsg.). Der DUDEN in 10 Bänden. Band 1: DUDEN „Rechtschreibung der deutschen Sprache und Fremdwörter". 19., neu bearbeitete und erweiterte Auflage. Mannheim, Zürich 1986

2 Substantiv bzw. Nomen (gleichbedeutend): Hauptwort, Dingwort

Erklärungen:

Sọn|de	Der senkrechte Strich erklärt die **Silbentrennung.**
Sọn|de	Der untergesetzte Punkt kennzeichnet die kurze **betonte** Silbe.
die;	Die Eintragung gibt den **Artikel** und damit das Geschlecht des Substantivs an.
	Bei Nomen führt der DUDEN nach dem Geschlecht stets den **Genitiv Singular** (Wesfall der Einzahl) an; da das Stichwort „Sonde" im Genitiv Singular („der Sonde") mit dem Eintragungswort identisch ist, erscheint aus Platzgründen nur das Statthalterzeichen.
-n	Nach dem Genitiv Singular folgt bei Substantiven der Eintrag des **Nominativs Plural** (Werfall der Mehrzahl), hier demnach: „die Sonden".
⟨franz.⟩	Die Angabe in der Winkelklammer erklärt die **Herkunft** des Wortes.
(Med.: Instrument zum Einführen in Körperhöhlen; auch: dünner Schlauch zur künstlichen Ernährung; Bergmannsspr.: Probebohrung; Physik, Meteor.: Gerät zur Erforschung der Verhältnisse in der Erdatmosphäre; Raumsonde)	In runden Klammern wird die unterschiedliche **Bedeutung** des Stichwortes erläutert; im Bereich der Medizin hat das Wort eine andere Bedeutung als in den Gebieten der Physik oder der Meteorologie oder gar im Rahmen der Bergmannssprache.

Auch beim **Verb** (Zeitwort/Tätigkeitswort) bietet der DUDEN eine Vielzahl von interessanten Informationen.

Beispiel:

lau\|fen; du läufst, er läuft; du liefst (liefest); du liefest; gelaufen; lauf[e]!; den Hund [viel] laufen lassen; er hat den Karren laufen lassen (ugs. für: sich um nichts gekümmert); vgl. aber: laufenlassen;

Erklärungen:

lau|fen; du läufst, er läuft; du liefst (liefest); du liefest; gelaufen; lauf[e]!	Der **Infinitiv** (die Grundform) des Verbs ist immer halbfett gedruckt. Es folgen wichtige Flexionen (Veränderungen, Beugungen) des Verbs, deren Benutzung unter bestimmten grammatischen Bedingungen notwendig wird (vgl. hierzu S. 122).
den Hund [viel] laufen lassen; er hat den Karren laufen lassen (ugs. für: sich um nichts gekümmert); vgl. aber: laufenlassen;	Hier wird das Verb in den Zusammenhang mit besonderen **Rechtschreibproblemen** gebracht: heißt es „laufen lassen" oder „laufenlassen"? Um dieses Problem zu klären, bietet die Aufforderung „vgl. aber: laufenlassen" dem ratsuchenden Benutzer eine wertvolle Hilfe.
lau|fen|las|sen; ↑ R 205 (ugs. für: lossagen, freigeben); ich lasse sie laufen; ich habe sie laufengelassen, (seltener:) laufengelassen; er beabsichtigt, sie laufenzulassen; vgl. laufen;	Der nach oben gerichtete Pfeil verweist auf die **Regel** 205 der „Richtlinien zur Rechtschreibung, Zeichensetzung und Formenlehre in alphabetischer Reihenfolge", die im DUDEN vor dem Wörterverzeichnis zu finden sind.
	Schlägt man dort unter der Regel 205 nach, so findet man weitere erklärende Hinweise zur Rechtschreibung; Beispielsätze helfen dem Suchenden:

R 205 Verbindungen mit einem Verb als zweitem Glied schreibt man in der Regel dann zusammen, wenn durch die Verbindung ein **neuer Begriff** entsteht, den die bloße Nebeneinanderstellung nicht ausdrückt.

(Vgl. im Zweifelsfall das Wörterverzeichnis.)

Wenn du nicht fleißiger bist, wirst du sitzenbleiben (nicht versetzt werden). *Du sollst dich nicht gehenlassen* (nicht nachlässig sein). *Er wird uns bei diesem Fest freihalten* (für uns bezahlen).

Wir werden Ihnen die Summe gutschreiben (anrechnen). *Wie die Tage dahinfliegen* (vergehen)! *Diese Arbeit ist ihm schwergefallen* (sie war schwierig für ihn).

Bei zusammengeschriebenen Verbindungen schreibt man auch die mit „zu" gebildeten Infinitive (Grundformen) zusammen.

Du kannst es dir nicht leisten, noch einmal sitzenzubleiben. Man hat mir versprochen, uns diese Summe gutzuschreiben. ...

Beim **Adjektiv** (Eigenschaftswort) gibt der DUDEN vor allem Hinweise zu den Steigerungsformen und zu besonderen Rechtschreibproblemen.
Auch hier ist wieder die betreffende Rechtschreibregel angegeben, die dem Nachschlagenden weiterhelfen kann.

Beispiel:

kalt; kälter, kälteste; kalte Ente (ein Getränk); kalte Fährte; kalte Küche; kalter Krieg; kalte Miete (Miete ohne Heizung); kalter Schlag (nicht zündender Blitz); auf kalt und warm reagieren; *Schreibung in Verbindung mit Verben* (↑ R 205 f.): **I.** *Getrenntschreibung* in ursprünglicher Bedeutung, z. B. kalt bleiben; das Wetter war kalt geblieben. **II.** *Zusammenschreibung*, wenn durch die Verbindung ein neuer Begriff entsteht; vgl. kaltbleiben, kaltlassen, kaltmachen, kaltschweißen, kaltstellen, kaltwalzen;

Ein besonderes Rechtschreibproblem stellen die **Fremdwörter** dar. Bei diesen Wörtern interessiert neben der richtigen Schreibweise vor allem die Aussprache und Bedeutung. Bei geläufigen Fremdwörtern reicht als Informationsquelle der Rechtschreib-DUDEN, bei seltenen Fremdwörtern benötigt man sogar ein spezielles **Fremdwörterbuch**. Auch beim Gebrauch dieses Nachschlagewerkes gilt es, die Benutzerhinweise zu studieren.

Beispiel für Informationen aus dem Fremdwörter-DUDEN:

Action [*äksch^e^n*; *lat.-engl.*] *die*; -, -s: 1. ereignis- od. handlungsreicher, dramatischer Vorgang. 2. Klage, Rechtsstreit (engl. Recht). **Action directe** [*akßjongdiräkt*; *lat.-fr.*] *die*; --, -s -s [*akßjongdiräkt*]: 1. (ohne Plural) unmittelbar Anspruch (franz. Recht). 2. = direkte Aktion. 3. Anspruch auf Entschädigung bei der Haftpflichtversicherung. **Actionfilm** [*äksch^e^n...*] *der*; -s, -e: Spielfilm mit einer spannungs- u. abwechslungsreichen Handlung, in dem der Dialog auf das Nötigste beschränkt wird. **Action-painting** [*äksch^e^npe^i^nting*; *engl.*; „Aktionsmalerei"] *das*; -; moderne Richtung innerhalb der amerik. abstrakten Malerei (abstrakter Expressionismus). **Actionstory** [*...ßtori*] *die*; -, -s: Wiedergabe eines dramatischen od. spannungsreichen Ereignisses, wobei die wichtigsten Geschehnisse zu Beginn gebracht werden.

Erklärungen:

Action	Schreibweise
ạksch^{e}n	Aussprache in Lautschrift
lat.-engl.	Herkunftsangabe durch Kursivschrift
die	Artikel (bei Nomen)
-	Genitiv Singular („Action“)
-s	Nominativ Plural („Actions“)
1. ereignis- od. handlungsreicher, dramatischer Vorgang. 2. Klage, Rechtsstreit (engl. Recht).	Bedeutung(en)
Action directe [*akßjongdirạkt*; *lat.-fr.*] *die*; --, -s -s [*akßjongdirạkt*]: 1. (ohne Plural) unmittelbarer Anspruch (franz. Recht). 2. = direkte Aktion. 3. Anspruch auf Entschädigung bei der Haftpflichtversicherung. **Actionfilm** [*ạksch^{e}n...*] *der*; -s, -e: Spielfilm mit einer spannungs- u. abwechslungsreichen Handlung, in dem der Dialog auf das Nötigste beschränkt wird. **Action-painting** [*ạksch^{e}npe^{i}nting*; *engl.*; „Aktionsmalerei“] *das*; -: moderne Richtung innerhalb der amerik. abstrakten Malerei (abstrakter Expressionismus). **Actionstory** [*...ßtori*] *die*; -, -s: Wiedergabe eines dramatischen od. spannungsreichen Ereignisses, wobei die wichtigsten Geschehnisse zu Beginn gebracht werden.	geläufige Wortverbindungen

Aufgaben

1. *Erklären Sie die Herkunft des Wortes „DUDEN“.*
2. *Warum muß der DUDEN ab und zu überarbeitet werden?*
3. *Welche Informationen gibt der DUDEN bei Nomen?*
4. *Wie ist das Wort „Ikone“ zu trennen?*
5. *Wird das Wort „Osmium“ auf der ersten Silbe kurz oder lang ausgesprochen?*
6. *Nennen Sie den Artikel folgender Wörter: Apostroph, Essay, Kanu, Partikel.*
7. *Wie lautet der Nominativ Plural folgender Wörter: Atom, Gewand, Lexikon, Messer, Razzia?*
8. *Wie wird der Name des Revolutionärs „Danton“ ausgesprochen?*
9. *Was bedeutet das Wort „Kommunikation“?*

10. *Welche Informationen bietet der DUDEN bei Verben?*

11. *Suchen Sie aus dem DUDEN ein Adjektiv Ihrer Wahl heraus, und erläutern Sie die Eintragungen.*

12. *Suchen Sie mit Hilfe eines Fremdwörterbuches die Herkunft und Bedeutung folgender Fremdwörter heraus:*

Anonymität, Dissens, Epos, Etat, Flair, Giaur, Gobelin, Gourmet, Hypertonie, immanent, Interface, Kanaille, Komponente, Legalität, Monopol, Motiv, Motto, Parasit, Petition, Prognose, Prokura, Prolog, Recycling, Repression, Software, Tabula rasa, Tranquilizer, Vernissage, Zoom.

13. *Versuchen Sie in den folgenden Sätzen die Fremdwörter durch deutsche Wörter zu ersetzen:*

a) Der Filius war konsterniert, als der Vater ihm das Taschengeld strich.
b) Weil man sein Vermögen konfisziert hatte, verlor er seine Bonität.
c) Das Pendant zu Respekt heißt Mißachtung.
d) Der Nepotismus in manchen Ländern bringt die Bevölkerung oft in eine Misere.
e) Der Begriff „alter Knabe" ist ein Oxymoron.
f) Der Begriff „alter Greis" ist ein Pleonasmus.

14. *Ordnen Sie den folgenden deutschen Begriffen jeweils das richtige der aufgeführten Fremdwörter zu: Volksverführer, Amtsbereich, vollziehende Gewalt, bundesstaatlich, Bittschrift.*
(Hilfe: *Exekutive, Petition, Ressort, Demagoge, föderativ*)

15. *Übernehmen Sie die folgende Übersicht in Ihr Heft, und notieren Sie häufig verwendete Fremdwörter und deren Bedeutung aus dem wirtschaftlichen und aus dem technischen Sprachumfeld.*

Fremdwörter aus der Wirtschaft	**Fremdwörter aus der Technik**
Inflation: Geldentwertung ...	*Reflektor:* Hohlspiegel hinter einer Lichtquelle zur Bündelung des Lichtes (z. B. Autoscheinwerfer) ...

2 Basiswissen Grammatik

2.1 Die Wortarten

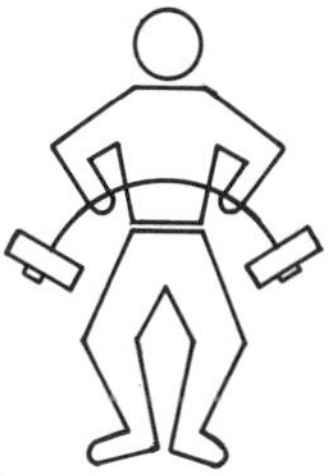

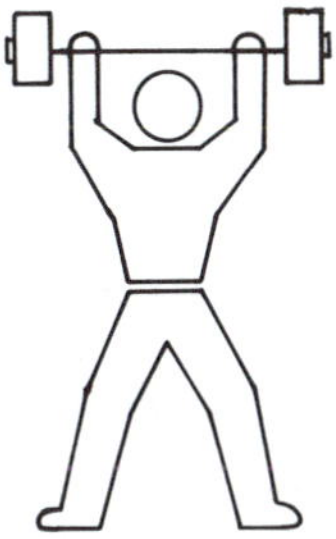

flektierbar

das Haus
des Hauses

nicht flektierbar

gestern
bis

Die Wörter als sprachliche Zeichen der Verständigung können in verschiedene Gruppen oder Klassen eingeteilt werden, die man Wortarten nennt. Je nachdem, welche und wie viele Gesichtspunkte (Kriterien) man zur Einteilung benutzt, erhält man unterschiedliche Wortarten.

Beispiel:
Noch vor etwa zehn Jahren war es üblich, das Numerale (Zahlwort) als eigenständige Wortart zu bezeichnen, seit einigen Jahren (so auch in der neuesten Ausgabe des Grammatik-DUDENS) wird das Numerale als Zahladjektiv, d. h. als eine Unterart der Adjektive, bestimmt. Auch die Definition des Adverbs hat in den neueren Grammatiktheorien eine Wandlung durchlaufen.

Grundlage dieser Ausführungen ist die im Grammatik-DUDEN gewählte Einteilung der Wortarten.

Zunächst kann man alle Wörter unserer Sprache dahingehend unterteilen, ob sie flektierbar oder nicht flektierbar sind. Ist ein Wort flektierbar, kann es in der Form, z. B. durch Anhängen einer Endung, sprachlich verändert werden.

Die flektierbaren Wortarten können wiederum in die Grundwortarten (Nomen, Verb und Adjektiv) und in die **Begleiter** bzw. **Stellvertreter des Nomens** (Artikel, Pronomen) unterteilt werden.

Die nicht flektierbaren Wortarten (Adverb, Präposition, Konjunktion und Interjektion) werden auch als **Partikel** bezeichnet.

Die Wortarten im Überblick

Wortart	Beispiel	Leistung/Aufgabe
Verb (Zeitwort)		
– Vollverb	rennen, lachen	bezeichnet einen Vorgang, Zustand oder eine Handlung
– Hilfsverb	sein, haben, werden	kann wie ein Vollverb verwandt werden; dient hauptsächlich zur Bildung einer zusammengesetzten Zeit und ergänzt dabei das Vollverb (ich werde rennen)
– Modalverb	können, dürfen, mögen, müssen, drohen, pflegen	dient dazu, ein Geschehen oder Sein zu modifizieren, z.B. Einschränkung des Bedeutungsgehalts des Vollverbs (Der Baum droht umzufallen.)
Substantiv/Nomen (Hauptwort) – konkret – abstrakt	 Fisch, Wasser, Teich, Angel Erfolg, Freundschaft	benennt Lebewesen, Gegenstände und Begriffe (konkret); aber auch Nichtgegenständliches wird vom Menschen als ‚Ding' aufgefaßt und durch (abstrakte) Substantive bezeichnet
Adjektiv (Eigenschaftswort)	häßlich, billig, groß, drei, viel, wenig	kennzeichnet, wie etwas ist (bezeichnet die Eigenschaft, Art oder Merkmale, einschließlich Zahlen)
Artikel (Geschlechtswort) – bestimmt – unbestimmt	 der, die, das ein, eine, einer	gibt das Geschlecht (den Genus) des Substantivs an: – männlich (masculinum) – weiblich (femininum) – sächlich (neutrum)
Pronomen (Fürwort)		
1. Personalpronomen (persönliches Fürwort)	ich, du, er (sie, es), wir, ihr, sie	wird stellvertretend für eine Person, Sache oder Tatbestand gebraucht
2. Possessivpronomen (besitzanzeigendes Fürwort)	mein, dein, sein, unser, euer, ihr	kennzeichnet ein Eigentumsverhältnis, vertritt den Besitzer
3. Demonstrativpronomen (hinweisendes Fürwort)	der, die, das (betont), dieser, jener solcher (unbetont)	gibt einen besonderen Hinweis auf Personen oder Sachen
4. Relativpronomen (bezügliches Fürwort)	der, die, das, jenes, welches (ein Kind, das)	bezieht sich auf ein vorangegangenes Substantiv und leitet einen Gliedsatz ein (Relativsatz)
5. Reflexivpronomen (rückbezügliches Fürwort)	mich, dich, sich (ich wasche mich)	bezieht sich auf den vorangegangenen Satzgegenstand (Subjekt)
6. Interrogativpronomen (Fragefürwort)	wer, was, wie, wo warum ...	fragt nach Personen oder Sachen
7. indefinites Pronomen (unbestimmtes Fürwort)	man, mancher, jemand, niemand	bezeichnet Personen oder Sachen in unbestimmter, allgemeiner Weise

Adverb (Umstandswort)	sehr (Art und Weise) weil (Grund) innen (Ort) heute (Zeit)	beschreibt die näheren Umstände einer Handlung oder eines Zustandes; es steht meist beim Verb
Präposition (Verhältniswort)	über, unter, von, zu, nach, gegen, ohne, für, entgegen, mittels, mit ...	gibt das Verhältnis eines Verbs, eines Substantivs oder eines Adjektivs zu einem anderen Substantiv an
Konjunktion (Bindewort) – bei- oder nebenordnend	und, oder, sowie, aber, sowohl als auch, sondern ...	verbindet Wörter, Satzglieder oder Sätze
– unterordnend	als, da, weil, daß ...	leitet die verschiedenen Konjunktionalsätze ein
Interjektion (Empfindungswort)	autsch! hee! ach!	drückt Gefühlsregungen aus

Die Verteilung der Wortarten in unserer Sprache

Wortart	Anteil in % (z. T. gerundet)
Nomen	47
Verb	19
Adjektiv	23
Adverb	7
Pronomen . . .	0,8
Präposition . . .	1,2
Konjunktion . .	1,3
Interjektion . . .	0,4

Angaben nach W. Ortmann: Hochfrequente deutsche Wortformen. Bd. III. München 1979

Der Umfang des Wortschatzes

Sprache	Umfang des Wortschatzes
Deutsch	300 000–500 000 Wörter
Englisch	600 000–800 000 Wörter
Französisch . .	ca. 100 000 Wörter
zum Vergleich: aktiver Wortschatz eines deutschen Durchschnittsbürgers	12 000– 16 000 Wörter

Angaben nach: Der DUDEN in 10 Bänden. Band 9: Richtiges und gutes Deutsch.

Aufgaben

1. *Was versteht man unter der Flexion eines Wortes?*
2. *Warum bezeichnet man Artikel und Pronomen als Begleiter bzw. Stellvertreter eines Substantivs? Erläutern Sie dies anhand von Satzbeispielen.*
3. *Welche Wortarten gehören zu den Partikeln?*
4. *Welche Wortarten lassen sich flektieren?*
5. *Bilden Sie einen Satz, in dem möglichst viele verschiedene Pronomen enthalten sind.*
6. *Bestimmen Sie die Wortarten der ersten fünf Aufgabensätze.*
7. *Aus welchen Wortarten besteht unsere Sprache hauptsächlich?*
8. *Welche Wortarten wird ein Kleinkind zuerst erlernen? Begründen Sie, warum es gerade diese Wortarten sind.*

2.1.1 Die Flexion (Beugung) der Wortarten

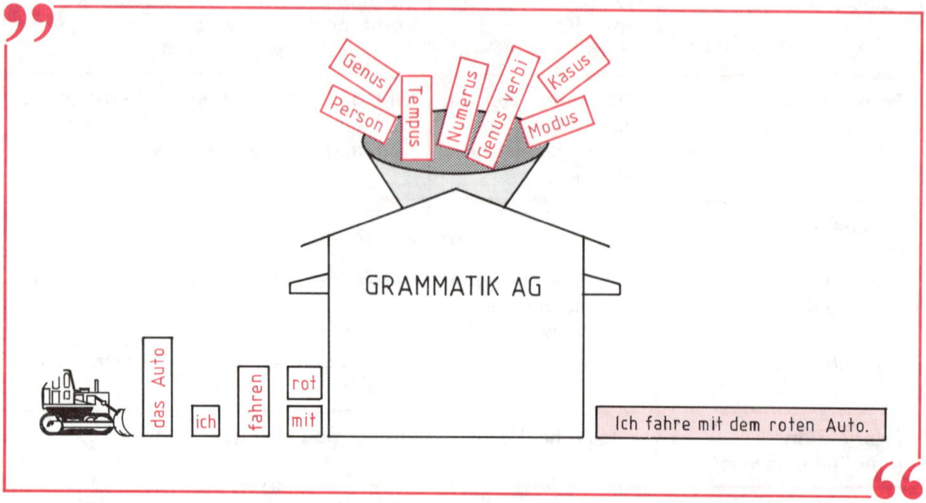

Damit Wörter aneinandergereiht einen sinnvollen Satz ergeben, müssen sie nach grammatischen Regeln verändert werden. Bei der Bildung von Sätzen geht es zum einen um die richtige Reihenfolge der Wörter, zum anderen müssen die Wörter der Form nach aufeinander abgestimmt sein: die Wörter werden flektiert (gebeugt).
Die Art der Flexion ist bei den einzelnen Wortarten zum Teil sehr unterschiedlich:

Verben werden konjugiert.
Adjektive, Artikel, Pronomen und Nomen werden dekliniert.

- **Die Konjugation**

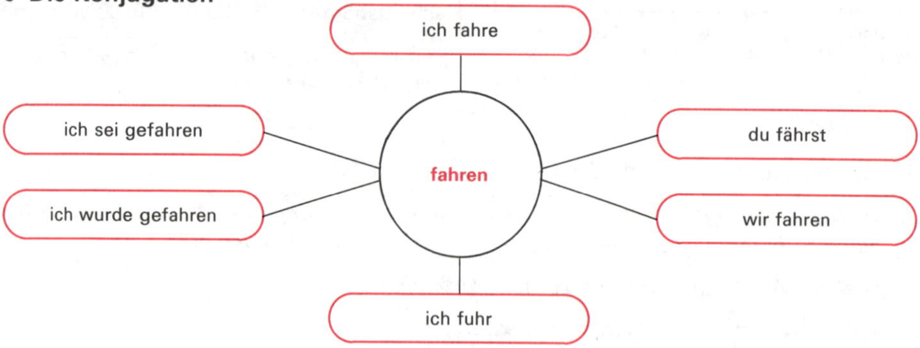

Ein Verb kann in fünffacher Hinsicht formverändert werden:

a) nach Person ⟶ ich fahre/du fährst

b) nach Numerus (Zahl) ⟶ ich fahre/wir fahren

c) nach Tempus (Zeit) ⟶ ich fahre/ich fuhr

d) nach Genus verbi (Handlungsrichtung) ⟶ ich fahre/ich wurde gefahren

e) nach Modus (Aussageweise) ⟶ ich bin gefahren/ich sei gefahren

Die Veränderungsmöglichkeiten des Verbs im einzelnen:

a) Person und **b) Numerus**

Person	Numerus	Wortbeispiel
1. Person 2. Person 3. Person	*Singular* (Einzahl)	ich fahre du fährst er, sie, es fährt
1. Person 2. Person 3. Person	*Plural* (Mehrzahl)	wir fahren ihr fahrt sie fahren

c) Der Tempus/die Tempora: die Zeitform(en) des Verbs

Tempus	Wortbeispiel
Präsens (Gegenwart)	ich fahre
Präteritum (erste Vergangenheit)	ich fuhr
Perfekt (zweite Vergangenheit/vollendete Gegenwart)	ich bin gefahren
Plusquamperfekt (dritte Vergangenheit/vollendete Vergangenheit)	ich war gefahren
Futur I (erste Zukunft)	ich werde fahren
Futur II (zweite Zukunft/vollendete Zukunft)	ich werde gefahren sein

Besonders bei der Bezeichnung der Zeitformen sollte man sich daran gewöhnen, die lateinischen Fachausdrücke zu gebrauchen, da unsere deutschen Übersetzungen nicht immer eindeutig sind. So wird z. B. Präsens mit „Gegenwart" gleichgesetzt, obwohl das Präsens nicht immer nur Gegenwärtiges ausdrückt, sondern beispielsweise auch etwas Allgemeingültiges oder sogar Zukünftiges: *Sich regen bringt Segen* bzw. *Im Winter schneit es*. Ähnliches gilt auch für die Übersetzungen der anderen Zeitformen.
Interessant ist, daß in unserer Sprache zu ca. 90% die Zeitformen Präsens und Präteritum benutzt werden, was allerdings im erheblichen Maße von der Textart abhängt (z. B. Inhaltsangabe und Protokoll in der Regel im Präsens, Nacherzählung im Präteritum). (Vgl. dazu DUDEN, Grammatik, S. 143.)

d) Genus verbi: die Handlungsrichtung des Verbs

Genus verbi	Wortbeispiel
Aktiv (Tatform, täterzugewandte Handlungsrichtung)	ich fahre
Passiv (Leideform, täterabgewandte Handlungsrichtung)	ich werde gefahren

Auch bei der Bezeichnung von Aktiv und Passiv sollte auf die Benutzung der deutschen Begriffe verzichtet werden. Das Wort „Leideform" führt häufig zu dem Mißverständnis, daß mit dem Ausdruck „leiden" stets etwas Inhaltliches beschrieben wird, was keineswegs so sein muß.

Beispiel:
An die Gewinnerin wurde 1 Million DM in bar ausgezahlt.

e) Der Modus/die Modi: die Aussageweise(n) des Verbs

Modus	**Wortbeispiel**
Indikativ (Wirklichkeitsform)	Er fährt heute.
Konjunktiv I (Möglichkeitsform I)	Er sagt, er fahre heute.
Konjunktiv II (Möglichkeitsform II)	Er sagt, er führe heute.
Imperativ (Befehlsform)	Fahr(e) heute!

Der Konjunktiv I wird vor allem benötigt, um einen Text von der direkten Rede in die indirekte Rede zu übertragen.
Der Konjunktiv II dient dazu, „etwas nur Vorgestelltes, nur möglicherweise Existierendes" (DUDEN, Grammatik, Mannheim 1984, S. 158) auszudrücken. Daneben muß der Konjunktiv II aber auch in der indirekten Rede angewandt werden: wenn Indikativ und Konjunktiv I der Form nach zusammenfallen.

Beispiel:

Direkte Rede		**Indirekte Rede**		
Indikativ	→	*Konjunktiv I*	→	*Konjunktiv II*
„Ich komme".	→	..., ~~daß ich komme.~~	→	..., daß ich käme.

Da es vielen sehr schwer fällt, die richtigen Konjunktivformen der Hilfsverben *sein, haben, werden* zu bilden, seien sie hier genannt:

Tempus	Numerus	Person	Indikativ	Konjunktiv I	Konjunktiv II
Präsens	Singular	1.	ich bin/habe/werde	ich sei/habe/werde	
		2.	du bist/hast/wirst	du sei[e]st/habest/werdest	
		3.	er/sie/es ist/hat/wird	er/sie/es sei/habe/werde	
	Plural	1.	wir sind/haben/werden	wir seien/haben/werden	
		2.	ihr seid/habt/werdet	ihr seiet/habet/werdet	
		3.	sie sind/haben/werden	sie seien/haben/werden	
Präteritum	Singular	1.	ich war/hatte/wurde		ich wäre/hätte/würde
		2.	du warst/hattest/wurdest		du wär[e]st/hättest/würdest
		3.	er/sie/es war/hatte/wurde		er/sie/es wäre/hätte/würde
	Plural	1.	wir waren/hatten/wurden		wir wären/hätten/würden
		2.	ihr wart/hattet/wurdet		ihr wär[e]t/hättet/würdet
		3.	sie waren/hatten/wurden		sie wären/hätten/würden
Futur I	Singular	3.	er/sie/es wird sein / wird haben / wird werden	er/sie/es werde sein / werde haben / werde werden	er/sie/es würde sein / würde haben / würde werden
Perfekt	Singular	3.	er/sie/es ist gewesen / hat gehabt / ist geworden	er/sie/es sei gewesen / habe gehabt / sei geworden	
Plusqu.	Singular	3.	er/sie/es war gewesen / hatte gehabt / war geworden		er/sie/es wäre gewesen / hätte gehabt / wäre geworden
Futur II	Singular	3.	er/sie/es wird gewesen sein / wird gehabt haben / wird geworden sein	er/sie/es werde gewesen sein / werde gehabt haben / werde geworden sein	er/sie/es würde gewesen sein / würde gehabt haben / würde geworden sein

Aus: DUDEN, Grammatik, Mannheim 1984, S. 132

Die Konjugation bietet gerade bei Verben, bei denen sich durch die Flexion der Stammvokal ändert, häufig Schwierigkeiten. Als Hilfe kann dabei der DUDEN dienen, der bei diesen Verben nach dem Infinitiv (der Grundform) in der Regel folgende Verbformen hintereinander angibt:

DUDEN-Angaben	Wortbeispiele	
1. 2. Person Singular im Indikativ des Präteritums	du liefst (liefest)	du sprachst (sprachest)
2. 2. Person Singular im Konjunktiv des Präteritums	du liefest	du sprachest
3. Partizip Perfekt	gelaufen	gesprochen
4. Singular des Imperativs	laufe[e]!	sprich!

Aufgaben

1. *Was versteht man in der Grammatik unter „Flexion"?*
2. *Erläutern Sie mit Hilfe eines selbstgewählten Wortbeispiels die fünf Veränderungsformen des Verbs.*
3. *Konjugieren Sie die Verben „denken" und „handeln" nach Person und Numerus.*
4. *Bestimmen Sie in den folgenden Sätzen Person, Numerus und Tempus:*
   - **a)** Morgen werden wir in Prag sein.
   - **b)** Karin schaute auf die Klassenarbeit ihrer Nachbarin.
   - **c)** Ich bin gerade aus dem Bus gestiegen.
   - **d)** Du verhältst dich sehr merkwürdig.
5. *Übertragen Sie folgende Sätze in alle Zeitformen:*
   - **a)** Sabine erhält einen Ausbildungsplatz.
   - **b)** Jürgen spielt Klavier.
   - **c)** Marianne springt in das Wasser.
6. *Übertragen Sie folgende Sätze ins Passiv:*
   - **a)** Der Schüler gibt die Klassenarbeit ab.
   - **b)** Die Abteilungsleiterin lobt den Auszubildenden.
   - **c)** Michael bügelt das Hemd.
7. *Bilden Sie jeweils den Plural der Wörter „Tempus", „Genus" und „Modus".*
8. *Übertragen Sie in die indirekte Rede:*
   - **a)** Ich erwiderte: „Ich habe das nicht gewollt."
   - **b)** Die Politikerin sagte: „Eine demokratische Gesellschaft kann ohne Toleranz nicht existieren."
   - **c)** Birgit wandte ein: „Sein Verhalten ist nicht zu akzeptieren."
9. *Bestimmen Sie den Modus der folgenden Sätze:*
   - **a)** Sprich lauter!
   - **b)** Katharina sagt, sie käme erst morgen.
   - **c)** Hannover ist die Hauptstadt von Niedersachsen.
10. *Bilden Sie von einem selbstgewählten Satz alle Modi.*

• **Die Deklination**

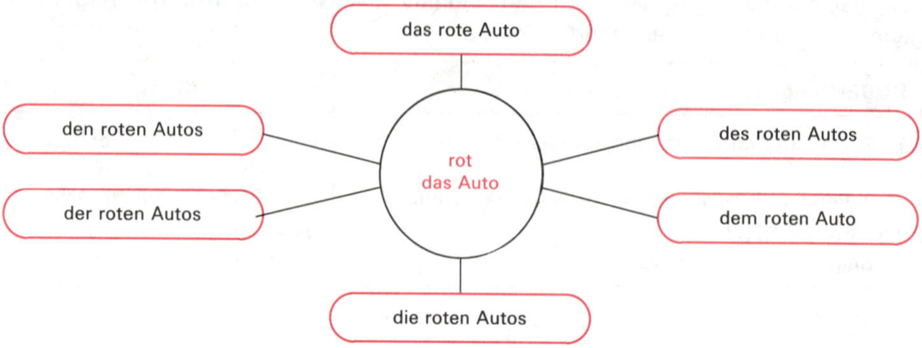

Diese Formveränderung betrifft **Substantiv, Pronomen, Adjektiv** und **Artikel.**

Beispielhaft seien hier Artikel, Adjektiv und Substantiv im Singular und Plural dekliniert:

Numerus	**Kasus** (grammatischer Fall)	**Genus**		
		Maskulinum (männlich)	*Femininum* (weiblich)	*Neutrum* (sächlich)
Singular (Einzahl)	*Nominativ* (Werfall)	der gute Brief	die kurze Frist	das rote Auto
	Genitiv (Wesfall)	des guten Briefes	der kurzen Frist	des roten Autos
	Dativ (Wemfall)	dem guten Brief	der kurzen Frist	dem roten Auto
	Akkusativ (Wenfall)	den guten Brief	die kurze Frist	das rote Auto
Plural (Mehrzahl)	*Nominativ*	die guten Briefe	die kurzen Fristen	die roten Autos
	Genitiv	der guten Briefe	der kurzen Fristen	der roten Autos
	Dativ	den guten Briefen	den kurzen Fristen	den roten Autos
	Akkusativ	die guten Briefe	die kurzen Fristen	die roten Autos

Aufgaben

1. *Welche Wortarten lassen sich deklinieren?*

2. *Deklinieren Sie die folgenden Wörter nach Numerus und Kasus:*
   a) die spannende Geschichte
   b) dieser preisgünstige Artikel
   c) eine saubere Umwelt
   d) meine nette Schwester
   e) das wunderbare Konzert

3. *Überlegen Sie, warum es zum Beispiel Briten und Amerikanern häufig so schwer fällt, die Deklination in der deutschen Sprache zu beherrschen.*

2.2 Die Satzlehre

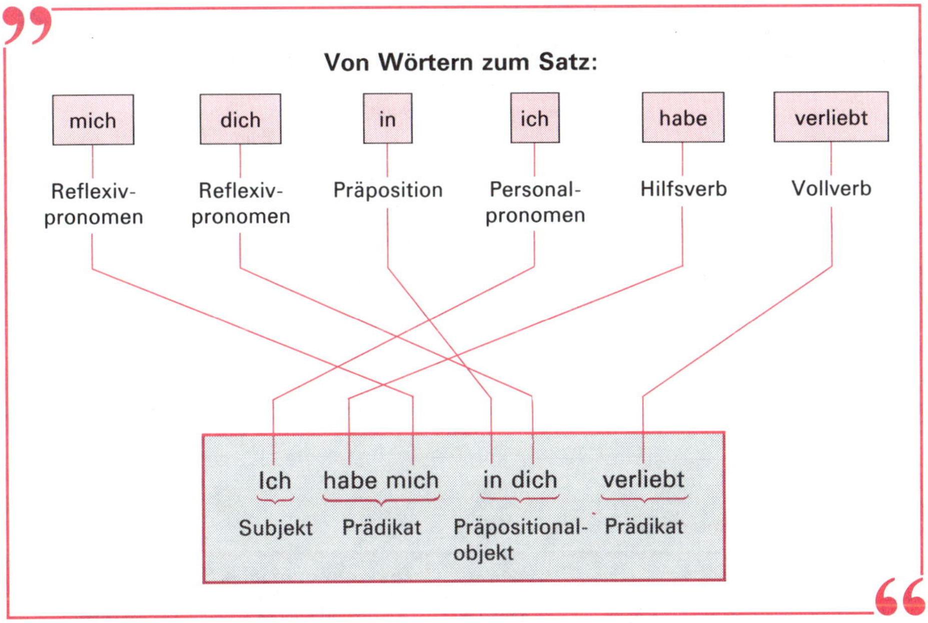

Aus Wörtern können Sätze entstehen. Wenn die Aneinanderreihung von Wörtern eine selbständige und sinnvolle Aussage ergibt, entsteht ein Hauptsatz. Jeder Satz besteht aus Gliedern; der **einfache Hauptsatz** besteht mindestens aus den Satzgliedern

- **Subjekt** (Satzgegenstand) **und** • **Prädikat** (Satzaussage).

Der einfache Hauptsatz kann durch zusätzliche Satzglieder zum **erweiterten Hauptsatz** ergänzt werden, und zwar durch

- **Objekte** (Satzergänzungen) und/oder • **adverbiale Bestimmungen/Adverbiale** (Umstandsbestimmungen).

Werden Satzglieder zur näheren Bestimmung genauer bezeichnet, so wird der Satz zusätzlich bereichert durch

- **Attribute** (Beifügungen).

Das Attribut ist kein eigenständiges **Satzglied,** sondern ein **Satzgliedteil.** Jedes Satzglied (außer dem Prädikat) kann durch das Satzgliedteil „Attribut" sprachlich genauer bezeichnet werden, ohne daß sich die Bestimmung des Satzgliedes – beispielsweise als Subjekt – dadurch verändert.

Beispiel für die Funktion des Attributes als Satzgliedteil:

Der Mann ▶ Der **schöne** Mann

Subjekt ▶ Subjekt + Attribut

Die zentrale Aufgabe der Satzlehre besteht in der grammatischen Bestimmung der Satzglieder eines Satzes. Satzglieder können durch die Art der Fragestellung bestimmt werden.

Bitte prägen Sie sich die folgende Zuordnung von Satzgliedern zur jeweiligen Fragestellung ein:

Die Fragestellung		bestimmt das Satzglied:
Wer oder was?	⟶	Subjekt[1] (1. Fall)
Wessen?	⟶	Genitivobjekt (2. Fall)
Wem?	⟶	Dativobjekt (3. Fall)
Wen oder was?	⟶	Akkusativobjekt (4. Fall)
Womit? Wofür? Wogegen? ...	⟶	Präpositionalobjekt[2]
Wann?	⟶	temporales Adverbial
Wo?	⟶	lokales Adverbial
Wie?	⟶	modales Adverbial
Warum?	⟶	kausales Adverbial

Die Satzlehre am Beispiel:

Der Satz	Die grammatische Bestimmung der Satzglieder
1. Der einfache Hauptsatz: Der Schüler (Subjekt) lernt (Prädikat).	**Wer oder was** lernt? (*Der Schüler* = Subjekt) **Was tut** das Subjekt? (*lernen* = Prädikat)
2. Der um ein Objekt erweiterte Hauptsatz: **a)** Der Schüler lernt die Regeln (Akkusativobjekt).	**Wen oder was** lernt der Schüler? (*die Regeln* = Akkusativobjekt/4. Fall)
b) Der Schüler lehrt seinem Freund (Dativobjekt) die Regeln.	**Wem** lehrt der Schüler die Regeln? (*seinem Freund* = Dativobjekt/3. Fall)
c) Der Schüler lernt die Regeln des Buches (Genitivobjekt).	**Wessen** Regeln lernt der Schüler? (*die des Buches* = Genitivobjekt/ 2. Fall)
d) Der Schüler lernt die Regeln mit Hilfe des Buches (Präpositionalobjekt).	**Womit** lernt der Schüler die Regeln? (*mit Hilfe des Buches* = Präpositionalobjekt)

[1] Das Subjekt steht durch die Frageprobe *wer oder was?* immer im 1. Fall, dem Nominativ. Ergibt die Frageprobe, daß sich ein weiteres Satzglied im 1. Fall befindet, so spricht man von einem Gleichsetzungsnominativ.

[2] Präpositionalobjekte liegen in der Regel dann vor, wenn ein Satzglied durch eine Präposition wie durch, für, ohne, nach, bei, mittels o.ä. eingeleitet wird.

3. Der um eine adverbiale Bestimmung erweiterte Hauptsatz: a) Der Schüler lernt abends ... (abends: temporales Adverbial)	**Wann** lernt der Schüler? (*abends* = adverbiale Bestimmung der Zeit/temporales Adverbial)
b) Der Schüler lernt in seinem Zimmer ... (in seinem Zimmer: lokales Adverbial)	**Wo** lernt der Schüler? (*in seinem Zimmer* = adverbiale Bestimmung des Ortes/lokales Adverbial)
c) Der Schüler lernt intensiv ... (intensiv: modales Adverbial)	**Wie** lernt der Schüler? (*intensiv* = adverbiale Bestimmung der Art und Weise/modales Adverbial)
d) Der Schüler lernt aus Wißbegier ... (aus Wißbegier: kausales Adverbial)	**Warum** lernt der Schüler? (*aus Wißbegier* = adverbiale Bestimmung des Grundes/kausales Adverbial)
4. Das Attribut als nähere Bestimmung von Satzgliedern des Hauptsatzes: Der fleißige Schüler lernt (fleißige: Attribut) aus lobenswerter Wißbegier. (lobenswerter: Attribut)	**Welche nähere Bestimmung** wird zu den Satzgliedern vorgenommen? (*fleißig* = Attribut, *lobenswert* = Attribut)

Von den Satzgliedern ist der **Gliedsatz** (vormals „Nebensatz") zu unterscheiden. Auch der Gliedsatz besteht aus Satzgliedern, im Gegensatz zum Hauptsatz ist der Gliedsatz jedoch **grammatisch kein selbständiger Satz.** Der Gliedsatz gewinnt seinen Aussagewert nur als „Glied" zum Hauptsatz, er ergibt für sich allein keinen Sinn. Erst in der Verbindung mit einem Hauptsatz kann ein Gliedsatz sinnvoll werden.

Hauptsatz und Gliedsatz

Der Schiedsrichter unterbrach das Spiel,	→	sinnvolle Aussage	→	**Hauptsatz**
weil ein Sportler verletzt war.	→	für sich allein keine sinnvolle Aussage	→	**Gliedsatz**

Treffen Haupt- und Gliedsatz zusammen, entsteht ein **Satzgefüge.** Eine Verbindung zwischen Hauptsätzen ist ebenfalls möglich, diese Verbindung wird **Satzreihe** genannt.[1]

Beispiel:

Das Meer war verölt, weil ein Tanker verunglückt war.	→	**Satzgefüge**
Das Meer war verölt, Fische und Robben starben.	→	**Satzreihe**

[1] Diese Unterscheidung ist für die Zeichensetzung bedeutsam. Weitere Informationen finden Sie deshalb im Abschnitt „Zeichensetzung und grammatische Satzstruktur", Seite 141.

Aufgaben

1. Bestimmen Sie die Satzglieder folgender Sätze:

a) Der fleißige Schüler lernt mit seinem Freund abends in seinem Zimmer die Regeln der Grammatik.

b) Eine Satzreihe ist eine Verbindung aus zwei Hauptsätzen.

c) Die jährliche Buchmesse in Frankfurt ist ein von den Medien vielbeachtetes Ereignis.

d) Die Immunschwächekrankheit AIDS ist gefährlich für die Menschheit.

e) Der Sanitäter versorgte den Verletzten und hob ihn dann vorsichtig in den Krankenwagen.

f) Ein ausländischer Besucher findet gelegentlich in einer fremden Stadt nicht sofort den richtigen Weg, deshalb müssen wir ihm helfen.

2. In den folgenden Fragen wird um Erklärungen für die unterschiedlichen Begriffe der Satzlehre gebeten. Beantworten Sie die Fragen mit Hilfe des Lehrtextes:

a) Was unterscheidet den Hauptsatz vom Gliedsatz?

b) Was versteht man unter einer „Satzreihe"?

c) Was versteht man unter einem „Satzgefüge"?

d) Aus welchen beiden Satzgliedern muß ein Satz mindestens bestehen, damit er ein Hauptsatz sein kann?

e) Welche Besonderheit weist das Attribut gegenüber den anderen Satzgliedern auf?

3. Wie das anfängliche Beispiel zu diesem Kapitel zeigt, müssen Wortartenanalyse und Satzgliedbestimmung unterschieden werden. Prüfen Sie Ihr Basiswissen auf dem Gebiet der Grammatik, indem Sie (auch mit Hilfe des vorigen Kapitels) für folgende Sätze die Wortarten ***und*** *die Satzglieder bestimmen:*

a) Die Sonne scheint ins Zimmer.

b) Beim Stadtfest hat Walters Vater fünf Tassen Kaffee getrunken.

c) In Osnabrück gibt es eine pädagogische Hochschule, eine Fachhochschule und eine neue Universität.

d) Körperliche Bewegung in frischer Luft erhöht das Denkvermögen.

3 Die Zeichensetzung

3.1 Die Zeichensetzung als Hilfsmittel zur Strukturierung von Sprache

Gaby H 17 Schülerin einer Berufsschule in Berlin West verkündete ohne Rücksicht auf Klaus M 19 der sich vorher gemeldet hatte Ich hasse Zeichensetzung ich bin der Meinung daß man uns damit nicht mehr und schon gar nicht in der Berufsschule belästigen sollte weil so etwas sowieso nie jedenfalls nicht bei uns im Betrieb gebraucht werden kann Genauso ist es bestätigte Sabine Z 18 seitdem es Computer gibt Sieglinde U 39 Deutschlehrerin unterbrach wenn dies auch sonst nicht ihre Art war und sagte Ohne Zeichen im Satz ist und das kann man ganz leicht einmal nachprüfen indem man einige Sätze ohne Zeichen schreibt die Verständlichkeit von Texten fast unmöglich Wirklich fragte Hüseyin T 19 aus Ankara der Hauptstadt der Türkei Und Henning W 20 von der Küste gebürtig zweifelte vernehmlich Is daas woar Es ist wahr lesen Sie doch nur einmal diesen Text hier in dem Lehrbuch Unsere Sprache im Beruf

Ein Text ohne Zeichen ist nicht oder nur schwer verständlich. Zeichen stehen für bestimmte Sprechsituationen, die in der Schriftsprache verdeutlicht werden müssen, um den Sinn von Texten erkennbar zu machen. Die wichtigsten Sprechsituationen werden in der Schriftsprache durch folgende Zeichen repräsentiert:

Sprechsituation	Zeichen
Sprechpause am Ende eines Aussagesatzes	*Punkt*
Sprechpause im Satz	*Komma*
Lange Sprechpause im Satz	*Semikolon*
Sprechpause am Ende eines Fragesatzes	*Fragezeichen*
Sprechpause am Ende eines Ausrufesatzes	*Ausrufezeichen*
Sprechpause vor einer Ankündigung im Satz	*Doppelpunkt*
Sprechpause zur Kennzeichnung eines (meist längeren) Nebengedankens im Satz	*Gedankenstrich*
Sprechpause zur Kennzeichnung eines (meist kürzeren) erklärenden Zusatzes	*Klammer*
Kennzeichnung wörtlicher Rede	*Anführungszeichen*

Die Dauer von Sprechpausen ist von Sprecher zu Sprecher verschieden, ja, sie ist sogar von Sprache zu Sprache verschieden. Die Deutschen empfinden die Sprache der Italiener als schnell und lebendig; die Sprache der Russen hingegen als langsam und ruhig. In beiden Sprachen sind die Sprechpausen, gemessen an der unseren, offensichtlich kürzer bzw. länger. In allen Sprachen aber gilt: **Die Sprechpausen am Ende von Sätzen sind länger als die Sprechpausen in Sätzen.**

Jede Sprache hat zudem ihre eigene **Intonation** (Betonung), gelegentlich wird der Klang einer Sprache auch als ihre „Melodie" bezeichnet. In der Musik wiederum sind zur Kennzeichnung bestimmter Melodienfolgen bestimmte Zeichen notwendig. Es erscheint heute als sicher, daß ein Teil unserer Sprachzeichen aus der Musik stammt:

Das Mittelalter hat in seinen Handschriften nur wenige, ohne verbindliche Regeln verwendete Satzzeichen gekannt. Dabei sind möglicherweise gewisse Punkte und Striche von Einfluß gewesen, die bei der Aufzeichnung des Gregorianischen Kirchengesanges gebraucht wurden, um bestimmte Kadenzen, d.h. Melodieschlüsse, zu bezeichnen.

Aus: D. Berger: Komma, Punkt und alle anderen Satzzeichen. Mannheim/Wien/Zürich. 2. Auflage 1982, S. 9.

Melodieschlüsse (Kadenzen) leiten Pausen ein. Wie in der Musik, können auch in der Sprache Pausen – ja, sogar die unterschiedliche Dauer von Pausen – gefühlsmäßig ohne größere Schwierigkeiten erfaßt werden. **Eine Pause in der Sprache ist deshalb fast immer gleichbedeutend mit der Aufforderung „Setze ein Satzzeichen!".**

Der beliebte Schülersatz „Ich setze das Komma nach Gefühl" ist wegen des grundsätzlichen Zusammenhangs zwischen Sprechpause und Satzzeichen nicht ohne jede Logik. Allerdings zeigt die hohe Quote falsch gesetzter Zeichen, daß das Problem der richtigen Zeichensetzung nicht nur mit dem Gefühl bewältigt werden kann. Dies hat folgende Hauptursachen:

- Zeichen werden auch zur grammatischen Strukturierung von Texten gesetzt, müssen also nicht immer mit einer Sprechpause identisch sein. Dadurch ist namentlich die Kommasetzung etwas schwieriger als die übrige Zeichensetzung.
- Zeichen können in bestimmten Sprechsituationen auch gehäuft auftreten und deshalb besondere Probleme schaffen. Dies ist z.B. bei der *wörtlichen Rede* der Fall.
- Zeichen können auch reine Wortzeichen sein. Sie haben dann weder eine grammatische Funktion, noch kennzeichnen sie eine Sprechpause. Wichtige Wortzeichen sind der Apostroph (Auslassungszeichen), der Bindestrich und der Schrägstrich.

Es geht deshalb nicht ohne **Regeln.** Die wichtigsten Regeln zur Zeichensetzung sind im folgenden zusammengefaßt. Sicherlich kann eine solche Zusammenfassung nicht auf jede Detailfrage eine Antwort geben; dafür steht nach wie vor das umfassende Regelwerk des DUDEN, Band 1, „Die Rechtschreibung", zur Verfügung.
Übrigens: Schriftsteller genießen aus stilistischen Gründen eine „gewisse Freiheit" bei der Anwendung der Regeln der Zeichensetzung:

„Nicht immer lassen sich die verschiedenen Zwecke der Zeichensetzung zugleich erreichen. Zuweilen erfordert die grammatische Gliederung ein Zeichen, wo der Redende keine Pause macht, und umgekehrt. Oft kann auch der Schreibende die Satzzeichen zur feineren Schattierung des Gedankens verwenden. Aus diesen Gründen lassen sich nicht für alle Fälle unbedingt gültige Regeln aufstellen; es muß vielmehr dem Schriftsteller eine gewisse Freiheit gewahrt bleiben. In der Hauptsache bestehen jedoch feste Regeln, die überall zu befolgen sind, wo der Schriftsteller nicht anders bestimmt."

Konrad Duden, zitiert nach Dieter Berger. A.a.O., S. 11

Aufgaben

1. *Lesen Sie langsam die folgende Lösung zum Einführungstext, und betonen Sie die Sprechpausen ausnahmsweise besonders deutlich:*

   Gaby H. (17), Schülerin einer Berufsschule in Berlin-West, verkündete ohne Rücksicht auf Klaus M. (19), der sich vorher gemeldet hatte: „Ich hasse Zeichensetzung; ich bin der Meinung, daß man uns damit nicht mehr – und schon gar nicht in der Berufsschule – belästigen sollte, weil so etwas sowieso nie, jedenfalls nicht bei uns im Betrieb, gebraucht werden kann."
   „Genauso ist es", bestätigte Sabine Z. (18), „seitdem es Computer gibt ..."
   Sieglinde U. (39), Deutschlehrerin, unterbrach, wenn dies auch sonst nicht ihre Art war, und sagte: „Ohne Zeichen im Satz ist – und das kann man ganz leicht einmal nachprüfen, indem man einige Sätze ohne Zeichen schreibt – die Verständlichkeit von Texten fast unmöglich."
   „Wirklich?" fragte Hüseyin T. (19) aus Ankara, der Hauptstadt der Türkei. Und Henning W. (20), von der Küste gebürtig, zweifelte vernehmlich: „Is daas woar?"
   Es ist wahr, lesen Sie doch nur einmal diesen Text hier in dem Lehrbuch „Unsere Sprache im Beruf".

2. *An welchen Stellen sind in diesem Text Zeichen enthalten, die nicht gleichzeitig eine Sprechpause anzeigen?*

3. *Welche Zeichen sind nur am Schluß eines Satzes zu finden?*

4. *Worin unterscheiden sich Komma und Semikolon hinsichtlich der Sprechsituation?*

5. *In welchem Fall würden Sie Gedankenstriche dem Setzen von Klammern vorziehen?*

6. *An der Kasse eines Meerwasserbrandungsbades stand einmal folgendes zu lesen:*

   Bitte vorher, mit Seife, duschen!!!

   Diskutieren Sie die Zeichensetzung dieses Satzes, und unterbreiten Sie Änderungsvorschläge.

7. *Warum ist die Aussage „Ich setze das Komma nach Gefühl" problematisch?*

8. *Unterscheiden Sie Wortzeichen und Satzzeichen.*

9. *Beschreiben Sie die „Melodie" einer ausländischen Sprache, die Ihnen z. B. von einer Urlaubsreise her bekannt ist.*

10. *Im Volksmund heißt es: „Der Mensch denkt, Gott lenkt."*
    Der Schriftsteller Bertolt Brecht hat durch die Änderung eines Zeichens daraus folgenden Satz gemacht: „Der Mensch denkt: Gott lenkt."
    Wie unterscheidet sich der Sinn des ersten Satzes vom Sinn des zweiten Satzes?

3.2 Die Satzzeichen

3.2.1 Der Punkt

DUDEN R 1 ff.; R 26 f.; R 160 ff.

Der Punkt steht:

Regel	Erläuterung	Beispiel
... hinter Sätzen	– *Aussagesätze*	Wir gehen nach Hause.
	– *Aufforderungssätze ohne Betonung*	Gehen wir.
... hinter Satzstücken		Nein.
... hinter Abkürzungen	*mit vollem Wortlaut gesprochen*	n. Chr. Str. i. A. Dipl. Hdl.[1]
... dreifach als Auslassungszeichen	– *am Ende unvollständiger Sätze*	Der Punkt steht ...
	– *am Anfang unvollständiger Sätze*	... dreifach als Auslassungszeichen
	– *zur Kennzeichnung von Lücken im Satz*	Italiens Hauptstadt ... liegt am Tiber.

Der Punkt steht nicht:

Regel	Erläuterung	Beispiel
... nach freistehenden Zeilen	– *Überschriften*	Der Sinn des Lebens
	– *Schlagzeilen*	Steuerreform umstritten
	– *Buchtitel*	Der Zauberberg
	– *Zeitungstitel*	Bayernkurier
	– *Bildunterschriften*	Mona Lisa
	– *Aufzählungen*	Unser Menue: Champignonsuppe Spaghetti Bolognese Erdbeereis
... hinter Abkürzungen	– *abgekürzt gesprochen*	CDU; FAZ; DKP
	– *silbenweise gesprochen*	NATO[2]

[1] n. Chr. = nach Christus; i. A. = im Auftrag; Str. = Straße; Dipl. Hdl. = Diplom-Handelslehrer

[2] CDU = Christlich-Demokratische Union; FAZ = Frankfurter Allgemeine Zeitung; DKP = Deutsche Kommunistische Partei; NATO = north atlantic treaty organization (Deutsch: Nordatlantisches Verteidigungsbündnis)

Ausnahmeregeln:

1. In einigen Fällen steht der Punkt auch bei Abkürzungen, deren voller Wortlaut nicht mehr gesprochen wird.

   Beispiele:

   a. D. = außer Dienst
   i. V. = in Vertretung
   & Co. = und Kompanie

2. Der Schlußpunkt wird nicht zusätzlich gesetzt, wenn das letzte Zeichen des Satzes ein Abkürzungs- oder Auslassungspunkt ist.

   Beispiele:

   - Seit dem 1. Februar ist Herr Kühn Direktor a. D.
   - Sven hört gern die Scorpions, Motörhead, Warlock, Iron Maiden, die alten Black Sabbath u. a.
   - Sie weiß nicht, ob sie ihn liebt ...

3.2.2 Das Fragezeichen

DUDEN R 50 ff.

Das Fragezeichen steht:

Regel	Beispiel
... nach direkten Fragesätzen	Wo wohnen Sie?
... nach rhetorischen Fragesätzen	Soll es die gute Butter sein?
... zur Betonung zweifelhafter Aussagen im Satz	Er behauptet, 7000,— DM (?) im Monat zu verdienen

Das Fragezeichen steht nicht:

Regel	Beispiel
... nach indirekten Fragesätzen	Der Zöllner fragte, ob er etwas anzumelden habe. Otto fragte, wie spät es sei.

3.2.3 Das Ausrufezeichen

DUDEN R 28ff.

Das Ausrufezeichen steht:

Regel	*Erläuterung*	Beispiel
... hinter Sätzen und Einzelwörtern mit nachdrücklicher Betonung	– *Aufforderungssätze* – *Ausrufe/Ausrufesätze (auch in Frageform)* – *Interjektionen* – *Wunschformeln* – *Warnungen*	Setzen Sie sich! Wunderbar! Ist das wahr! Buh! Prost! Frohes Fest! Hochspannung! Giftig!
... hinter Satzstücken und Einzelwörtern mit nachdrücklicher Betonung	– *in Klammern*	Rockys Gegner wog zwei Zentner (!) und hatte Bärenkräfte.

Ausnahmeregel zur Setzung von Schlußzeichen

Punkt, Fragezeichen und Ausrufezeichen sind Schlußzeichen, die einen Satz beenden. Sie treten am Schluß des Satzes nicht gehäuft auf. Eine Ausnahme ist möglich, wenn ein überraschter Ausruf ebenso als Frage aufgefaßt werden kann. In einem solchen Fall ist es zulässig, erst ein Fragezeichen und dann ein Ausrufezeichen zu setzen.

Beispiele:

Du verrätst mich?!
Was, nur eine Mark für so viel Pommes-frites?!

Aufgaben

1. *Bei folgenden Sätzen fehlt das Schlußzeichen. Welches Schlußzeichen würden Sie setzen? Sie haben die Wahl zwischen:*

. ? ! ?! ...

a) Der Fremde fragte, wo sich das Stadion befinde
b) Das glaube ich nicht
c) Ist das wahr
d) Carola arbeitet seit kurzem in der Abteilung für Trikotagen bei Niewöhner und Co
e) Lieben Sie Brahms (Buchtitel eines Romans)
f) Gehen wir
g) Pfui Teufel
h) Frische Schollen (Plakataufschrift am Schaufenster eines Fischgeschäftes)

2. *Zeitungsanzeigen enthalten oft viele Abkürzungen, deren „Entschlüsselung" gelernt sein will.*
Was bedeuten die Abkürzungen in der folgenden Zeitungsanzeige:

DG-Wohnung in RH, 2 Zi. KDB, Wfl. 50 m², als ETW von privat zu verkaufen. VHB: 100000 DM. TG in der Nähe.

3. Verfassen Sie selbst eine Anzeige mit Abkürzungen zum Verkauf der folgenden Gegenstände:

a) Moped/Motorrad **b)** Waschmaschine **c)** Fahrrad **d)** Kühlschrank

4. Listen Sie die gebräuchlichsten Abkürzungen für folgende Wörter auf: eingetragener Verein, zum Beispiel, unter anderem, Zweigstelle, Aktiengesellschaft, per procura, zur besonderen Verwendung, Gesellschaft mit beschränkter Haftung, Berufsbildende Schulen.

5. Klären Sie (mit Hilfe eines Wörterbuches) die Bedeutung der folgenden, im Alltag gebräuchlichen Abkürzungen:

bzw.	KG	d.h.	OHG
BGB	einschl.	v.H.	m.E.
Gebr.	HGB	DIHT	s.o.
PLZ	z.Z.	ÖTV	DDR
LZB	Anm.	HBV	UNO
DGB	etc.	DIN	ARD
inkl.	BfA	IGM	StGB

6. Formulieren Sie jeweils drei Sätze

***a)** mit Betonung einer zweifelhaften Aussage im Satz,*
***b)** mit Betonung einer nachdrücklichen Aussage im Satz.*

7. Formulieren Sie drei Sätze, bei denen das Setzen zweier Schlußzeichen gleichzeitig möglich ist.

3.2.4 Der Gedankenstrich

DUDEN R 55ff.

Der Gedankenstrich steht:

Regel	Beispiel
... zur Anzeige eines Gedankenwechsels	Ich sollte schlafen – oder radfahren.
... zur Anzeige eines Themenwechsels	Na ja, Fußball – ich interessiere mich für Autos.
... zur Anzeige eines Sprecherwechsels innerhalb einer Zeile	„Und morgen?" – „Morgen gehen wir wandern." – „Immer willst Du wandern!"
... zweifach zwecks Einschub von Satzstücken oder Sätzen	Und eines Tages – man glaubt es kaum – gewann er doch im Lotto.

3.2.5 Die Klammer

DUDEN R 84ff.

Das Klammerzeichen wird hauptsächlich benötigt, um Zusätze oder eingeschobene Sätze (siehe vorheriger Kapitelabschnitt) zu kennzeichnen. Dazu wird das runde Klammerzeichen benutzt, dessen Gebrauch erfahrungsgemäß wenig Schwierigkeiten macht. Besondere Aufmerksamkeit hingegen verdient das eckige Klammerzeichen, das in Sonderfällen Verwendung findet.

Die eckige Klammer steht:

Regel	Beispiel
... bei Erläuterungen zu einem bereits eingeklammerten Zusatz	Mit dem Wort Lyrik (vom griechischen „lyra" [Leier]) wird diejenige Literatur bezeichnet, die in besonderem Maße die Sprache zum Klingen bringt.
... bei eigenen Zusätzen in Anführungen oder eigenen Ergänzungen bei nicht lesbaren oder zerstörten Texten	Der Autor schreibt: „Dieser deutsche Dichter [gemeint ist Theodor Storm] hätte zu seinem 100. Todesjahr 1988 mehr Aufmerksamkeit verdient."

3.2.6 Der Doppelpunkt

DUDEN R 40ff.

Der Doppelpunkt steht:

Regel	Beispiel
... vor angekündigten Sätzen einschließlich der angekündigten direkten Rede. Das erste Wort nach dem Doppelpunkt wird dabei groß geschrieben.	Das Sprichwort heißt: Wie man sich bettet, so liegt man. Der Zahnarzt sagte: „Bitte öffnen Sie den Mund."
... vor angekündigten Satzstücken. Das erste Wort des angekündigten Satzstückes wird dabei klein geschrieben, falls es nicht ohnehin ein Substantiv ist.	Deutsch: sehr gut Achtung: bissiger Hund Todesursache: Herzversagen
... vor Zusammenfassungen oder Folgerungen innerhalb eines Satzes. Das erste Wort einer Zusammenfassung oder Folgerung wird klein geschrieben, auch wenn ein vollständiger Satz folgt, es sei denn, das erste Wort der Zusammenfassung oder Folgerung ist ein Substantiv.	Rhein, Weser, Elbe, Donau: alle großen deutschen Flüsse sind verschmutzt.
... vor angekündigten Aufzählungen. Das erste Wort der Aufzählung wird klein geschrieben, falls es kein Substantiv ist.	Als Zutaten werden benötigt: frische Eier, Mehl, Zucker und Speck. Als Zutaten werden benötigt: Eier, Mehl, Zucker und Speck.

3.2.7 Die Anführungszeichen

DUDEN R. 10ff.

Die Anführungszeichen stehen:

Regel	Beispiel
... zur Hervorhebung von Textteilen	Ich habe das Buch „Die Schatzinsel" von Louis Stevenson als Kind sehr gern gelesen.
... bei wörtlich angeführten Texten aus anderen Ursprungstexten, das heißt bei Zitaten	In der Bibel steht geschrieben: „Wenn ihr nicht werdet wie die Kinder, werdet ihr niemals das Himmelreich erlangen."
... als halbe Anführungszeichen bei Anführungen innerhalb von Anführungen	Im Polizeibericht stand: „Das Opfer wurde getötet, als es gerade ‚Der Steppenwolf' von Hermann Hesse las."
... bei Beginn und Schluß der direkten Rede	Der Betriebsratsvorsitzende sagte: „So geht das nicht weiter, Herr Direktor."

Aufgaben

1. Schreiben Sie die folgenden Sätze aus dem Lehrbuch ab, und setzen Sie dabei die fehlenden Zeichen. Sie haben die Wahl zwischen:

( )   :   -   [ ]

a) Achtung Hochspannung
b) Eines abends wer hätte das gedacht rief sie mich an.
c) Das Automobil wörtlich Selbstbeweger hat die Bahn als Hauptverkehrsträger längst verdrängt.
d) Das Kraftfahrzeug auch Automobil Selbstbeweger genannt, hat die DB Deutsche Bundesbahn längst verdrängt.
e) Ich sollte den Rasen mähen oder schlafen.

2. Entscheiden Sie, wann nach dem Doppelpunkt klein bzw. groß geschrieben wird:

a) Als Zeugnisendnote ergibt sich: (m)(M)angelhaft.
b) Der Polizeibeamte sagte: „(d)(D)en Führerschein bitte!"
c) Man nehme: (r)(R)ohe Kartoffeln, Mehl und Semmelbrösel.
d) Es heißt: (w)(W)er andern eine Grube gräbt, fällt selbst hinein.

3. An welchen Stellen würden Sie bei den folgenden Sätzen einfache oder doppelte Anführungszeichen setzen?

a) Erich Maria Remarques Roman Im Westen nichts Neues war ein Welterfolg.
b) Im Urteil des Gerichts stand zu lesen: Der Beklagte brachte vor, daß erst die Betrachtung eines Horrorvideos mit der Bezeichnung Das Schlachthaus ihn zu seiner Tat verleitet hätte.

3.2.8 Das Komma

Das Satzzeichen, das am meisten gefürchtet wird, ist das Komma. Diese Furcht besteht zu Unrecht. Um das Komma (fast) immer richtig zu setzen, benötigt man lediglich

- die Kenntnis bestimmter Wörter („Kommawörter"), die im allgemeinen einen Gliedsatz einleiten und damit die Notwendigkeit zur Setzung eines Kommas signalisieren,
- die Fähigkeit zur Erkennung einfacher und komplexer grammatischer Satzstrukturen,
- die Kenntnis einiger weniger Grundregeln, die Aussagen darüber treffen, wann ein Komma zu setzen ist und wann nicht,
- ein spezielles Training für die Kommasetzung vor „und" und „oder",
- den Willen, sich ein paar sich ständig wiederholende Standardfehler abzugewöhnen.

3.2.8.1 Kommasetzung und grammatische Satzstruktur

Neben seiner Funktion als Sprechpausenzeichen hat das Komma in der Sprache die Aufgabe, die grammatische Struktur von Sätzen deutlich zu machen. Um die grammatische Struktur von Sätzen zu erkennen, muß man Haupt- und Gliedsätze in einfachen und komplexen Satzstrukturen bestimmen können. Das Erkennen von Gliedsätzen wird dabei durch die sie einleitenden Wörter („Kommawörter") sehr erleichtert.

- **Zur Erinnerung: Der Unterschied zwischen Hauptsatz und Gliedsatz**

Der Hund, der die Tür bewachen sollte, schlief.

Hauptsatz:
Der Hund schlief.

Eigenschaften:
Der Hauptsatz kann allein stehen, weil er eine sinnvolle Aussage trifft. Ein Hauptsatz besteht mindestens aus Subjekt („Der Hund") und Prädikat („schlief").

Gliedsatz in Form des Relativsatzes:
der die Tür bewachen sollte

Eigenschaften:
Ein Gliedsatz kann nicht allein stehen, er ergibt für sich selbst genommen keine sinnvolle Aussage, sondern wird nur im Zusammenhang mit dem Hauptsatz sinnvoll. Der Gliedsatz ist erkennbar an dem ihn einleitenden „Kommawort".[1]

[1] Außer von unterordnenden Konjunktionen können Gliedsätze auch von Relativpronomen (Relativsatz) und Interrogativpronomen (Interrogativsatz) sowie Komparativen (Vergleichswörtern) eingeleitet werden. (Vgl. Seite 120: „Die Wortarten im Überblick"). Konjunktionalsätze, Relativsätze und Interrogativsätze sind vollständige Gliedsätze, für die sie einleitenden Wörter wird im folgenden der Begriff „Kommawort" verwendet.

- **Satzreihe und Satzgefüge**

Unter einer **Satzreihe** versteht man einen Satz, der aus mindestens zwei Hauptsätzen besteht. Hauptsätze in der Satzreihe werden durch Komma getrennt, auch wenn sie durch „und" oder „oder" verbunden sind.

Beispiele für Satzreihen:

Der Sturm wütete, das Meer tobte, der Deich trotzte den Fluten. ⟶ 2 Kommas

Der Sturm wütete, und das Meer tobte. ⟶ 1 Komma

Haschisch ist nur eine Einstiegsdroge, die Spritze ist das Ende. ⟶ 1 Komma

Laß die Finger von den Drogen, oder Du wirst früh sterben! ⟶ 1 Komma

Achtung: In sehr kurzen Satzreihen wird vor „und" oder „oder" auf das Komma verzichtet.

Beispiel:

Es stürmte und es regnete. *aber:* Es stürmte, es regnete.

Ein **Satzgefüge** ist die Verbindung mindestens eines Hauptsatzes mit einem oder mehreren Gliedsätzen. In komplexen Satzstrukturen besteht das Satzgefüge aus mehreren Haupt- und Gliedsätzen. Häufiger ist jedoch das einfache Satzgefüge, bei dem es drei Möglichkeiten der Kombination zwischen Hauptsatz und Gliedsatz gibt:

Möglichkeit 1: Der Gliedsatz ist **vorangestellt.**

Wenn es regnet, bleiben wir zu Hause. ⟶ 1 Komma

Möglichkeit 2: Der Gliedsatz ist **nachgestellt:**

Wir bleiben zu Hause, wenn es regnet. ⟶ 1 Komma

Möglichkeit 3: Der Gliedsatz ist **eingeschoben.**

Wir bleiben, wenn es regnet, zu Hause. ⟶ 2 Kommas

• „Kommawörter" – ein Signal zum Setzen eines Kommas

Das Setzen eines Kommas an der richtigen Stelle wird durch die Existenz von „Kommawörtern" sehr erleichtert. Wenn in einem Satz ein Kommawort erscheint, ist dies meist ein sicheres Signal zum Setzen eines Kommas. Grammatisch bestimmt das Kommawort die Art des Gliedsatzes (Konjunktionalsatz, Komparativsatz, Relativsatz, Interrogativsatz), aus Vereinfachungsgründen lohnt es sich unabhängig davon erst einmal, einige der gebräuchlichsten Kommawörter zu kennen:

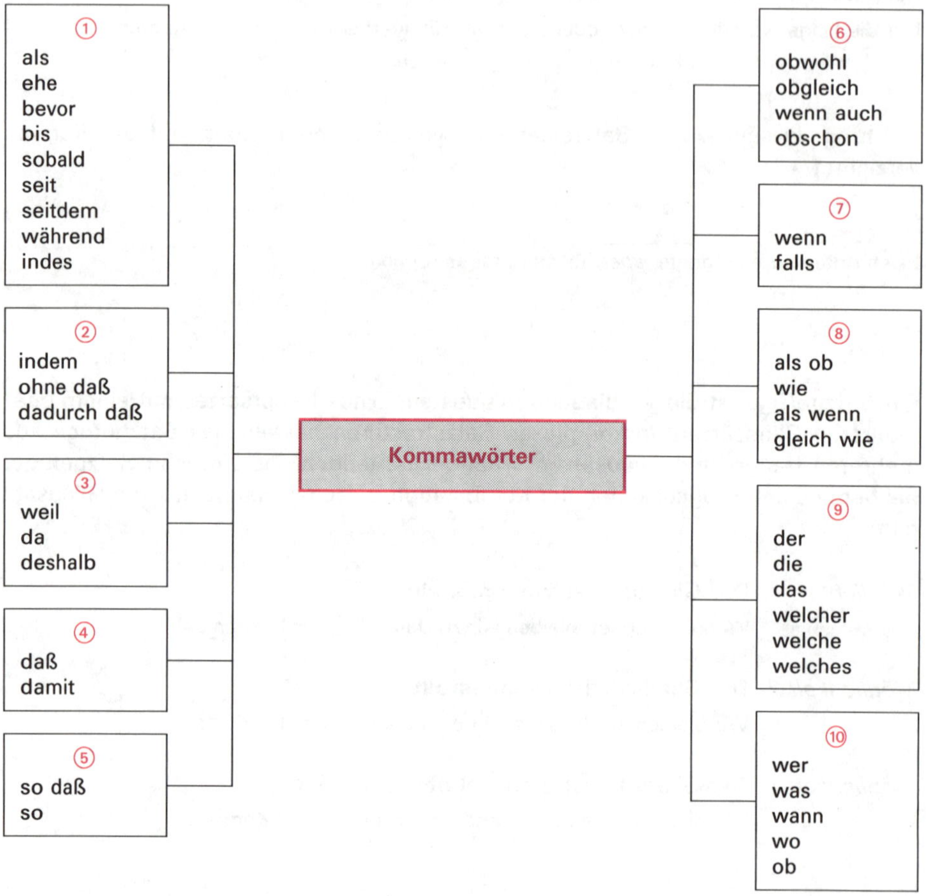

① = Temporalsatz
② = Modalsatz
③ = Kausalsatz
④ = Finalsatz
⑤ = Konsekutivsatz
⑥ = Konzessivsatz
⑦ = Konditionalsatz
⑧ = Komparativsatz
⑨ = Relativsatz
⑩ = Interrogativsatz

- **Erklärungen und Beispiele für Gliedsätze mit „Kommawörtern"**

Temporalsatz: Gliedsatz, der ein zeitliches Verhältnis zum Hauptsatz herstellt.
Als Jesus geboren wurde, herrschte Herodes in Israel.

Modalsatz: Gliedsatz, der die Art und Weise eines Geschehens kennzeichnet.
Er gewann den Wettkampf, **ohne daß** er einen einzigen Punkt verlor.

Kausalssatz: Gliedsatz, der den Grund eines Geschehens angibt.
Weil das Kind unbedacht mit Feuer gespielt hatte, geriet das Haus in Brand.

Finalsatz: Gliedsatz, der den Zweck begründet.
Laßt uns in die Gewerkschaft eintreten, **damit** wir stärker werden.

Konsekutivsatz: Gliedsatz, der die Folge einer im Hauptsatz getroffenen Aussage verdeutlicht.
Die Diskothek war geschlossen, **so daß** wir wieder gehen mußten.

Konzessivsatz: Gliedsatz, der im Gegensatz zur Aussage des Hauptsatzes steht, ohne diese zu verändern.
Er machte wie immer seinen täglichen Spaziergang, **obwohl** es regnete.

Konditionalsatz: Gliedsatz, der die Bedingung angibt, unter der der Hauptsatz gültig ist.
Die Aufführungen im Deutschen Nationaltheater Weimar sind, **falls** man eine Karte bekommt, immer ein kulturelles Erlebnis.

Komparativsatz: Gliedsatz, der einen Vergleich zur Aussage des Hauptsatzes enthält.
Sie war sehr nervös, **als ob** dies ihr erstes Interview sei.

Relativsatz: Gliedsatz, der sich auf das Subjekt des Hauptsatzes rückbezieht.
Der Hund, **der** die Tür bewachen sollte, schlief.

Interrogativsatz: Gliedsatz, der in die Form eines indirekten Fragesatzes gekleidet ist.
Alle fragten sich, **was** nun zu tun sei.

- **Komplexe Satzstrukturen**

Häufig treffen in der Sprache mehrere Gliedsätze mit einem oder mehreren Hauptsätzen zusammen. In solchen Fällen ist die Zeichensetzung besonders schwierig. Sie wird jedoch weniger schwierig, wenn man sich an das Signal „Kommawort" erinnert und die Zusammensetzung des Satzes aus Haupt- und Gliedsätzen analysiert. Im Berufsleben empfiehlt es sich meist, auf allzu komplexe Satzstrukturen zu verzichten. Informationen sollen kurz und bündig übermittelt werden. Bei der Darlegung komplizierter Sachverhalte sind komplexe Satzstrukturen hingegen unverzichtbar.

Beispiele für komplexe Satzstrukturen:

Satz	Satzstruktur
Der Hund, der die Tür bewachen sollte, schlief.	*Hauptsatz (HS) - Gliedsatz (GS) - Hauptsatz (HS)*
Ich habe ihn informiert, daß es in der ersten Herbstwoche so weit ist, er muß jetzt um Urlaub bitten.	*HS - GS - HS*
Die Gewerkschaft rief zum Streik auf, weil sie befürchtete, daß sonst keine Einigung mit den Arbeitgebern möglich sei.	*HS - GS 1. Grades - GS 2. Grades* (Der zweite Gliedsatz ist vom ersten Gliedsatz abhängig.)
Wenn Herr Koch wirklich gestohlen hat, wenn es eindeutige Beweise gibt, müssen wir ihn entlassen.	*GS 1. Grades - GS 1. Grades - HS* (Die Gliedsätze sind gleichrangig und beziehen sich beide auf den Hauptsatz.)
Der Abteilungsleiter begrüßte die neue Kollegin, die gerade eingestellt worden war **und** die jetzt den Arbeitsplatz von Frau Müller übernimmt.	*HS - GS 1. Grades - GS 1. Grades* (**Achtung**: Gleichrangige Gliedsätze, die durch „und" oder „oder" verbunden sind, werden **nicht** durch ein Komma getrennt.)
Obwohl er sich nicht wohl fühlte, kam er zum Dienst.	*GS - HS*
Seit ich diese Stimme höre, weiß ich, daß ich wie einer bin, der dasselbe eingehandelt hat, was er verkauft hat, und der nun mit nichts als dieser Ware herauszufinden versucht, was es damit auf sich hat. *(Aus: Helmut Heißenbüttel. Ein Zimmer in meiner Wohnung.)*	*GS - HS - GS - GS - GS -* (und) *GS* (erweiterter Infinitivsatz) - *GS*

Aufgaben

1. ***Bestimmen Sie die Satzstruktur der folgenden Sätze, und entscheiden Sie, an welchen Stellen ein Komma zu setzen ist:***
   a) Meine Schreibmaschine die bereits vier Jahre alt ist ist defekt.
   b) Martina H. (27) die obwohl sie kränklich ist bereits drei Kinder hat und diese gut versorgt ist eine tapfere Frau wenn auch ihre Beschwerden in jüngster Zeit besorgniserregend zugenommen haben und sie manchmal den Mut zu verlieren scheint.
   c) Ein Auto fuhr gegen den Zaun so daß dieser eingedrückt wurde und deshalb erneuert werden mußte.
   d) Falls das neue Gemälde von Helmut Wenske käuflich zu erwerben ist kaufe ich es.
2. ***Um was für Arten von Gliedsätzen handelt es sich im Falle der obigen vier Sätze?***
3. ***Formulieren Sie (auf einem Extrablatt) jeweils zwei Beispiele zu den vorgestellten Gliedsätzen mit dazugehörigem Hauptsatz nach folgendem Muster: Temporalsatz: Während ich in der Schule sitze, scheint draußen die Sonne.***

3.2.8.2 Grundregeln der Kommasetzung

In folgenden Fällen wird ein Komma gesetzt:

Regel	Beispiel
Das Komma trennt Anreden, Ausrufe, nachgestellte Appositionen (Beifügungen), hervorgehobene Satzglieder und nachträgliche Erklärungen vom Hauptsatz ab.	Frau Beck, ist die Post schon da? Oh, wie schön! Die Eva, die ist hübsch! Karl Marx, der Begründer des Sozialismus, wurde in Trier geboren. Freitags gibt es Fisch, und zwar Aal.
Das Komma steht zwischen unverbundenen Aufzählungen.	Wir haben Himbeereis, Erdbeereis, Schokoladeneis, Nußeis und Joghurteis.
Das Komma steht vor entgegengesetzten Konjunktionen wie sondern, (je) doch, dennoch, aber ...	Es schmeckt nicht, aber es ist gesund. Er heißt nicht Klaus, sondern Otto. Er ist faul, dennoch hat er Erfolg.
Das Komma steht zwischen Hauptsätzen.	Er ist faul, er hat Erfolg, ich werde nicht klug aus ihm.
Achtung: Das Komma steht auch dann zwischen Hauptsätzen, wenn diese durch „und" oder „oder" verbunden sind.	Er ist faul, und er hat Erfolg, und ich werde daraus nicht klug.
Das Komma steht zwischen Hauptsatz und Gliedsatz. Der Gliedsatz kann dabei am Anfang oder am Ende des Satzes stehen oder eingeschoben sein.	Wenn es regnet, spielen wir nicht. Er ist noch hellwach, obwohl es spät ist. Er ist, obwohl es schon Mitternacht ist, immer noch hellwach.
Das Komma steht zwischen nicht-gleichrangigen Gliedsätzen und gleichrangigen Gliedsätzen ohne „und" oder „oder"	In der Küche schnurrte eine Katze, die darauf wartete, daß jemand ihr Milch gab. (... die darauf wartete = übergeordneter Gliedsatz 1. Grades; ... daß jemand ihr Milch gab – abgeleiteter Gliedsatz 2. Grades) Ob es regnet, ob es schneit, ich komme!
Das Komma steht bei dem erweiterten Infinitivsatz und bei allen Infinitivsätzen, die durch „um zu", „anstatt zu" und „ohne zu" eingeleitet werden.	Die Firma schaffte es nicht, den Termin zu halten. Ohne zu zögern, griff er zu. Wir spielen, um zu gewinnen. Anstatt zu schimpfen, solltet ihr besser mehr arbeiten.
Das Komma steht, wenn Mißverständnisse vermieden werden sollen.	Sie bat, ihn zu fahren. Sie bat ihn, zu fahren.
Das Komma steht, wenn ein Partizip (Mittelwort) erweitert ist.	Aus vollem Halse singend, erreichten wir Düsseldorf.

In folgenden Fällen wird kein Komma gesetzt:

Regel	Beispiel
Das Komma steht nicht zwischen verbundenen Aufzählungen oder Attributen, die gleichrangig einem Nomen zuzuordnen sind.	Wir haben Himbeereis und Erdbeereis und ... Die neue amerikanische Rakete. Das große gelbe Haus.
Das Komma steht nicht zwischen Hauptsätzen, die zwar durch „und" oder „oder" verbunden sind, aber durch ihre Kürze eine Sinneinheit darstellen.	Es regnet und es stürmt. Wir zaudern und wir zagen.
Das Komma steht nicht zwischen gleichartigen Satzgliedern bei Konjunktionen wie: und, oder, sowie, sowohl-als auch, weder-noch, entweder-oder, als, wie ...	Er ist sowohl fleißig als auch erfolgreich. Entweder Sie kommen in Zukunft pünktlich oder gehen zum nächstmöglichen Zeitpunkt. Unsere Auszubildende arbeitet schon ebenso gut wie Frau Bolle.
Das Komma steht nicht beim einfachen Infinitiv, es sei denn, Mißverständnisse sollen vermieden werden.	Sie verlangte von ihm zu gehorchen. *aber:* Sie bat ihn, zu fahren.
Das Komma steht nicht beim einfachen Partizip und beim erweiterten Partizip „entsprechend".	Pfeifend ging er durch den Wald. Dem Beschluß entsprechend wurden die Steuern erhöht.
Das Komma steht nicht zwischen Hauptsätzen, die über **ein** gemeinsames Satzteil verfügen und durch „und" oder „oder" verbunden sind.	Herr Marquardt telefonierte und bediente gleichzeitig. (*aber:* Herr Marquardt telefonierte, und **er** bediente den Kunden. = zwei Subjekte)
Das Komma steht nicht zwischen gleichwertigen Gliedsätzen, die durch „und" oder „oder" verbunden sind.	Ob ich das Geld zur Verfügung habe oder ob ich es nicht zur Verfügung habe, weiß ich nicht.

Aufgabe

Entscheiden Sie, ob und an welcher Stelle ein Komma zu setzen ist. Begründen Sie Ihre Entscheidung mit einer der angeführten Regeln.

a) Die Kellnerin servierte Rinderbrühe mit Einlage ein saftiges Wildschweinsteak frischen Salat und Kroketten.
b) Entweder ich bekomme die Suppe oder ich verzichte auf das gesamte Menue.
c) Herr Wirt ein Bier!
d) Er ist ein trainierter Sportler und läuft die einhundert Meter unter dreizehn Sekunden.
e) Störche und Frösche sowie Molche leben in Feuchtgebieten die inzwischen selten geworden sind.
f) Wenn es brenzlig wird zieht sich Herr Kraushaar der sonst um lauthals vorgetragene gegenteilige Behauptungen nicht verlegen ist zurück.
g) Sie ist Mitglied im Kanuverein und sie hat letzten Herbst die Meisterschaft gewonnen.
h) Entsprechend den Absichten der Regierung erreichten die Hilfsgüter pünktlich das Katastrophengebiet.
i) Friedrich Barbarossa ein deutscher Kaiser soll unter dem Kyffhäusergebirge darauf warten Deutschland zu helfen wenn es Hilfe braucht.
j) Die meisten Menschen möchten weder dick noch dünn sein.
k) Vor Kraft strotzend stellte der Mann aus der Sowjetunion einen neuen Weltrekord auf.
l) Um zu lernen braucht man Ausdauer.
m) Das Angebot war sowohl preiswert interessant und ideenreich präsentiert als auch qualitativ hochwertig.
n) Ich möchte die vollreifen spanischen Melonen. (Besondere Betonung auf „spanische")
o) Ich möchte die vollreifen spanischen Melonen. (Keine besondere Betonung)
p) Wir erstatten Ihnen den bereits gezahlten Reisepreis oder Sie erhalten auf Wunsch einen höherwertigen Gutschein für die nächste Saison.
q) In der Ostsee bei Danzig soll man bereits nicht mehr baden dürfen.
r) Herr Oberbeck von Beruf Ingenieur erfindet gelegentlich ausgefallene Dinge ohne sie verkaufen zu wollen.
s) Wir gehen ins Theater oder ins Kino.
t) Der Mörder war diesmal nicht der Gärtner sondern der Chauffeur.
u) Wir ruhen und wir faulenzen bis wir uns erholt haben.
v) Der neue italienische Sportwagen ist zu teuer.
w) Der Punk stand vor dem Supermarkt und weil er kein Geld hatte überlegte er ob er stehlen solle aber verwarf diesen Gedanken sogleich denn die Erfahrungen die er bisher mit der Polizei gemacht hatte waren nicht die besten gewesen und hatten trotz seines nach wie vor rüden Benehmens ihre Wirkung bei ihm hinterlassen.
x) Niemand das laß Dir von mir gesagt sein meint es so gut mit Dir wie ich auch wenn böse Zungen behaupten ich sei nur hinter Deinem Geld her.
y) Im Augenblick da Fiala das weiße Bett in einem dumpfdurchatmeten Saale der internen Klinik berührte im selben Augenblick erst schienen die schweren Krankheiten seines Körpers auszubrechen und es waren ihrer nicht wenige. Das Bett hatte sie wohl herangezogen dieses schmale weißlackierte Metallding das kein Bett ist sondern eine sinnreich knappe Maschine zum Kranksein.

Aus: Franz Werfel. Der Tod des Kleinbürgers.

3.2.8.3 Das Komma vor „und" und „oder"

DUDEN R 116–124

R 116 Das Komma steht, wenn „und" oder „oder" **selbständige Sätze** verbindet.

Es wurde immer kälter, und der Südwind türmte Wolken um die Gipfel.

Dies gilt auch für selbständige Sätze mit Auslassungen.

Nur noch wenige Minuten, und wir können beginnen.

R 117 Das Komma steht, wenn ein **Zwischensatz** vorausgeht.

Wir glauben, daß wir richtig gehandelt haben, und werden diesen Weg weitergehen.

Als Zwischensatz gilt auch ein eingeschobener erweiterter Infinitiv (eine eingeschobene erweiterte Grundform).

Wir hoffen, Ihre Bedenken hiermit zerstreut zu haben, und grüßen Sie ...

R 118 Das Komma steht, wenn „und" oder „oder" ein Satzgefüge anschließt, das mit einem **Nebensatz oder** einem **erweiterten Infinitiv** beginnt.

Ich habe ihn oft besucht, und wenn er in guter Stimmung war, dann saßen wir bis spät in die Nacht zusammen. Es waren schlechte Zeiten, und um zu überleben, nahm man es mit vielen Dingen nicht so genau.

R 119 Das Komma steht, wenn ein **Beisatz** vorausgeht.

Mein Onkel, ein großer Tierfreund, und seine vierzehn Katzen leben jetzt in einer alten Mühle.

R 120 Das Komma steht, wenn „und zwar" oder „und das" **nachgestellte genauere Bestimmungen** einleitet.

Ich werde kommen, und zwar bald. Er gab nicht nach, und das mit Recht.

R 121 Es steht kein Komma, wenn „und" oder „oder" **kurze und eng zusammengehörende selbständige Sätze** verbindet.

Seid vernünftig und geht nach Hause! Er schrie und er tobte.

● Bei verschiedenen Subjekten dagegen muß das Komma stehen.

Er ruderte, und sie steuerte.

R 122 Es steht kein Komma, wenn „und" oder „oder" **selbständige Sätze mit einem gemeinsamen Satzteil** verbindet.

Sie öffnete die Tür und ging in den Garten. Er spielt Geige und sie Klarinette.

R 123 Es steht kein Komma, wenn „und" oder „oder" **Nebensätze** (Gliedsätze) **gleichen Grades** verbindet.

Weil sie die Schwäche ihres Sohnes für den Alkohol kannte und damit er nicht wieder entgleisen sollte, schickte sie ihn schon früh nach Hause.

R 124 Es steht kein Komma, wenn „und" oder „oder" bei **Aufzählungen** von Wörtern steht, die der gleichen Wortart angehören, oder wenn in einer Aufzählung ein erweiterter Infinitiv oder ein Nebensatz folgt.

Sie zogen Tomaten, Gurken, Weißkohl und Wirsing in ihrem Kleingarten. Wir bewegten uns auf Zehenspitzen und ohne ein Wort zu sprechen. Sie lachte über ihn wegen seiner großen Füße und weil er vor Aufregung stotterte.

Aufgabe

Prüfen Sie, ob bei den folgenden Sätzen vor „und" oder „oder" ein Komma zu setzen ist oder nicht. Begründen Sie Ihre Entscheidung.

a) Vater spielt leidenschaftlich gern Skat und Mutter Rommé.
b) Weil sie ihn schon lange kannte und weil sie ihn liebte, verzieh sie ihm.
c) Das Haus wird entweder erneuert oder verkauft.
d) Meine Mutter, die Süßigkeiten sehr mag und hin und wieder nascht, macht sich um ihre Figur und ihren Bauch keine Sorgen.
e) Er tobte und er schrie.
f) Napoleon, der große Feldherr und Graf Bernadotte schlugen manche Schlacht.

4 Ausgewählte Probleme der Rechtschreibung

4.1 Die Schreibweise von Straßennamen

Die folgenden Regeln zur Rechtschreibung von Straßennamen sind laut DUDEN[1] verbindlich. Trotzdem haben sich häufig davon abweichende Schreibweisen auf bestehenden Straßenschildern eingebürgert, die gegen diese Regeln verstoßen. Diese Tatsache ändert allerdings nichts an der Gültigkeit dieser Rechtschreibvorschriften.

- **Groß- und Kleinschreibung**

Regel	**Beispiel**
Groß schreibt man das erste Wort des Straßennamens, egal um welche Wortart es sich handelt.	**A**lte Waage **Z**um Wiesental
Groß schreibt man stets Adjektive und Numeralien (Zahlwörter) in Straßennamen.	Am **A**lten Bahnhof An den **Z**wei Mühlen
Klein schreibt man Artikel und Präpositionen (Verhältniswörter), soweit sie nicht am Anfang des Straßennamens stehen.	Unter **d**en Linden Weg **b**eim Steinbruch

[1] DUDEN, Band 9: Richtiges und gutes Deutsch. Wörterbuch der sprachlichen Zweifelsfälle. Mannheim, Wien, Zürich 1985³, S. 637 f.

- **Zusammen- und Getrenntschreibung**

Zusammen schreibt man Straßennamen:

Regel	Beispiel
… die aus einem Substantiv (auch Namen) und den Wörtern „Straße“, „Weg“, „Allee“, „Platz“ usw. zusammengesetzt sind.	Bahnhofstraße Schillerstraße Gaußplatz
… in denen die Wörter „Straße“, „Weg“, „Allee“, „Platz“ usw. in Verbindung mit einem nichtflektierten (ungebeugten) Adjektiv gebracht werden.	Hochstraße Langgasse

Getrennt schreibt man Straßennamen:

Regel	Beispiel
… wenn Artikel, Präpositionen und flektierte Adjektive mit Wörtern wie „Straße“, „Weg“, „Allee“, „Platz“ usw. kombiniert werden.	Am Hohen Tore An der Alten Schule
… die Ableitungen von Namen enthalten.	Berliner Allee Französischer Platz

- **Bindestrich**

Regel	Beispiel
Mit Bindestrich schreibt man Straßennamen, wenn der Name aus mehreren Teilen besteht, zum Beispiel aus Vor- und Zuname oder aus Titel und Name.	Agnes-Miegel-Weg Dr.-Wilke-Weg Abt-Jerusalem-Straße

Aufgabe

Entscheiden Sie, wie die Straßennamen in den folgenden Sätzen zu schreiben sind. Begründen Sie Ihre getroffene Wahl.

a) Am 1. August zog Klaus von der Wolfenbütteler(S)traße auf den Insel(W)all.

b) Kati wohnt schon seit einem Jahr nicht mehr in der Immanuel(K)ant(S)traße, sie lebt seitdem mit Helmut zusammen, und zwar in der Hannoverschen(S)traße.

c) Die Firma Eppmann AG besitzt Filialen in der Friedrich(W)ilhelm(P)assage, am Burg(P)latz, in der Carl(V)on(O)ssietzky(S)traße und in der (A)lten(L)eipziger(S)traße.

d) Fahren Sie zunächst durch die (O)tto(H)ahn(S)traße, biegen Sie danach rechts in die Linden(B)erg(A)llee, die in die Dr.(W)estphal(A)llee übergeht.

e) Wohnt Andreas noch in der Goslarschen(S)traße, oder ist er bereits in die Wohnung (A)m(A)lten(S)chloßpark eingezogen?

4.2 „das" und „daß"

„das" wird mit „s" geschrieben, wenn ...

Regel	Beispiel
... es sich um einen **Artikel** handelt. In diesem Fall können als Ersatzwörter „dieses" oder „jenes" eingesetzt werden.	**Das** Mädchen betrat die Ausbildungswerkstatt.
... „das" als **Demonstrativpronomen** (hinweisendes Fürwort) benutzt wird. Als Ersatzwort kann „dieses" (stark betont; häufig durch ein Ausrufezeichen am Satzende angezeigt) eingesetzt werden.	Genau **das** Mädchen meine ich!
... „das" ein **Relativpronomen** (bezügliches Fürwort) darstellt. Als Ersatzwort kann „welches" benutzt werden.	Das Mädchen, **das** ich gestern traf, beeindruckte mich sehr.

Man schreibt „daß" mit „ß", wenn ...

Regel	Beispiel
... „daß" eine **Konjunktion** (Bindewort) ist, die einen Gliedsatz einleitet. Ein treffendes Ersatzwort kann nicht eingesetzt werden.	**Daß** sie emanzipiert war, verunsicherte ihn.

Zusammenfassende Regel:

Können die Wörter „dieses", „jenes" oder „welches" für das betreffende Wort eingesetzt werden, so handelt es sich um das Wort „das". Ist diese Einsatzprobe bei dem Wort nicht möglich, wird das Wort mit „ß" geschrieben.
Merke: Die Konjunktionen „so daß" und „ohne daß" werden stets getrennt geschrieben.

Aufgabe

„das" oder „daß"? Entscheiden Sie, welche Schreibweise zu wählen ist. Begründen Sie Ihre Entscheidung.

a) Da( ) Arbeitszeugnis, da( ) Jutta erhielt, entsprach nicht ihren Erwartungen.
b) Da( ) da( ) Wetter so schlecht werden würde, hätten sie nicht gedacht.
c) Da( ) Auto dort drüben gefällt mir am besten.
d) Als da( ) Telefon klingelte, stand sie gerade unter der Dusche.
e) Da( ) Ausbildungsziel wurde von allen erreicht, ohne da( ) sie Zusatzunterricht benötigten.
f) Da( ) Fußballspiel langweilte ihn so sehr, da( ) er schon nach wenigen Minuten da( ) Fernsehgerät ausschaltete.
g) Da( ) Buch, da( ) Sabine geschenkt bekam, hatte sie in wenigen Tagen durchgelesen.
h) Ohne da( ) Weihnachtsgeld hätte Erhard den neuen Computer nicht kaufen können.
i) Da( ) Museum wurde am 10. Mai eröffnet.
j) Genau da( ) Stück Kuchen möchte ich haben!
k) Da( ) Theaterstück, da( ) ich gestern sah, enttäuschte mich sehr.
l) Fritz hätte nicht gedacht, da( ) da( ) Gerät so anfällig sein würde.

4.3 Die Groß- und Kleinschreibung

DUDEN R 60ff.

In fast allen Sprachen bestehen hinsichtlich der Groß- und Kleinschreibung von Wörtern kaum Probleme, außer Eigennamen und den Satzanfängen wird nichts groß geschrieben. Die deutsche Sprache hingegen verfügt über die Eigenheit des **Substantivs,** das grundsätzlich groß geschrieben wird.
Einige Wortarten, die gewöhnlich klein zu schreiben sind, können wie Substantive gebraucht werden. Solcherart **„substantivierte" Wörter** werden ebenfalls groß geschrieben.

Substantivierte Wortart	Beispiel
substantiviertes **Adjektiv**	In den Vereinsfarben **Rot** und **Weiß** betrat die Mannschaft den Platz.
substantiviertes **Adverb**	Eines **Abends** im Mai verliebte sie sich.
substantivierte **Konjunktion**	Ohne **Wenn** und **Aber** ging der Kleine ins Bett.
substantiviertes **Numerale** (Zahladjektiv)	Die **Neun** verliert.
substantivierte **Präposition**	Dieses **Hin** und **Her** geht mir auf die Nerven!
substantiviertes **Pronomen**	Ihr habt das **Eurige** geleistet wie vereinbart.
substantiviertes **Verb**	Das **Spielen** mit den Nachbarkindern ist Saschas Lieblingsbeschäftigung.

Das Erkennen von substantivierten Wortarten ist nicht immer einfach. Im Zweifel hilft die **Artikelprobe** weiter.

Beispiele für die Artikelprobe zum Erkennen von substantivierten Wortarten:

Substantivierte oder nicht substantivierte Wortart?	Artikelprobe	*Schreibweise*
Bei uns wird **Unwichtiges** sofort erledigt.	das Unwichtige	*groß*
Er schläft **morgens** lange.	nicht möglich	*klein*
Mein **Essen** schmeckte vorzüglich.	... das Essen	*groß*
Mit **Schreiben** und **Lesen** hatte er noch nie viel im Sinn.	... mit dem Schreiben und dem Lesen	*groß*
Der Wachsoldat ging vor dem Eingangstor **hin** und **her.**	nicht möglich	*klein*
Er kommt, **wenn** es dunkel wird, aber er bleibt nicht lange.	nicht möglich	*klein*
Es waren einmal **neun** wilde Schwäne, die zogen in die Welt.	nicht möglich	*klein*
Langsames **Denken** ist bei uns nicht gefragt.	... das langsame Denken	*groß*

Wenn eine Präposition mit einem Artikel eine Verbindung eingeht, kann die Artikelprobe nicht mehr ohne weiteres angewendet werden. Groß wird nur noch dann geschrieben, wenn durch die Wortverbindung tatsächlich die ursprüngliche Wortbedeutung ausgedrückt werden soll; ist hingegen eine Wortverbindung durch andere sinngleiche Wörter ersetzbar und damit im übertragenen Sinne gemeint, wird klein geschrieben.

Beispiele für Groß- und Kleinschreibung nach Präpositionen, die mit einem Artikel verschmolzen sind:

Fügung aus Präposition und Artikel	**Wortverbindung**	**Bedeutung/ Ersatzwort**	***Schreibweise***
aufs (auf das)	Er trank aufs neue ein Glas Milch.	= wiederholt	*klein*
	Er trank aufs Neue.	... auf das Neue, auf das unbekannte erwartete Ereignis	*groß*
	Er war aufs äußerste gespannt.	= sehr	*klein*
	Er war aufs Äußerste gespannt.	... auf das denkbar Schlimmste	*groß*
am (an dem)	Steffi spielt am besten.	= sehr gut	*klein*
	Am Besten soll man sich orientieren.	... an dem Besten, an der besten Person oder Sache	*groß*
ins (in das)	Die Sache muß ins reine gebracht werden.	= bereinigen	*klein*
	Die Schrift muß ins Reine gebracht werden.	... in die reine Form gebracht werden	*groß*

Bitte prägen Sie sich einige Wortverbindungen ein, die sehr häufig benutzt werden und fast immer klein zu schreiben sind:

aufs deutlichste
bis auf weiteres
des näheren
des weiteren
fürs erste

nicht im geringsten
nicht im mindesten
ohne weiteres
seit kurzem
um ein beträchtliches

im folgenden
im ganzen
im großen ganzen
im großen und ganzen
im vorstehenden
im wesentlichen

von klein auf
von neuem
von vorn
zum letzten
in bezug auf
(**aber:** mit Bezug auf)

Aufgaben

1. *Die Wörter in den folgenden Sätzen sind bis auf den Satzbeginn und die Eigennamen klein geschrieben. Welche Wörter sind Substantive oder substantiviert und müssen groß geschrieben werden?*
   a) Es war Max eine lästige pflicht, Sylvias mutter kennenzulernen und ihr einen blumenstrauß zu überreichen, aber mit dem vater einen tee zu trinken, genoß er ohne wenn und aber.
   b) Aufmerksamkeit, vorsicht, gegenseitige rücksichtnahme, die bereitschaft, sich auf den anderen einzulassen und eine gewisse sensibilität im umgang mit den partnern sind wichtige voraussetzungen für ein harmonisches zusammenleben von menschen.
   c) Im diesseits sollte man gelegentlich auch an das jenseits denken, fordert die kirche.
   d) Eines tages wird Silke auch wichtiges begreifen und ihr leben im großen und ganzen ruhiger organisieren.

2. *Entscheiden Sie über die Groß- und Kleinschreibung der eingeklammerten Buchstaben in folgenden Sätzen:*
   a) Durch fleißiges (ü)ben werden Sie die Groß- und Kleinschreibung beherrschen lernen.
   b) Die Kegelkugeln laufen (h)in und (h)er.
   c) Der Ball geriet ins (a)us.
   d) Damit haben Sie das (r)ichtige getroffen!
   e) In dieser Frage gibt es kein (w)enn und (a)ber, kein (e)ntweder – (o)der, kein (t)eils – (t)eils, kein (s)owohl – (a)ls auch, sondern nur ein klares, hundertprozentiges (j)a!
   f) Bei einer guten Argumentation wird das (f)ür und (w)ider gründlich untersucht.
   g) Der Stürmer des FC Homburg stand (a)bseits.
   h) Das (d)rum und (d)ran sollte bei der Organisation einer gelungenen Feier nicht übersehen werden.

Weitere Regeln zur Groß- und Kleinschreibung:

Regel	Beispiel
Substantivierte Adjektive und Partizipien werden nach „alles, etwas, genug, nichts, viel, wenig, allerlei" und ähnlichen Wörtern **groß** geschrieben.	Alles Gute! etwas Schönes genug Schlechtes nichts Wesentliches viel Neues wenig Bedeutendes
Unbestimmte Pronomen und unbestimmte Numeralien werden **klein** geschrieben, auch wenn ein bestimmter Artikel vorangeht oder Wörter wie „alles, etwas, genug, nichts, viel, wenig, allerlei".	die beiden das meiste ein einziger das wenigste alles andere etwas anderes
In festen Redewendungen werden substantivierte Adjektive **klein** geschrieben, es sei denn, die substantivische Vorstellung überwiegt.	im trüben fischen im dunkeln tappen auf dem trockenen sitzen im stillen hoffen *aber:* ins Schwarze treffen bis ins Rosarote ins Lächerliche ziehen

Bei sogenannten „Eigennamen" oder Titeln werden Adjektive, Partizipien, Pronomen und Ordinalzahlen (Ordnungszahlen) als Teil dieses Namens **groß** geschrieben.	der Nahe Osten das Internationale Olympische Komitee das Weiße Haus (in Washington) Ludwig der Vierzehnte die Deutsche Bucht der Amtierende Bürgermeister (Titel)
Manche Wortverbindungen erwecken nur den Anschein, Eigennamen oder Titel zu sein, in ihnen wird das zugehörige Adjektiv deshalb **klein** geschrieben.	der amtierende Bürgermeister (kein Titel) böhmische Knödel deutsches Bier das neue Jahr
Anredepronomen werden in Briefen, Verkaufsgesprächen und ähnlichen Mitteilungen **groß** geschrieben. Dabei ist es gleichgültig, ob die Anrede einer oder mehreren Personen gilt.	Wie geht es Ihnen? Haben Sie sich bereits etwas ausgesucht? (= eine Person) Bitte folgen Sie mir! (= eine Reisegruppe) Ich vermisse Dich sehr. (Brief)
Tagesbezogene Zeitangaben werden **klein** geschrieben, wenn sie adverbialen Charakter haben.	gestern abend Montag morgen von früh bis spät mittags dienstags
Tagesbezogene Zeitangaben werden **groß** geschrieben, wenn sie substantivischen Charakter haben.	eines Abends am Morgen in der Frühe *aber:* Dienstag abend (*auch:* Dienstagabend)

Aufgabe

Entscheiden Sie mit Hilfe des Gelernten über die Groß- und Kleinschreibung der folgenden in Klammern gesetzten Buchstaben:

a) Das (d, D)eutsche (r, R)ote Kreuz hilft, wo es kann.
b) Etwas (d, D)erartiges hätte ich nicht erwartet.
c) Sie ging mit ihm durch (d, D)ick und (d, D)ünn.
d) Im Geschäftsbrief stand: „Haben (s, S)ie im (v, V)oraus besten (d, D)ank."
e) Heute (m, M)orgen hätte Rüdiger beinahe verschlafen.
f) Im (s, S)tillen Ozean kam unerwartet ein Sturm auf.
g) „Alles (g, G)ute für (s, S)ie!" wünschte der Lehrer der Abschlußklasse bei der Verabschiedung am (m, M)ittwochmorgen.
h) Ein (v, V)iertel (r, R)heinischer Wein kann Autofahrern bei einer Kontrolle wenig (g, G)utes bescheren.
i) Jeder (e, E)inzelne ist für sich selbst verantwortlich.
j) Beim Schützenfest traf der Pfarrer zehnmal ins (s, S)chwarze.
k) Eines (n, N)achts kehrte sie nicht nach Hause zurück.

Lexikon ausgewählter grammatischer Fachbegriffe lateinisch-deutsch

Adjektiv	Eigenschaftswort
Adverb	Umstandswort
adverbiale Bestimmung, Adverbial	Umstandsbestimmung
Aktiv	Tätigkeitsform
Akkusativ	4. Fall
Akzent	Betonung
Apostroph	Auslassungszeichen
Apposition	Beisatz
Artikel	Geschlechtswort
Attribut	Beifügung
Dativ	3. Fall
Deklination	Beugung (Formenabwandlung) des Substantivs, des Artikels, des Adjektivs und des Pronomens
Demonstrativpronomen	hinweisendes Fürwort
direkte Rede	wörtliche Rede
flektieren	beugen, verändern
Flexion	Oberbegriff für die Beugung (Formenabwandlung) aller Wortarten
Futur I	Zukunft
Futur II	vollendete Zukunft
Genitiv	2. Fall
Genus	Geschlecht
Imperativ	Befehlsform
Imperfekt, Präteritum	Vergangenheit
Indefinitpronomen	unbestimmtes Fürwort
Indikativ	Wirklichkeitsform
indirekte Rede	nichtwörtliche Rede
Infinitiv	Nennform des Zeitworts
Interjektion	Empfindungswort
Interpunktion	Zeichensetzung
Interrogativpronomen	fragendes Fürwort
Kasus	Fall
Komparation	Steigerung des Adjektivs
Konjugation	Beugung (Formenabwandlung) des Verbs
Konjunktion	Bindewort
Konjunktiv I (Präsens)	Möglichkeitsform I (der Gegenwart)
Konjunktiv II (Präteritum)	Möglichkeitsform II der Vergangenheit
konkret	gegenständlich
Konsonant	Mitlaut
Modus (Mehrzahl: Modi)	Aussageweise
Nomen, Substantiv	Hauptwort
Nominativ	1. Fall
Numerale	Zahlwort
Numerus	Zahl
Objekt	Satzergänzung
Ordinalzahl	Ordnungszahl
Partikel	Teilchen
Partizip	
Partizip I, Partizip Präsens	Mittelwort der Gegenwart
Partizip II, Partizip Perfekt	Mittelwort der Vergangenheit
Passiv	Leideform
Perfekt	vollendete Gegenwart
Personalpronomen	persönliches Fürwort
Plural	Mehrzahl
Plusquamperfekt	vollendete Vergangenheit
Possessivpronomen	besitzanzeigendes Fürwort
Prädikat	Satzaussage
Präposition	Verhältniswort
Präsens	Gegenwart
Präteritum (Imperfekt)	Vergangenheit
Pronomen	Fürwort
reflexiv	rückbezüglich
Reflexivpronomen	rückbezügliches Fürwort
Relativpronomen	bezügliches Fürwort
Singular	Einzahl
Subjekt	Satzgegenstand
Substantiv	Hauptwort
Synonyme	bedeutungsähnliche oder -gleiche Wörter
Tempus	Zeit
Verb	Zeitwort
Vokal	Selbstlaut

Lexikon ausgewählter literaturwissenschaftlicher Begriffe

Anekdote Kurztext, der in meist humorvoller Weise bestimmte Persönlichkeiten, Menschentypen, soziale Schichten oder eine bestimmte historische Situation charakterisierend beleuchtet und in der Regel mit einer Pointe endet.

Belletristik Eine Bezeichnung für die „schöne" Literatur, deren Zweck die Unterhaltung und Bildung des Menschen ist; der Begriff grenzt diese Art der Literatur von den Sachtexten ab, umfaßt aber gewöhnlich nicht die unterhaltende Literatur minderwertigen Gehalts. → Trivialliteratur

Biographie Die Darstellung der Lebensgeschichte eines Menschen wird Biographie genannt. Wird die Biographie von der betroffenen, meist bekannten Persönlichkeit selbst verfaßt, spricht man von einer Autobiographie oder von Memoiren.

Dialog Ein abwechselnd zwischen mindestens zwei Partnern geführtes Gespräch aus Rede und Gegenrede. In der (schriftlichen) Literatur spiegelt der Dialog die mündliche Kommunikation zwischen Menschen wider, ihm kommt bei der literarischen Textproduktion eine bedeutende stilistische und gestalterische Funktion zu.

Drama Texte, die erstellt werden, damit sie in einer szenischen Aufführung durch Schauspieler dargestellt werden (Theater, Film, Fernsehspiel ...), werden als „dramatische" Texte bezeichnet. Das hauptsächliche Gestaltungsmittel ist der → Dialog. Zu den dramatischen Formen gehören nicht nur Stücke mit ernstem Gehalt (Tragödie, Trauerspiel), wie häufig angenommen wird, sondern auch Stücke mit heiterem Gehalt (Komödie, Lustspiel).

Epik Neben dem → Drama eine der Hauptformen der Literatur; unter dem Oberbegriff der „Epik" werden alle erzählenden Texte erfaßt, deren Vielfalt eine weitere Klassifizierung schwierig macht. Eine gängige Unterteilung unterscheidet Großformen (Epos, → Roman) und Kleinformen (→ Anekdote, Fabel, → Kurzgeschichte u. a.) der Epik.

Episode Episoden sind Nebenhandlungen in dramatischen oder epischen Werken, die gegenüber der Haupthandlung eine eigenständige, aber nur zeitweilige Rolle spielen. Gelegentlich – besonders ausgeprägt im Kriminalroman – kommt scheinbar nebensächlichen Episoden im Verlauf der Handlung eine zentrale Funktion zu, in diesem Fall wird die Episode als stilistisches Element der Spannung eingesetzt.

Erzählperspektive Der Autor eines Textes hat verschiedene Möglichkeiten, dem Leser seine „Geschichte" zu erzählen. Er kann die Perspektive des Ich-Erzählers wählen, er kann als allwissender Erzähler scheinbar neutral aus dem Hintergrund berichten (auktoriales Erzählen), er kann aus der Perspektive einer an der Handlung beteiligten Person erzählen (personales Erzählen). Während in der „Ich-Form" aus der 1. Person erzählt wird und der Eindruck entsteht, der Autor sei selbst in die Handlung verstrickt, bieten die aus der 3. Person entwickelten Formen des auktorialen und personalen Erzählens mehr Distanz, aber auch mehr gestalterische Möglichkeiten.

Essay Der Essay ist eine moderne und wichtige Form literarischer Reflexion. Im Gegensatz zu einer wissenschaftlichen Abhandlung ist der Essay der ernste Versuch seines Verfassers, mit allen ihm zur Verfügung stehenden sprachlichen Mitteln seine subjektive Meinung zu einem oft umstrittenen Thema dem Leser überzeugend nahezubringen.

Euphemismus Mit Hilfe der heutzutage verbreiteten „euphemistischen" Methode werden, namentlich in Politik und Wirtschaft, negativ klingende Begriffe künstlich durch neue Wortschöpfungen verschönt. („Entsorgungspark" für atomare Wiederaufbereitungsanlage, „Heimgang" für Sterben, „freigesetzter Arbeitnehmer" für entlassener Arbeitnehmer ...)

Feuilleton Bezeichnung für den kulturellen Teil einer Zeitung oder Zeitschrift. Hier finden sich Buchbesprechungen, Berichte über Künstler, Theateraufführungen, Filme, Konzerte u. a.

Gattung Traditionell werden → Epik, → Dramatik, und → Lyrik (Gedichte) als die Gattungen der Literatur bezeichnet. Seit den sechziger Jahren ist in der Literaturwissenschaft auch der Begriff „Textsorte" gebräuchlich, der auch auf die zuvor wenig beachteten Bereiche der → Trivialliteratur und der Sachtexte angewendet werden kann. Das Problem, daß die Übergänge zwischen „Gattungen" oder „Textsorten" oft nicht trennscharf festzulegen sind, existiert jedoch nach wie vor, so daß beide Begriffe als Hilfsbegriffe für die Einteilung und Beurteilung jeweils konkreter literarischer Erscheinungsformen gelten müssen.

Interpretation Deutung des Gehalts literarischer Texte. Letztendlich gibt es für die Richtigkeit einer bestimmten Deutung keinen Beweis, sondern nur eine historisch gebundene, zeitweilige Übereinkunft zwischen Subjekten. Die Subjektivität der Beteiligten (Autor und Leser bzw. Leser untereinander) wiederum begründet im Gegensatz zu den auf Objektivität und Allgemeinverständlichkeit gerichteten Sachtexten die Notwendigkeit zur Interpretation.

Kurzgeschichte Die Kurzgeschichte ist heute die verbreitetste Form der → Epik neben dem → Roman. Neben ihrer im Verhältnis zum Roman relativen Kürze sind die Kompaktheit der Handlung, eine meist realitätsnahe, ungekünstelte Sprache und die Typisierung der handelnden Personen charakteristisch für die Kurzgeschichte. W. Schnurre hat die Kurzgeschichte als „ein Stück herausgerissenes Leben" bezeichnet.

Lyrik Lyrik als dritte Literaturgattung drückt meist in verdichteter Form Empfindungen aus und bedient sich dabei einer oft verschlüsselten Sprache. Themen der Lyrik sind: Sehnsucht, Liebe, Trauer, Freude und andere Gefühle des Menschen, die sich umgangssprachlich nur schwer in Worte fassen lassen, aber in Form des Gedichtes zum Ausdruck gebracht werden können. Lyrik ist daher fast immer interpretationsbedürftig. Sie muß nicht, wie häufig angenommen, gereimt sein.

Monolog Im Gegensatz zum → Dialog das Selbstgespräch bzw. die Einzelrede einer Person. Zum Monolog bedarf es keines aktiven Partners, ähnlich wie bei der einseitigen Kommunikation sind daher viele moderne Kommunikationsformen eher monologisch orientiert. (Politische Rede, Werbung). Im Drama und in der Epik wird der Monolog häufig als Stilmittel eingesetzt, mit dessen Hilfe die inneren Konflikte, Gefühle und Gedanken eines Handelnden verdeutlicht werden können.

Rhetorik Redekunst. Die Kunst, andere zu überzeugen, ist nicht nur in „großen" Reden von Politikern von ausschlaggebender Bedeutung, sondern auch bei allen alltäglichen sprachlichen Handlungen, wie etwa bei Verhandlungen oder Verkaufsgesprächen im Beruf.

Roman Wenn die → Kurzgeschichte „ein Stück herausgerissenes Leben" ist, so versucht der Roman als epische Großform das Leben selbst und das Wechselspiel zwischen Individuum und Dasein umfassend zu entwickeln; aus diesem umfassenden Anspruch ergibt sich eine außerordentliche Formenvielfalt. (Liebesroman, Abenteuerroman, historischer Roman, zeitkritischer Roman usw.)

Trivialliteratur Begriff zur Klassifizierung der Literatur minderwertigen Inhalts, die dem Anspruch der → Belletristik nicht gerecht wird. Dennoch ist gerade die Trivialliteratur häufig populär (in Form von Heftchen- oder Unterhaltungsromanen bestimmter Autoren, Familienserien). Im Grundsatz ist wegen des subjektiven Charakters von Literatur eine Qualifizierung in minderwertige und hochwertige Literatur schwierig.

Sachwortverzeichnis